泣いて笑って三くだり半

女と男の縁切り作法

高木 侃
Takagi Tadashi

教育出版

はしがき

去年の暮れ、私の収集した離縁状、いわゆる三くだり半が一〇〇〇通になった。収集したといっても、そのうちで私が所蔵する実際の離縁状は、約一〇パーセントにすぎず、残りは活字資料とコピーと写真である。これにはおおよそ二五年という歳月がかかった。平均して一年に四〇通、九日に一通の三くだり半を見出したことになる。いずれにしてもずいぶんと集めたものだとわれながら感心する。

ここまで続けられたのは、一体何だったのだろうか。

今日でこそ、歴史の中で、社会史・庶民史・女性史などが脚光を浴びているが、三〇年以上も前に私が縁切寺の研究をはじめたときには、思いもよらなかった状況である。とはいえ、私はこれらの分野で先駆的な仕事をしようとか、あるいは高邁な理念にもとづいて、縁切寺や三くだり半の研究をはじめたわけではない。私は「一つのことしかできないから、ひたすら一つのこと、江戸の離婚研究だけをやってきた」にすぎない。これしかできないから、これだけをやってきただけなのである。

そして、三くだり半の世界が実に面白く、面白いから続けた。ますます面白くなった。それだけなのである。

その成果としては、すでに三くだり半に関する拙著が二冊ある。すなわち、『三くだり半—江戸の離婚と女性たち—』（平凡社、一九八七年、増補・平凡社ライブラリー版、一九九九年）と『三くだり半と縁切寺—江戸の離婚を読みなおす—』（講談社現代新書、一九九二年）である。

にもかかわらず、なお本書をあらわしたのは、写真による、目で見る、三くだり半の世界にご案内しようと考えたからである。

本書においても、先の二書と同様、私は従来の通説、夫は理由もなく妻を離婚できたのに対して、妻はそのたたきつけられた離縁状をもって泣く泣く実家へ帰ってきたという、夫の「追い出し離婚（学問的には専権離婚）」説に対して、大幅かつ執拗に修正をせまり、「熟談離婚」説を主張している。それは江戸の女性の地位についてのみならず、今日の女性の地位を論ずる上でも、大いなる示唆を提供すると信じているからである。

ところで、三くだり半は、いわゆる古文書である。和紙に墨、つまり黒一色の世界である。ややもすると無味乾燥とも思える古文書が、実はその行間に夫婦・男女の哀歓をにじませているのである。

たとえば、つぎのような例がある。

夫の留守中にその母（姑）から家内不和合を理由に離縁され、姑と親類・組合連署加印の離縁状を渡された嫁がいる。戻った夫は文句や異議をとなえなかったのだろうか。留守を装って母に妻を離縁してもらったなどということはあるまいが、いずれにしても妻は最後に夫の顔を見ることもなく、実家に帰ったものであろう。

夫婦には娘しかいなかったので、婿を迎えたが、その後しばらくして実男子が誕生した。母（妻）は娘とその婿に家を譲りたいと実男子をないがしろにして離縁された。実娘と父、実男子と母はそれぞれ不通、つまり、縁を切ることが約束された。しかし、長年の夫婦であったから、離婚後の生活（営業）資金が渡された。夫のおもいやりであろうか。

ほかに、妻の実家の金が目当ての性悪の夫に、だまされてもだまされてもついて行ったが、ついに愛想をつかせて東慶寺に駆け込んだ世間知らずな豪農の娘、離婚したくないのに慰謝料を倍増されて説得された妻、宿場女郎になってでも亭主と別れたかった妻、などである。

本書はどの章から読んでもよいように、章ごとに読みきりのスタイルにした（だから通してお読みになると重複している感じを覚える個所があるかもしれない）。したがって、興味をおぼえたところからお読みいただき、三くだり半のワンダーランドをお楽しみいただきたい。

なお、思わぬ誤読や誤解など、考えのたりないところがあると思う。ご教示をいただければ幸いである。

高木　侃

目次

凡例

一、離縁状は写真と、その左に寸法をタテ×ヨコ（単位センチメートル）で示した。古文書では、現在の一枚紙のようにきちんとした長方形になっていないので、若干の誤差がある。また写真の体裁をととのえるためにトリミングしたものがある。

一、離縁状の写真の下に、原文の釈文（解読）をつけた。その際、読者の読みに役立つよう漢字にふりがな（現代仮名遣い）を付し、さらにその左（まれに次頁の脚注欄）に現代表記による訓み下しを付した。

一、釈文の左（もしくは写真の下・横）に（　）をもってその離縁状の所蔵者、寄託機関などを示した。これがないのはすべて著者所蔵である。

一、文字はできるだけ原文にしたがったが、漢字表記に関しては常用漢字を用いた。著者が加えた注はすべて（　）をもって示し、適宜読点や並列点（中黒《なかぐろ》点）を付した。また助詞などに慣用的に使われる漢字「者」「与」「而」「茂」「江」は、そのまま残し、少し小さく表記した。なお、「江」のふりがなは、仮名表記で同じ「助詞」を表す場合に「へ」「え」両様があることから、ここでは「え」とした。また「ゟ」もそのまま残した。

一、本文中、当時の国郡の下に（　）に入れて現在の行政区所在地を示した。ただし、明治元年、陸奥国は磐城・岩代・陸前・陸中・陸奥に、出羽国は羽前・羽後に分割されたが、現在の県域とほぼ一致する分割後の国名を便宜的に使用した。

一、脚注欄には本文にかかわり、特記すべき文献について著者の氏名のみを表示し、詳しくは巻末の参考文献にゆだねた。ただし、拙著に写真を掲載したもの、あるいはとくに明記が必要と考えたものについてはその頁まで示した。

一　離縁状——三くだり半とはどんなもの

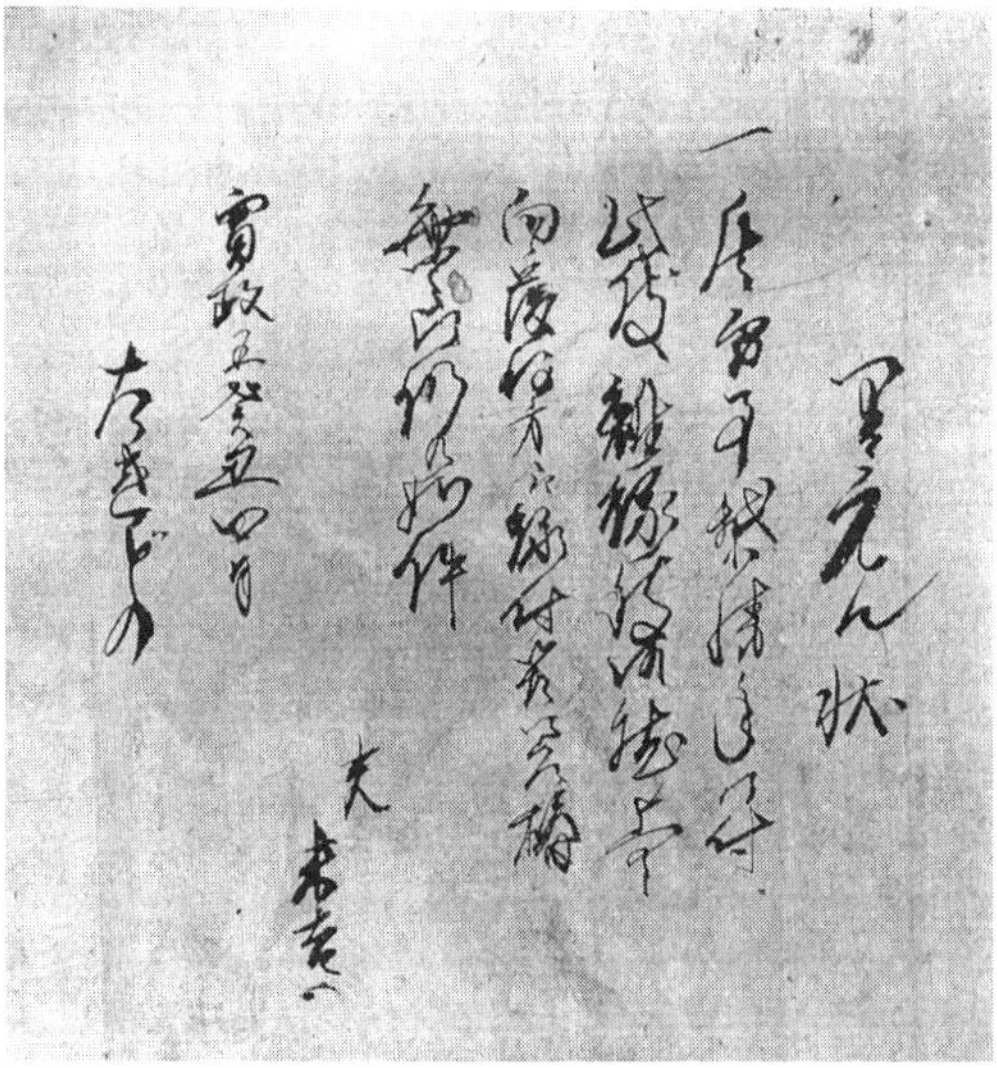

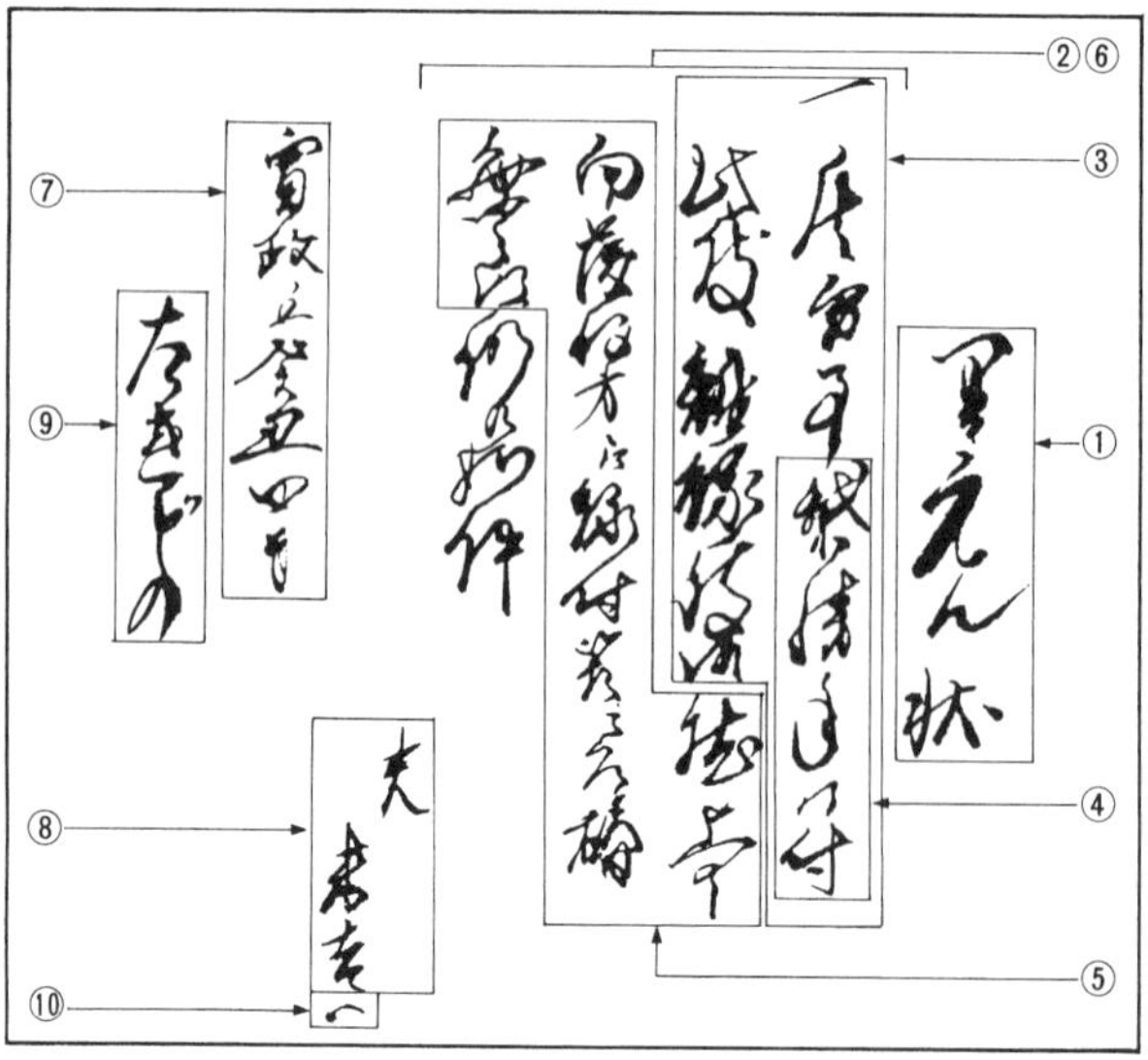

（①～⑩は左の小見出しの番号に対応）

りえん状

一　其方事《そのほうこと》、我等《われら》勝手《かって》ニ付《つき》、
此度《このたび》離縁《りえん》致候《いたしそうろう》、然上者《しかるうえは》
向後《こうご》何方《いずかた》江《え》縁付《えんづき》候共《とも》、差構《さしかまえ》
無之《これなく》候、仍而如件《よってくだんのごとし》

夫
末吉（爪印）

寛政五癸丑四月

たけどの

そのほうこと、われら勝手につき、このたび離縁いたし候。しかるうえは、向後いずかたへ縁づき候とも、さしかまえこれなく候。よってくだんのごとし。

「好《す》いた女房に三下《くだ》り半を投げて長脇差《ながどす》永《なが》の旅」。これは歌謡曲「妻恋道中《つまこいどうちゅう》」の出だしの一節である。若い方はご存知ないだろうが、昭和一二年にたいへん流行した歌である。ここにでてくる三行半（みくだりはんと読み、三下り半とも三行り半とも書く）とは、江戸時代の離縁状のことだが、これはどのようなものだったのか。前頁の上《こう》野国《ずけのくに》（群馬県）利根郡の実物を紹介しながら説明をしたい。右の「我等勝手《われらかって》ニ付《つき》」の理由をもつ書式が、文例集にもっとも多く載《の》っているので、代表的離縁状といわれている。多くの離縁状は、右の番号のように十の部分からなっている。

①表題（事書）

ここでは、りえん状（離縁状）となっている。別に離別状《りべつじょう》、去状《さりじょう》、暇状《いとまじょう》、手間《てま》状《じょう》、隙状《ひまじょう》、縁切状《えんきりじょう》とも呼ばれ、いずれも実際の離縁状の表題に用いられている。このほか離縁に関する語をまったく含まない「一札之事《いっさつのこと》」や「差出申《さしだしもうす》一札之事」などという、日常一般的に用いられた表題もみられる。

②本文

本文には、夫が妻を離婚するという「離婚文言」と、以後だれと再婚してもかまわないという「再婚許可文言」の二つを書くのが普通で、離縁状の九五・六パーセントは両方が書かれている。なかにはいずれか一方しか書いてないものもあり、これも離縁状として有効だった。

③離婚文言・④離婚理由

離縁状のはじめに書かれ、妻を離婚するという内容が書かれる。離婚文言のうちに離婚の理由を記述することがある。一〇〇〇通の実例では、離婚理由をまったく書かないものが約四分の一強で一番多く、ついで右の「我等勝手ニ付」と当事者が協議して離婚にいたったことをあらわす「熟談・示談・相談」がともに八・六パーセントを占めている。以下は、満徳寺模倣離縁状・不相応《ふそうおう》ニ付・不叶存寄《ぞんじよりにかなわず》の順で、そのほかは多種多様であるが、かりに妻に責任があって離婚になる場合ですら、ほとんどは抽象的な表現で、具体的理由は書かなかった。この代表的離婚理由とされる「我等勝手ニ付」について、かつては、夫は「勝手気ままに」妻を離婚しえたとしていたが、離婚は「私の都合によるもので、あなたのせいではない」と、妻には責任がないことを夫から表明したものと考えるのが妥当である。

⑤再婚許可文言

離縁状の後半「何方江縁付候共、差構無之候」がこれで、今後だれのもとに縁付いても（再婚しても）かまわないといっている。「何方江」と書かれているのは、嫁に迎えた妻に渡したもので、離婚後、夫の家を出てどこへ再婚してもかまわないと

いう意味である。この「何方ゟ」の部分が、「何方ゟ」となっていれば、これは婿《むこ》入りした婿（夫）が書いた離縁状である。離縁状を書いて婿入先を出て来るわけであるから、家に残った妻がまた「何方より」、つまりどこから婿養子を迎えても異議をとなえないといっているのである。離縁状は再婚のためのものだったから、この後半部分の方が重要だとされており、「再婚許可証」とも「再婚免状」ともいわれるゆえんである。しかし、再婚許可文言のなかには、逆に浮気相手などの特定人との再婚や一定期間・特定場所での再婚を禁止する文句が書かれることもあった。

⑥行数

三行半に書かれている。実例では四通のうちほぼ三通は三行半で、離縁状が「三くだり半」と俗称されたのは、これが三行半に書かれたことに由来することがわかる。三行半が徹底して、文字の書けない者は三本半の縦線《たてせん》を引いて離縁状の代わりにした地方もあった（六一頁）。これまでに見た離縁状で、もっとも短いものは一行半、長いものは一六行半というのがある（それぞれ六九頁、七二頁に写真）。

⑦作成年月日

この離縁状のように、七三・七パーセントには、作成年月（日）が書かれている。一四・一パーセントは干支《かんし》と月あるいは月日が書かれ、五・九パーセントは年号に

関する記述は干支もなく、たんに月もしくは月日を書くだけである。さらに残りの五・三パーセントは年月日について全く記載のないもの、あるいはたんに「年月日」・「月日」という文字を書いただけである。

⑧差出人《さしだしにん》・⑨名宛人

差出人は夫末吉で、妻たけ本人を名宛人《なあてにん》としている。こういう例（夫本人から妻本人へ）が普通で、全体の六二・二パーセントを占めている。しかし、差出人と名宛人との関係もいろいろで、夫の出奔《しゅっぽん》（家出）などのときは夫に代わってその父兄・親族が離縁状を発行・交付することもあり、また父兄・親族・仲人などの関係者が連署加印する場合もあった。名宛人の妻には、その父兄の名が肩書きとして書かれることがしばしばみられ、また差出人・名宛人とも住所を記載することもある。

⑩印章

差出人たる夫の判については、四〇パーセントの離縁状には印章が押されている。ついで爪印《つめいん》が三三パーセント、まったく捺印《なついん》のないもの二〇パーセント、花押《かおう》が三・五パーセント、拇印《ぼいん》が二パーセントとなっている。まれに印章のほかに爪印もしくは花押を併用しているものも見られる。右の離縁状の爪印は本当に爪に墨をつけて押しているが、多くはたんに筆で爪印のように似せて書いたものである。

表題「一札之事」

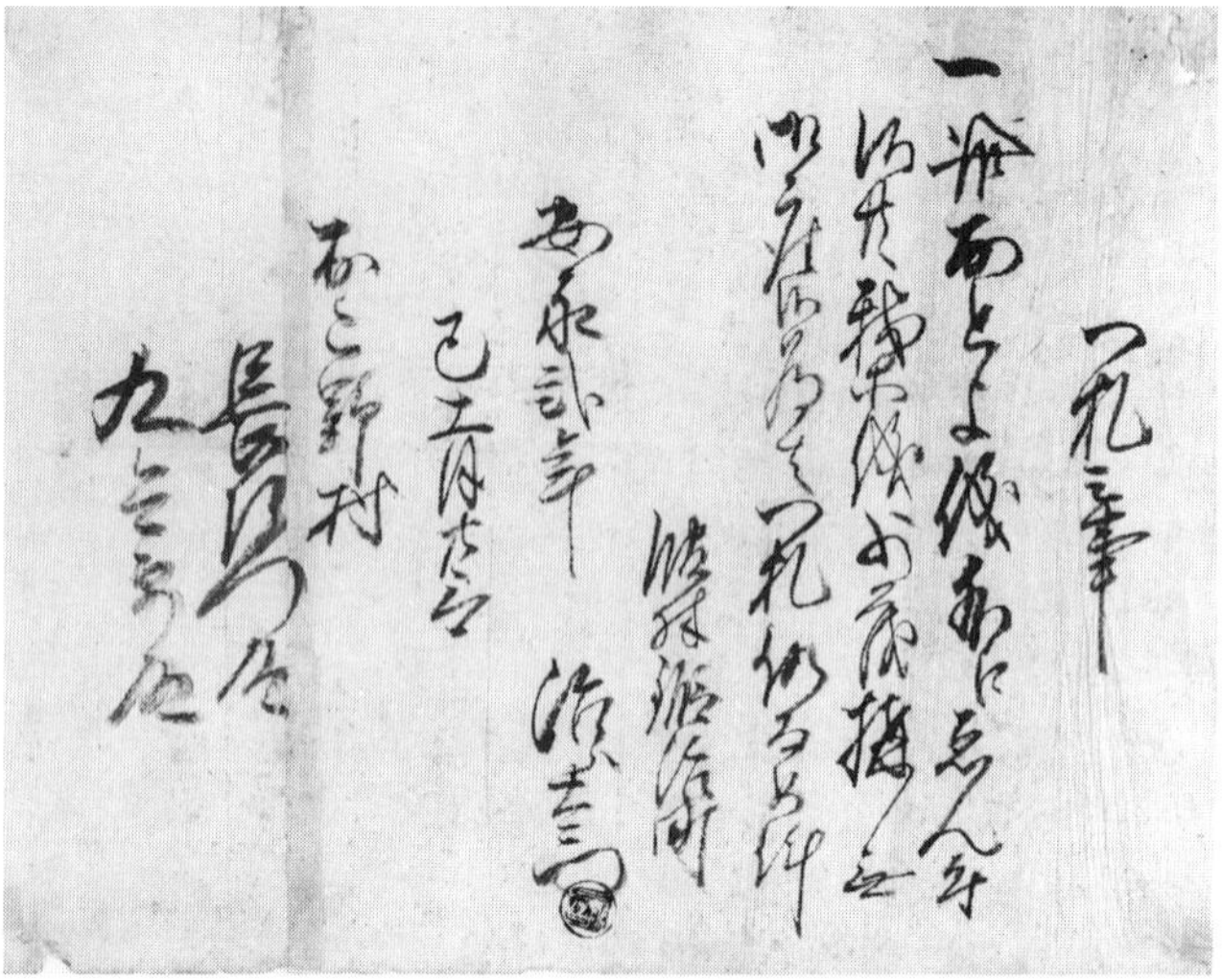

（二六・〇×三二・五）

一札《いっさつ》之《の》事《こと》

一　此《この》おとよ儀《ぎ》、外《ほか》江《え》ゑん付《づき》
候共《そうろうとも》、我等《われら》儀《ぎ》少《すこし》茂構無《かまえご》
御座《ざなく》候、為其《そのため》一札《いっさつ》仍而《よって》如件《くだんのごとし》

館林鍛冶町

安永弐年　治郎右衛門㊞

巳十一月廿三日

おこ（か）野村

長左衛門殿

九　兵　衛殿

このおとよ儀、ほかへ縁づき候とも、われら儀少しもかまえござなく候。そのため一札よってくだんのごとし。

表題のない離縁状

（二七・五×三五・五）

お哥《うた》儀《ぎ》、致離別差遣申候《りべついたしさしつかわしもうしそうろう》、
何方《いずかた》江《え》成共《なりとも》御縁付《ごえんづき》可被成《なるべく》候、
依之《これにより》脇指《わきざし》壱腰《ひとこし》荷物《にもつ》差遣候、
御請取《おうけとり》可被成候、以上《いじょう》

藤森与兵衛

五月廿七日　　昔禎（花押）

田原八郎右衛門様

（松本城管理事務所所蔵・寺島文書）

おうた儀、離別いたしさしつかわし申し候。
いずかたへなりともご縁づきならるべく候。
これにより脇差一腰荷物さしつかわし候。
お請け取りならるべく候。以上。

最も多い「一札之事」

私の収集した一〇〇〇通の離縁状を表題（事書）について整理してみると、「一札之事」が一五九通と一番多い。これに「差出申《さしだしもうす》一札之事」四〇通、表題のない離縁状二二通、「一札」二〇通などを加え、離縁に関する語句を含まない表題が二七二通になる。これは全体の二七・二パーセントにあたる。これらは私的文書の表題を「一札之事」「何々之事」としたためる当時の一般的傾向が離縁状にも用いられたものといえよう。

離縁状・離別状が一般的

それでは実際の離縁状では、どのような表題が用いられたのであろうか。「一札之事」についで多い順にあげれば、「離縁状之事」一四五通、「離別一札之事」一〇八通、「離別状之事」七五通、「離縁一札之事」六六通、「去状《さりじょう》之事」五六通、「暇《いとま》状《じょう》之事」四三通となっている。

実例では離縁・離別を表題に含む離縁状が合わせて五五三通と、全体の五五・三パーセントを占め、離縁状・離別状が一般的な呼び名であったことがわかる。離縁状の俗称である「三行（下）り半」という表題はない。

離婚文言・再婚許可文言のみの離縁状

一札之事の離縁状の館林鍛治町も岡野村もともに上野国邑楽郡《こうずけのくにおうら》（群馬県館林市）内の村であるが、これに注目する点が二つある。まず、行数が三行半でなく三行であること、つぎにこの離縁状には本文に再婚許可文言しか書かれていないことである。通例、離縁状の本文は、妻を離婚したという離婚文言と誰と再婚してもさしつかえないという再婚許可文言の二つからなるが、ここでは一方しか書かれていない。これも離縁状として有効であり、このような実例が四四通ある（離婚文言のみ一三通、再婚許可文言のみ三一通）。つまり実例では全体の九六パーセントは離婚文言・再婚許可文言の両方を書いている。

表題のない離縁状

表題のない信濃国《しなののくに》（長野県）の離縁状にもいくつかの特徴がある。まず、夫も妻方も苗字をもっており、夫は通称・実名を称《とな》え、かつ印章にかえて花押を付している。また「脇指壱腰」を差し遣わすとある。これは妻の持参荷物で、返還されることは当然のことであったが、あえて明記されたのであろう。しかし、出拠《しゅっきょ》が明らかでないうえ、関連文書もなく夫妻関係者が武士なのか、苗字を許された庶民なのかは不明であるが、後者の可能性が高いと思う。

去状――離縁状の呼び名1――

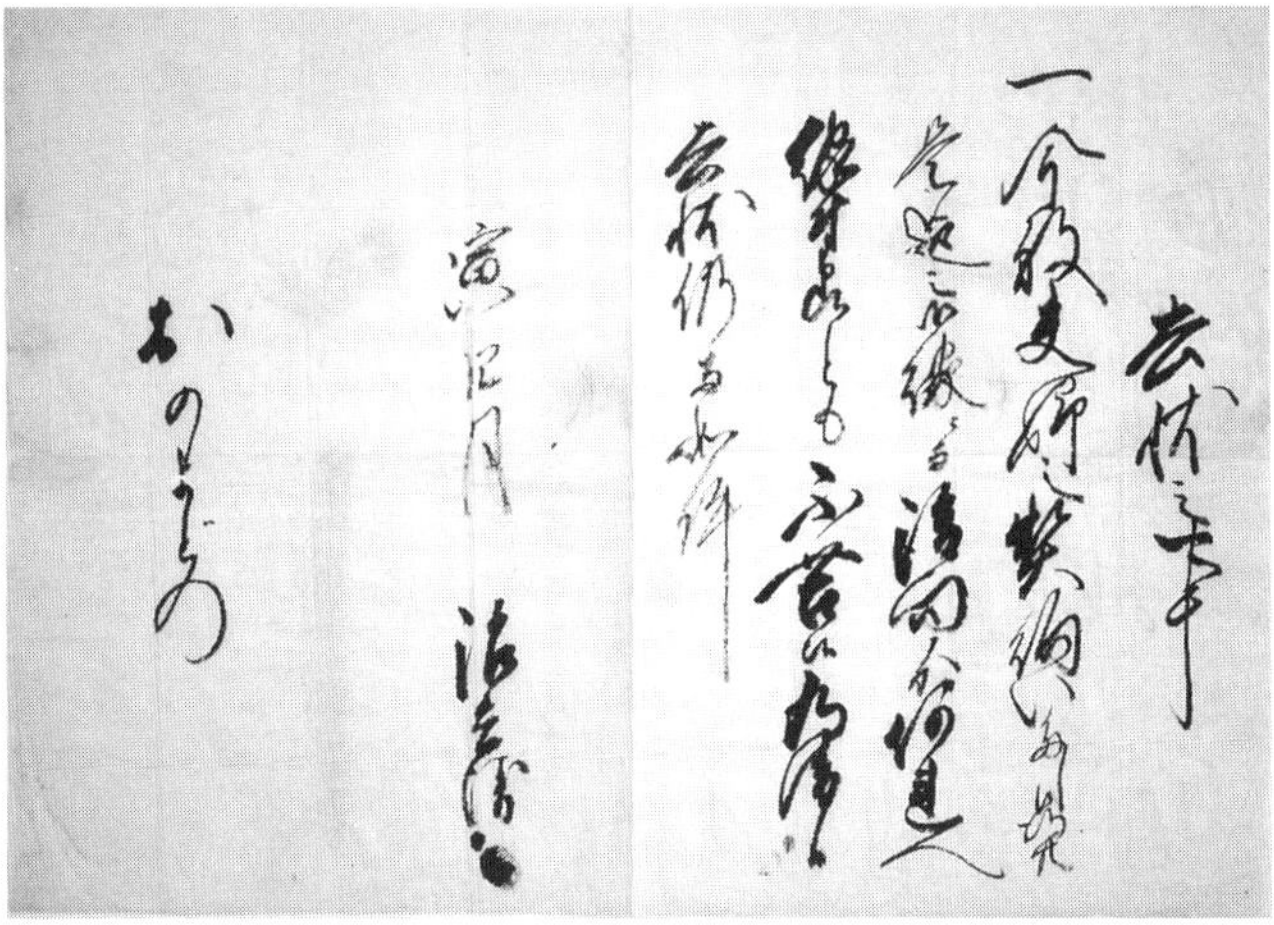

(二七・三×三九・六)

去状《さりじよう》之《の》事《こと》

一 今般《こんぱん》夫婦《ふうふ》之《の》契約《けいやく》いたし候得共《そうらえども》、
是迄《これまで》之《の》御縁《ごえん》ニ而《て》、後向(向後)ゟ《より》何《いず》れへ
縁付《えんづき》申《もうし》候とも不苦《くるしからず》候、為後日《ごじつのため》
去状《さりじよう》、仍而《よって》如件《くだんのごとし》

寅四月　治兵衛(拇印)

おかよどの

今般夫婦の契約いたし候えども、これまでのご縁にて、向後よりいずれへ縁づき申し候とも苦しからず候。後日のため去状、よってくだんのごとし。

全国的に用いられた「去状」

これは下野国《しもつけのくに》（栃木県）都賀《つが》郡で用いられた「去状」である。表題に「去状」を用いた離縁状は七六通で、全体の七・六パーセントに及んでいる。右の去状は郡内のどこの地域で用いられたものか不明であるが、去状は東北から九州にいたるまで全国から見いだされているので、離縁状の一般的な呼び名であった。つぎに紹介する表題のように地域的に限定されたものではなかった。

夫婦は二世の契約

この去状の内容にも特徴がある。このたび「夫婦の契約」をしたけれども、これまでの御縁となったとある。これまでの御縁とは夫の強い離縁意思か、あるいはあきらめの複雑な境地かわからないが、夫婦の契約を結ぶという表現はきわめて珍しい。ほかには一八七四（明治七）年の離縁状に一通あるだけである。「親子は一世、夫婦は二世、主従は三世」という諺《ことわざ》が知られているが、中世では「夫婦義絶《ぎぜつ》の法ありといえども、父子義絶の法なし」であったから、この諺はタテマエにすぎない。夫婦はもともと他人であるから、あえて夫婦は「二世の契り」といった。これを「二世之誓約」と明記した暇状を紹介したことがある。* なお、治兵衛のはんこは爪の一部がみえるので、爪拇印とすべきかもしれない。

＊拙著『三くだり半と縁切寺』五五頁

暇状—離縁状の呼び名2—

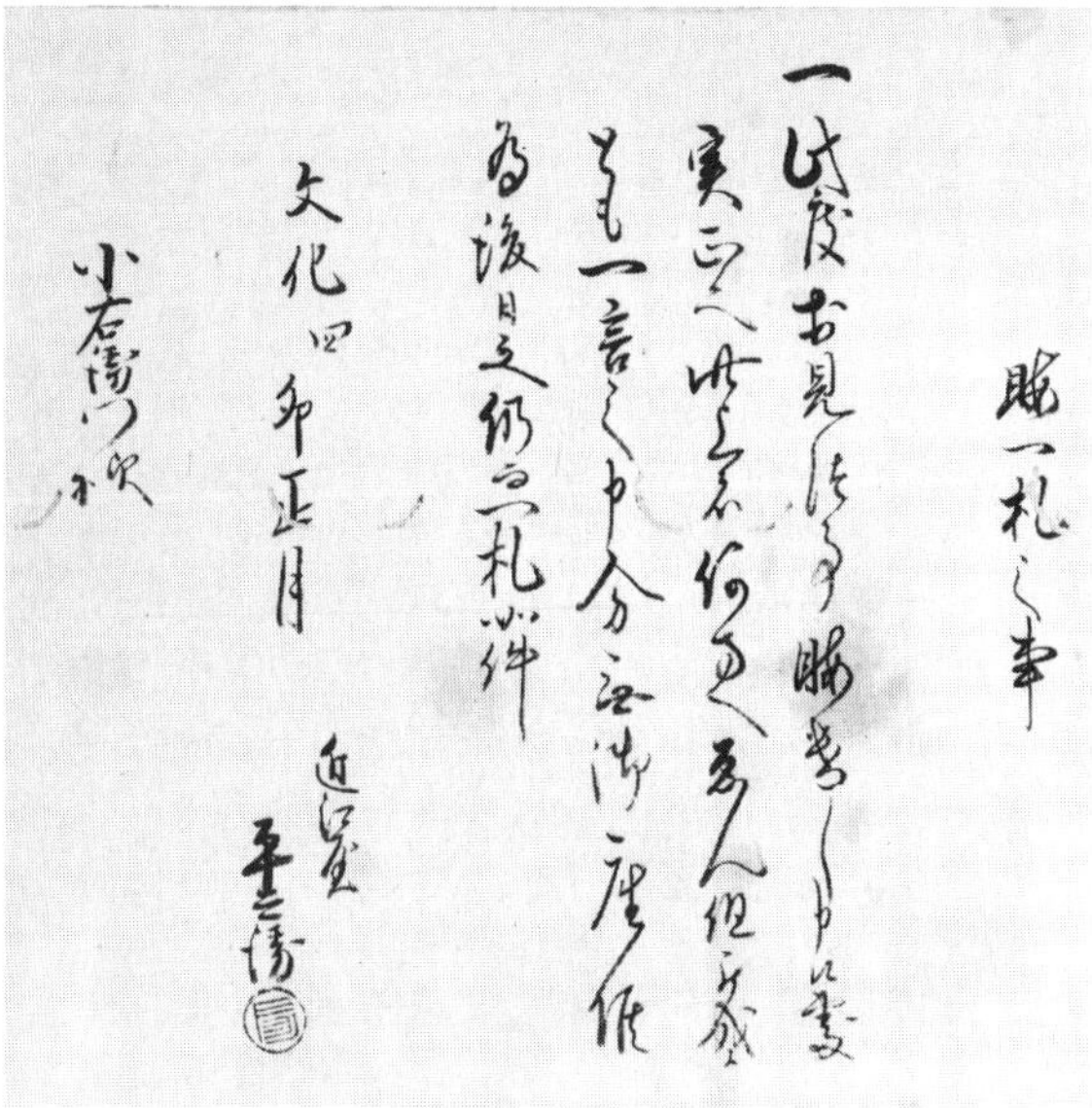

（二四・二×二五・〇）

暇一札《いとまいっさつ》之事《のこと》

一此度《このたび》おみつ事《こと》、暇遣《いとまつかわ》し申候処《もうしそうろうところ》
実正也《じっしょうなり》、此上者《このうえは》何方《いずかた》へゑん組被成《ぐみなられ》候
とも、一言之申分《いちごんのもうしぶん》無御座《ござなく》候、
為後日之仍而一札如件《ごじつのためよっていっさつくだんのごとし》

文化四卯正月　　近江屋
　　　　　　　　平兵衛㊞

小右衛門様

（縁切寺満徳寺資料館所蔵）

このたびおみつこと、暇つかわし申し候ところ実正なり。このうえは、いずかたへ縁組なられ候とも、一言の申し分ござなく候。後日のためよって一札くだんのごとし。

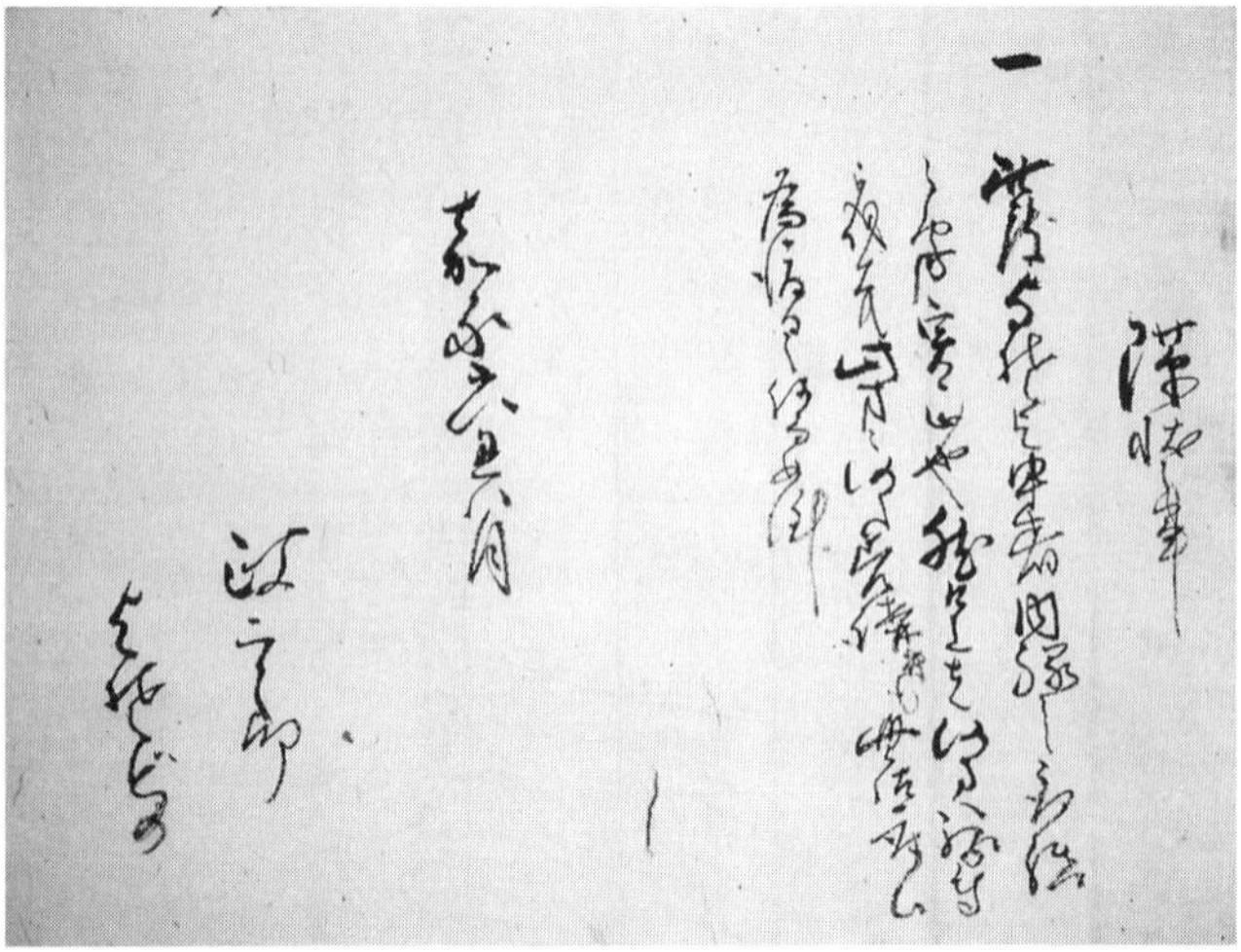
（一三・八×三一・三）

隙状《ひまじょう》之事《のこと》

一此度《このたび》よそ与《と》申者《もうすもの》、内縁《ないえん》之《の》取結《とりむすび》
候処《そうろうところ》実正也《じつしょうなり》、然ル《しか》上者《うえは》何方《いずかた》へ縁付《えんづき》
被成《なられ》候共《とも》、此方《このほう》ニ何《なに》之《の》差構江《さしかまえ》も無御座《ござなく》候、
為後日之《ごじつのため》仍而《よって》如件《くだんのごとし》

嘉永六丑八月

政二郎

よそどの

このたびよそと申す者、内縁の取り結び候ところ実正なり。しかるうえは、いずかたへ縁づきなられ候とも、このほうに何のさしかまえもござなく候。後日のためよってくだんのごとし。

美濃以西の離縁状

暇一札之事のように暇状を表題とする離縁状（ほかに暇状之事・暇状一札之事など）は、これまで六二通を見いだしている。出拠がわからないものもあるが、出拠が判明するものはいずれも美濃国《みののくに》（岐阜県）以西の京阪を中心とする近畿地方で主として用いられた。つまり、江戸や関東地方では使用されなかった表題である。

隙状之事・隙状一札之事の離縁状は、一一通見いだしている。隙状も出拠がわからないものもあるが、美濃・近江《おうみ》（滋賀県）・紀伊国《きいのくに》（和歌山県）のほか、京阪地方と特定できるものと周防国《すおうのくに》（山口県）と阿波国《あわのくに》（徳島県）から見いだしている。右のものは出拠がわからないが、美濃以西の離縁状であることは間違いなさそうである。

また隙状の方は再婚許可文言しか書かれていない離縁状である。離縁状には離婚したという離婚文言とだれと再婚してもさしつかえないという再婚許可文言の両方が書かれるのが普通であるが、一方だけでも離縁状として有効であった。

東北の暇状

近年、のちに紹介するように東北地方から暇状を見いだした（一〇〇・一〇一頁）。その地域は陸前《りくぜん》・陸中《りくちゅう》・羽前《うぜん》・岩代国《いわしろのくに》（宮城・岩手・山形・福島県）のもので、八通に及ぶ。美濃以西の京阪を中心とする近畿地方にあって関東地方に存在しない暇状が東北地方から見いだされることは、関西文化が江戸を経由しないで直接に東北地方に伝播《でんぱ》したことを意味する。つまり、東海道の陸路によらず、日本海経由の海上交通で伝えられたのである。すでに縄文以来、日本海経由の物産・文化が東北地方に直接流入していたことは、青森の三内《さんない》丸山遺跡にみられる新潟県糸魚川《いといがわ》流域の大量のヒスイによってても明らかであり、東北の暇状もまた一つの証左である。

用語としての内縁

隙状の方にはもう一つ気になる言葉がある。すなわち「内縁」を結んだというところである。現在では内縁は実質的には夫婦関係にありながら、婚姻届を欠く男女の関係をいうが、ここでの内縁は何を意味するのか。これまでに内縁の語のある離縁状を一六通見つけている。一通は甲斐国《かいのくに》（山梨県）のものであるが、他はいずれも関西地方のものである。

一八一九（文政二）年二月、大坂釣鐘上之町《つりがねかみのちょう》（大阪市中央区）明石屋作兵衛が妻うたに差し出した暇状*には、「先達《せんだつ》て暇遣《いとまや》り候後《そうろうのち》、又々内縁有之《またまたないえんこれあり》、此度改《このたびあらため》暇遣《いとまつかわし》候処実正也《そうろうところじつしょうなり》」としたためられている。先達ての暇は前年の文化一五年四月のことで、そのときに出された寺の宗旨《しゅうし》送りも、町からうたの実家、摂津国《せつつのくに》西成郡北中嶋浜村（大阪市淀川区）にあてた人別《にんべつ》送りも残っている。ところで、「又々」の内縁

＊成瀬高明・史料九〇頁。

ということは、初めの内縁と性質は同じであったということになる。離縁に寺・町双方の送りもあるので、初めの内縁は手続きをふんだ結婚であり、二度目の内縁もまた結婚であったということになり、ここでの内縁は正式な結婚を意味する。

一八五二（嘉永五）年六月九日、清水屋文蔵からつるにあてた一札（出拠不明）には、*「内縁在之候《ないえんこれありそうろう》などと、世間《せけん》ニて惣風《そうふう》之《の》取《とり》沙汰《ざた》致候《いたしそうらえ》得共《ども》、於我等ニ《われらにおいて》右様《みぎよう》之覚《のおぼえ》、一切無之候《いっさいこれなくそうろう》」として、どこのだれと結婚してもかまわない旨を記し、最後に、この一札は「暇《いとま》状《じょう》代《かわ》り之一札」であるとしたためている。町内に風聞として取り沙汰された二人の内縁関係とはどのようなものであったのか。この一札は暇状ではなく、その代わりだということは二人の関係は少なくとも結婚ではない。同棲をともなった関係であれば、世間公知の事実でとても「覚」がないと否定できるものではない。とすれば、ここでの内縁関係は結婚や同棲をともなう「今日」の内縁以前の、いわゆる愛人（密通）関係か男（ときに女）が一方的に懸想《けそう》する段階の事例と思われる。

当時の関西で用いられた、用語としての「内縁」は、これら男女・夫婦関係のほか、ときに妻の姻戚関係を内縁と称した地方もみられ、きわめて広義に用いられた概念だったといえる。

＊成瀬・史料九一頁。

手間状——離縁状の呼び名4——

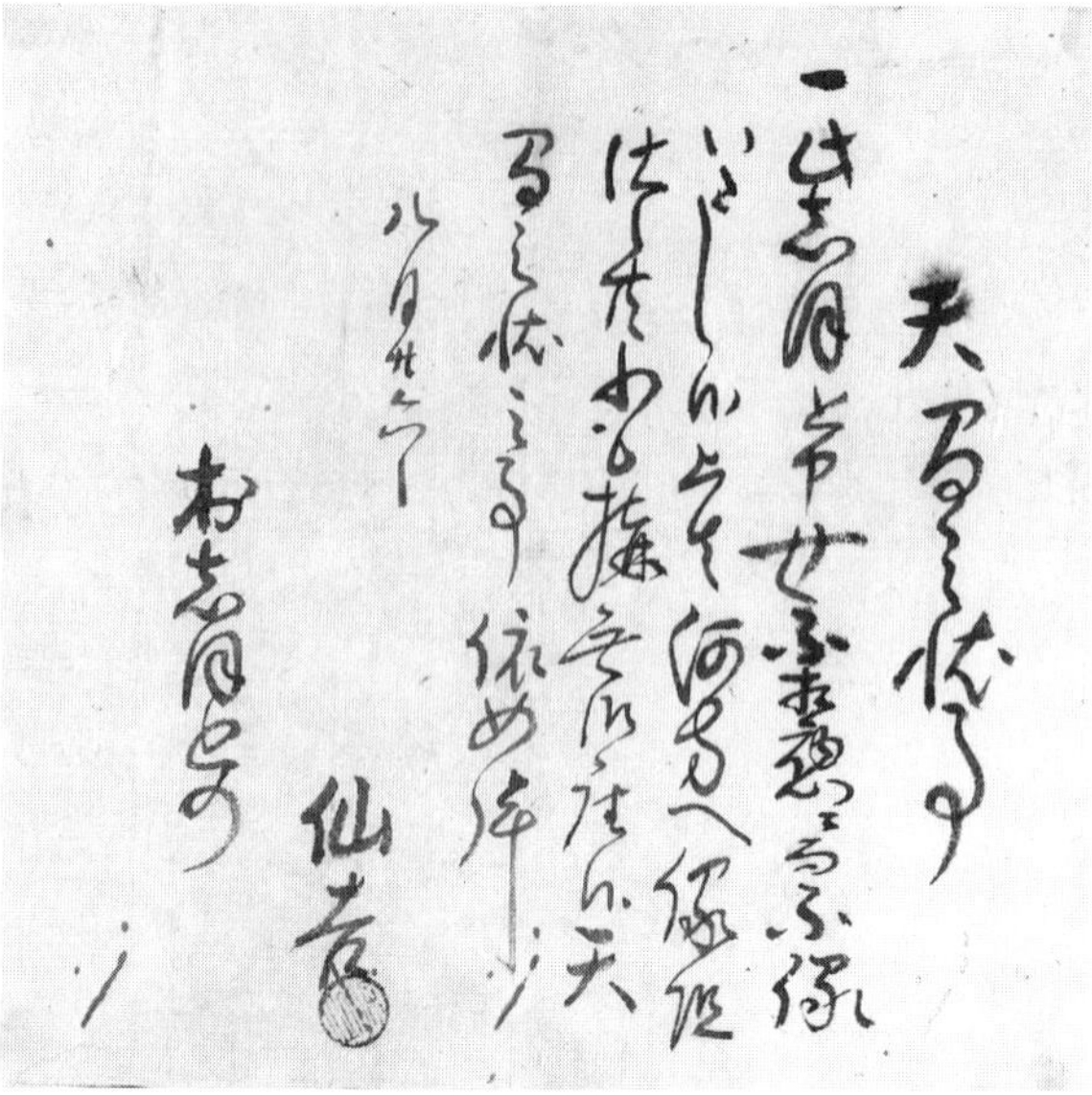

（二五・〇×二九・〇）

天間《(手)ま》之《の》状《じょう》事《こと》
一此《この》しほと申《もうす》女《おんな》、不相応《ふそうおう》ニ而《て》、不縁《ふえん》
いたし候上《そうろううえ》者《は》、何方《いずかた》へ縁組《えんぐみ》
仕《つかまつり》候共《とも》、少《すこし》も構無御座《かまえござなく》候、天《て》
間《ま》之《の》状《じょう》之《の》事《こと》、依如件《よってくだんのごとし》
八月廿六日
仙　吉㊞
おしほとの

（中央大学図書館所蔵）

このしほと申す女、不相応にて不縁いたし候うえは、いずかたへ縁組つかまつり候とも、少しもかまえござなく候。手間の状のこと、よってくだんのごとし。

手間状の用いられた地域

去状という呼び名は離縁状・離別状と同様に、全国的に用いられた表題である。これに対して、これまで一一通見いだされた手間状は、美濃国四通、甲斐国三通、信濃国二通、飛驒《ひだ》（岐阜県）・越前国《えちぜんのくに》（福井県）各一通で、中部山岳地帯周辺の地域に限られて用いられた表題といえる。なお、明治初年編纂《へんさん》の『全国民事慣例類集』に離縁状を手間状ととなえた地方として、実例の出てきた越前国のほか、羽前国置《おき》賜《たま》郡があるので、東北から手間状の発見が期待される。

正副二通の手間状

ここに掲げた天（手）間状と表題・本文・名宛人が同一のものが甲州文庫（山梨県立図書館所蔵）にあり、同一人の手になる。後者のそれは日付が八月「十三日」、差出人の名が「仙蔵」と異なっている。離婚ということで一三日の手間状が書かれ、実際に妻方に交付の二六日にもう一通が書かれ、一通は妻が、もう一通は夫（もしくは仲人）が保持したものであろう。正副二通の手間状で、夫方の保持したものは「離婚の確証」のためである。後述するように（四八頁）離縁状を授受しないときの刑罰は妻のみならず、夫にも科され、夫は離縁状を交付しないで再婚すると「所《ところ》払《ばらい》」になったのであるから、副本の手間状は離婚の確証の機能をもったのである。

縁切状——離縁状の呼び名5——

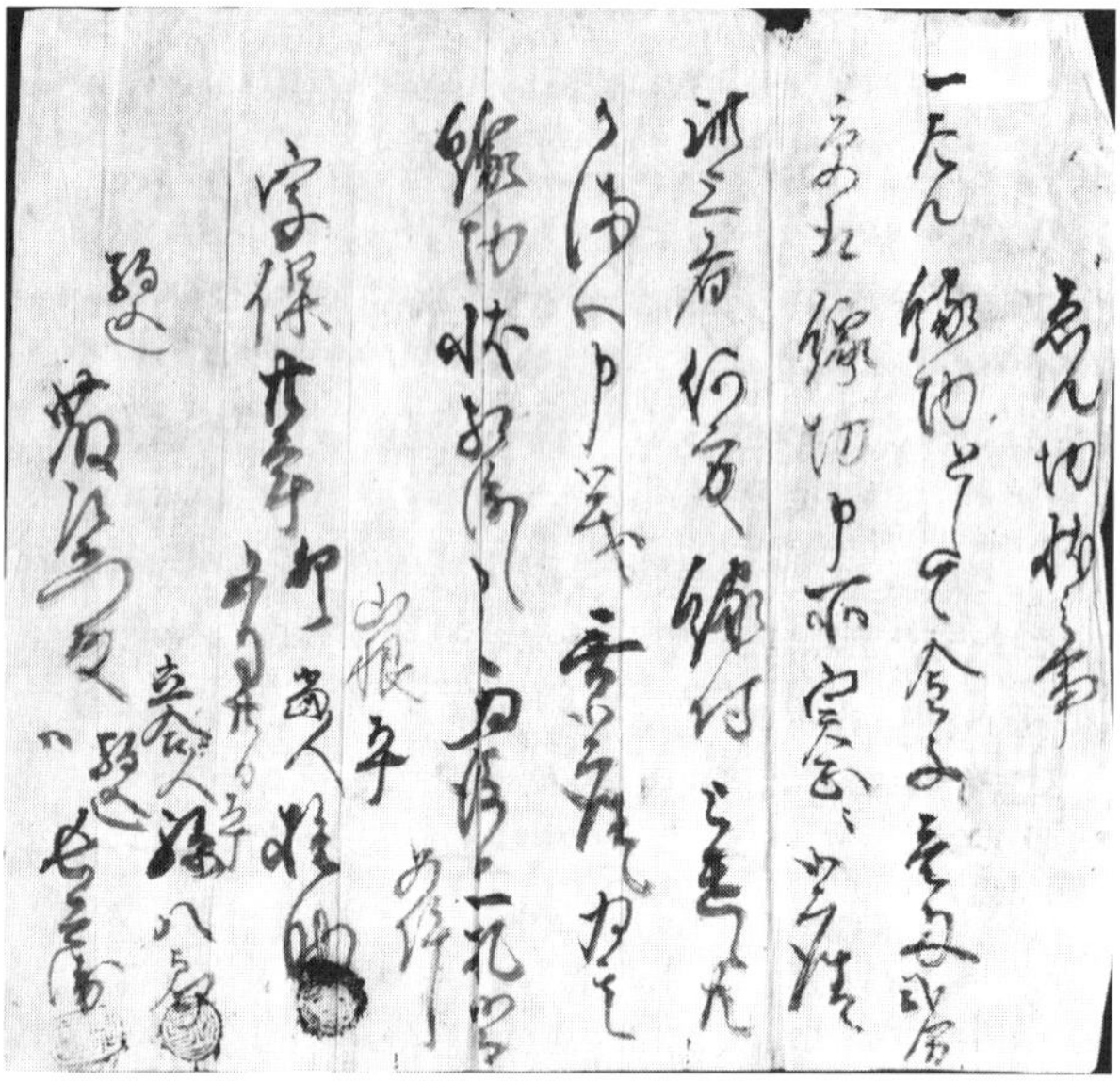

（二二・三×二五・〇）

ゑん切状《きりじょう》之事《のこと》

一たん縁切《えんきり》として金子《きんす》壱両《いちりょう》弐分《にぶ》受取《うけとり》、縁切申所《もうすところ》実《じつ》正《しょう》ニ御座候《ござそうろう》、此上《このうえ》者《は》何方《いずかた》へ縁付《えんづき》被遣《つかわされ》候共《とも》、かまい申《もうす》義《ぎ》無御座《ござなく》候、為其《そのため》縁切状相渡《あいわた》し申候、為後日《ごじつのため》一札《いっさつ》仍而《よって》如件《くだんのごとし》

享保廿年卯ノ五月廿日

山根平 当人 権助㊞

平 立合人 孫八郎㊞

駒込 同 長兵衛㊞

駒込 藤左衛門殿

（永山弥一郎氏所蔵）

縁切状は下野国での呼び名

離縁状は「縁切状《えんきりじょう》」ともいわれる。かつて一七一五（正徳五）年六月下野国都賀郡の事例に、離縁にあたって夫が縁切状をよこさないので、妻方は夫に縁切状を請求する訴訟に及んだものがあった。このことから二つの事実が確認できる。一つは下野国では離縁状を縁切状と称したこと、もう一つは当時妻方から離縁状請求訴訟をなしえたということである。

栃木県史所在目録に縁切状・縁切一札之事が散見《さんけん》されたので、調査を始めた。目録に「縁切状」とあるので実物をみると、ごく普通の離縁状であった、という経験をした。当初はがっかりもしたが、よく考えれば一九八〇年代に古文書に精通した県史目録作成者が離縁状をみて縁切状と認識したということは、それだけ前代から下野国で縁切状の呼び名が定着していたことを意味する。

ようやく未発見であった「縁切状」を最近見つけることができた。右の縁切状は下野国芳賀《はが》郡市塙《いちはな》村（栃木県芳賀郡市貝町）のものであるが、ほかに縁切状之事一通、縁切一札之事二通である。いずれも栃木県中部地域からでたものである。地域が判明しない縁切一札之事が一通、東京大学法学部法制史資料室にあるが、これを含め、縁切状はもっぱら下野国で用いられた呼び名である。

【前頁の訓み下し】

たん縁切りとして金子一両二分受け取り、縁切り申すところ、実正にござ候。このうえはいずかたへ縁づきつかわされ候とも、かまい申す儀ござなく候。そのため縁切状あい渡し申し候。後日のため一札、よってくだんのごとし。

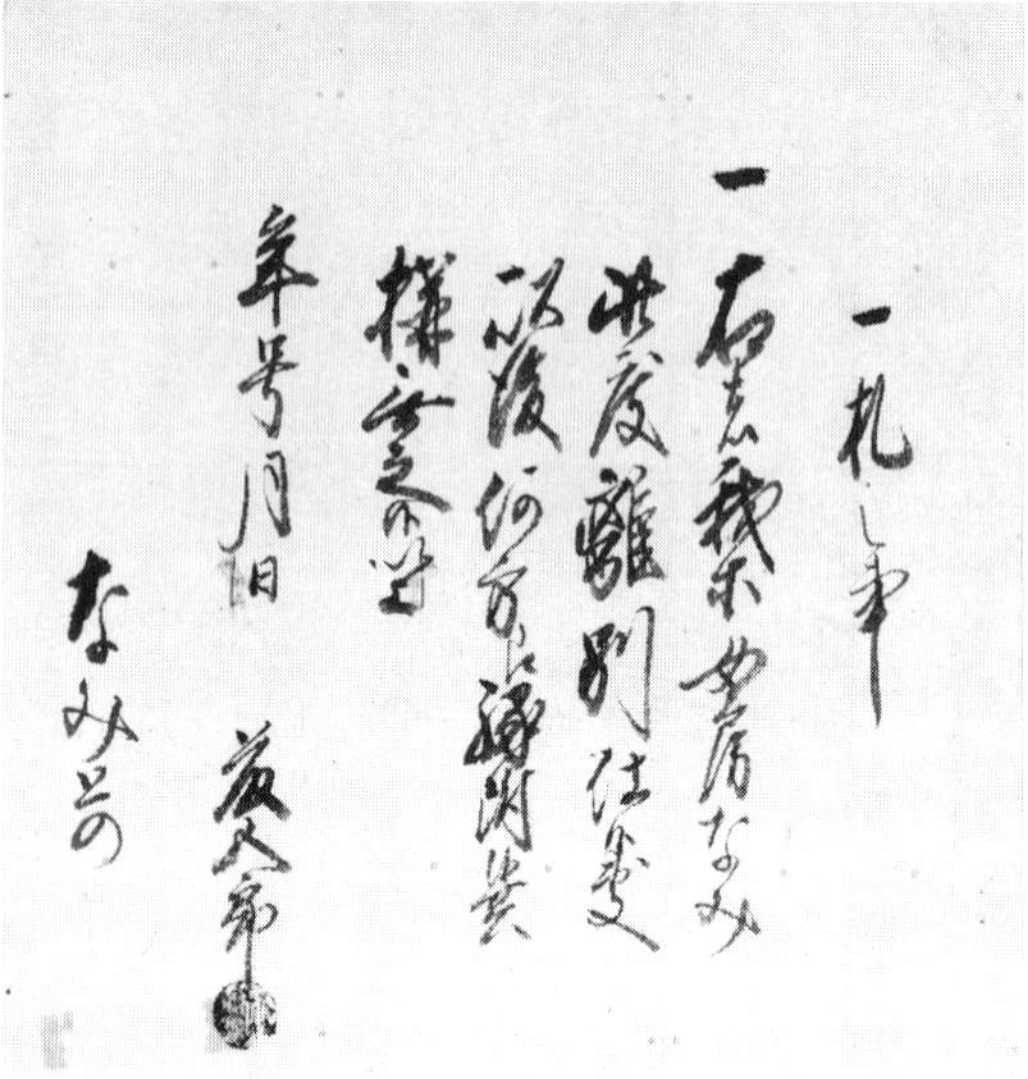

（一三・三×二一・八）

年号月日の離縁状―離縁状の日付1―

一札《いっさつ》之《の》事《こと》

一　右《みぎ》者《は》我《われ》等《ら》女房《にょうぼう》なみ

此度《このたび》離別《りべつ》仕《つかまつり》候《そうろう》処《ところ》、

以後《いご》何方《いずかた》江《え》縁附《えんづき》候共《とも》、

構無之《かまえこれなく》候、以上《いじょう》

年号月日　　藤五郎㊞

なみとの

（縁切寺満徳寺資料館所蔵）

右は、われら女房なみ、このたび離別つかまつり候ところ、以後いずかたへ縁づき候とも、かまえこれなく候。以上。

今日の離縁状―離縁状の日付2―

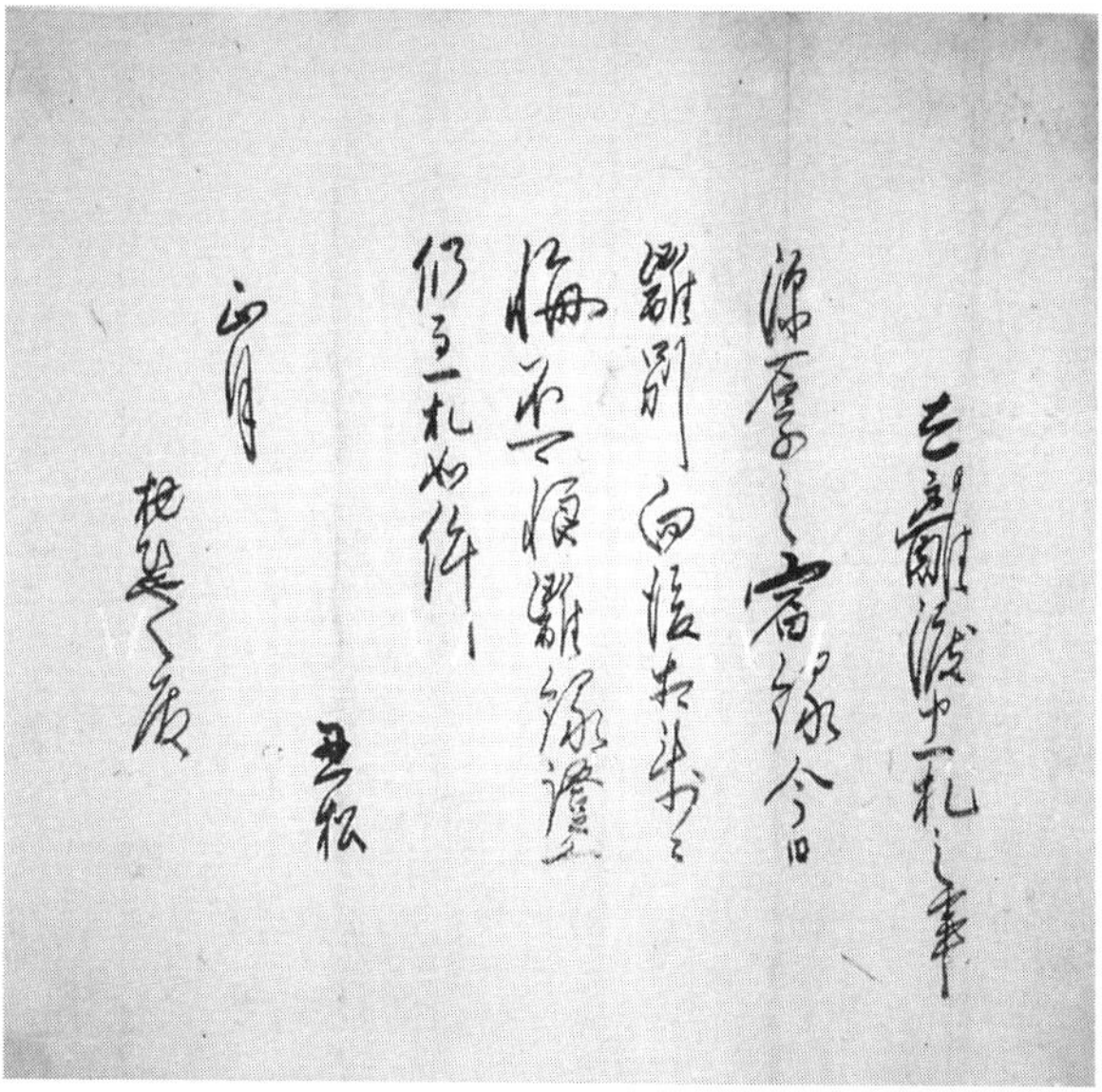

（二三・五×二五・〇）

去離《さり》渡《わたし》申《もうす》一札《いっさつ》之事《のこと》

深《しん》厚《こう》之《の》宿《しゅく》縁《えん》今日《きょう》

離《り》別《べつ》、向《こう》後《ご》相《そう》互《ご》ニ

悔不可恨《くやみうらむべからず》、離《り》縁《えん》証文《しょうもん》

仍而《よって》一札如件《くだんのごとし》

正月　　丑　松

おひやく殿

（縁切寺満徳寺資料館所蔵）

深厚の宿縁きょう離別。向後相互に悔やみ恨むべからず。離縁証文、よって一札くだんのごとし。

離縁状の日付

離縁状の作成日付は、館林鍛冶町の一札之事（一七頁）の「安永弐年巳十一月廿三日」のように、年号があり、干支がくわわり、月日を書くのが最もていねいな記述の例であるが、実例の七三・九パーセントには年号と月日もしくは月が記されている。夫婦契約の去状（二二頁）では「寅四月」とあり、十二支と月日もしくは月を書くが、「丁卯」などと干支と月日もしくは月を書いたものもあり、「十二支（干支）のあるもの」は全体の一四・一パーセントである。

ほとんどは年号を書くが、年号を記載しないものも一二パーセントある。右の「正月」のように、月もしくは月日のみを記載するもので、五・九パーセントを占める。「何」月日と日にちに数字を書かないものもみられる。ついでまったく日付の記載のないものが四・七パーセントあり、またたんに「年号月日・月日」とのみ記載の離縁状も一・四パーセントある。

年号月日の離縁状

引用したなみあての離縁状には、たんに「年号月日」としか書かれていないが、なぜなのか。理由は二通り考えられる。一つはたんなる書式（ひな型）を模倣したにすぎない場合である。往来物《おうらいもの》の一種に契約書などの書式をあつめた「用文章《ようぶんしょう》」

というものがあり、そのなかに離縁状の書式をのせたものもみられる。明治時代になっても用文章は刊行されているが、私が収集した江戸時代の用文章の離縁状書式二七例では、多くは日付の記載はなく、「年号月日」六例と「月日」二例がみられる。この書式をそのまま模倣した場合である。

もう一つ。夫に離婚になるほどの不埒《ふらち》（落ち度）があるにもかかわらず、復縁するときなど、かさねて不埒ならば離婚であると、あらかじめ離縁状を夫から差し出させる場合があり、このように妻方に離婚権を留保してあらかじめ夫から差し出された離縁状を「先渡し離縁状」という。この場合は離婚が現実のものとなるのは少なくともある程度さきのことになり、しかもその日時ははっきりしないわけであるから、日付はたんに「年号月日」と記述するほかなかったのである。

今日の離縁状

上野国邑楽郡高根村（群馬県館林市）の離縁状で、後述する（一五〇頁）縁切寺満徳寺離縁状の模倣《もほう》である。満徳寺における離婚ではかならず独特な書式の離縁状「深《しん》厚《こう》之《の》宿《しゆく》縁《えん》浅《せん》薄《ぱく》之《の》事《こと》、不有私《わたくしにあらず》」としたためた。「不有私」をここでは「相互《そうご》ニ悔《くやみ》不可恨《うらむべからず》」と表現している。離縁状にふさわしい文句が周辺に流布《るふ》する顕著な例である。

印章に花押を加えた離縁状
——離縁状のはんこ1——

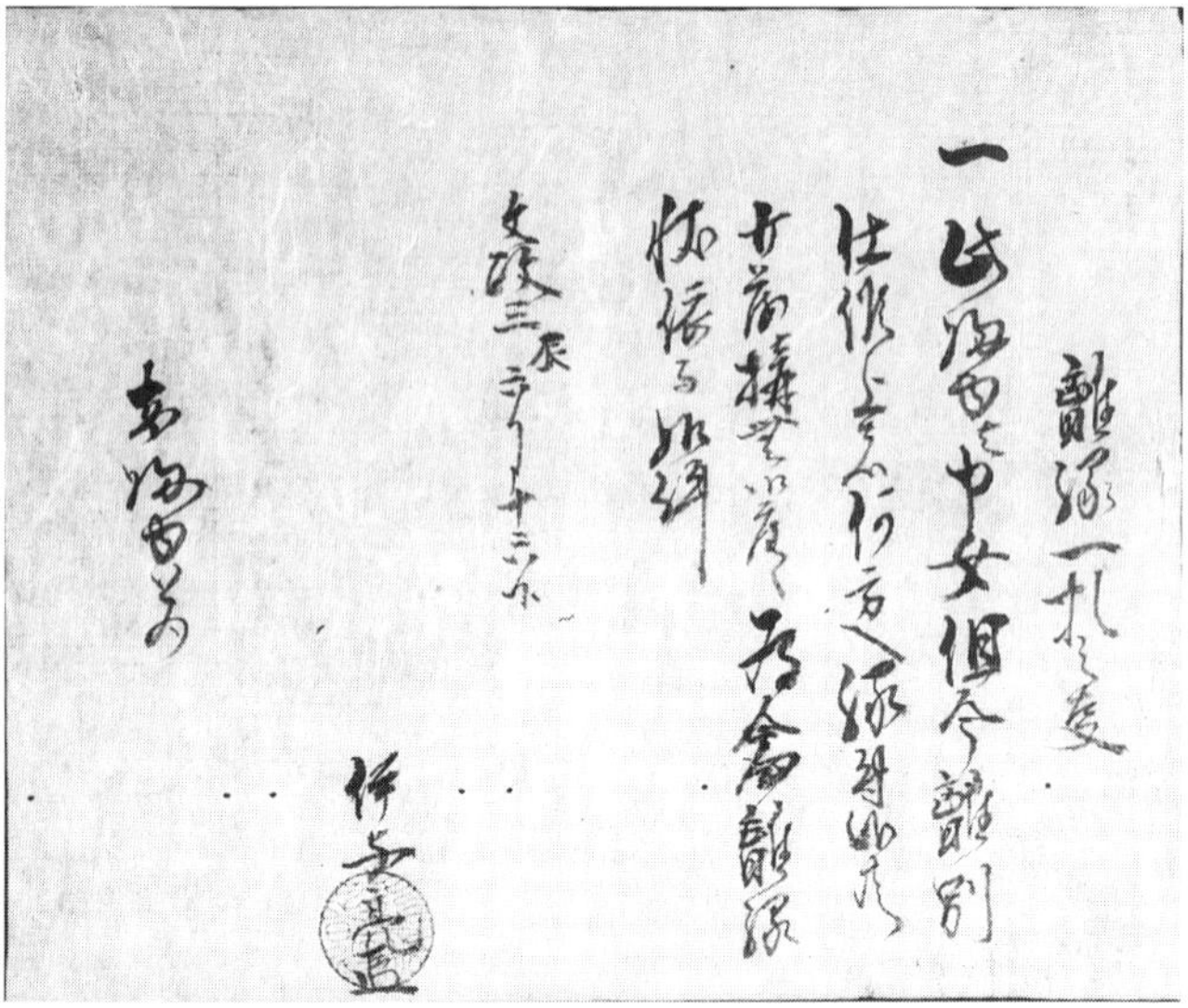

(二三・〇×二八・八)

離縁《りえん》一札《いっさつ》之事《のこと》
一此《この》ふゆ与《と》申女《もうすおんな》、但(只)今《いま》離別《りべつ》
仕《つかまつり》候上者《そうろううえは》、何方《いずかた》へ縁付《えんづき》候共《とも》、
少茂《すこしも》構無御座《かまえござなく》候、為念《ねんのため》離縁《りえん》
状依而如件《じょうよってくだんのごとし》

文政三辰六月十六日

伊与　亮㊞(花押)

おふゆとの

このふゆと申す女、ただいま離別つかまつり候うえは、いずかたへ縁づき候とも、少しもかまえござなく候。ねんのため離縁状、よってくだんのごとし。

爪印の離縁状―離縁状のはんこ2―

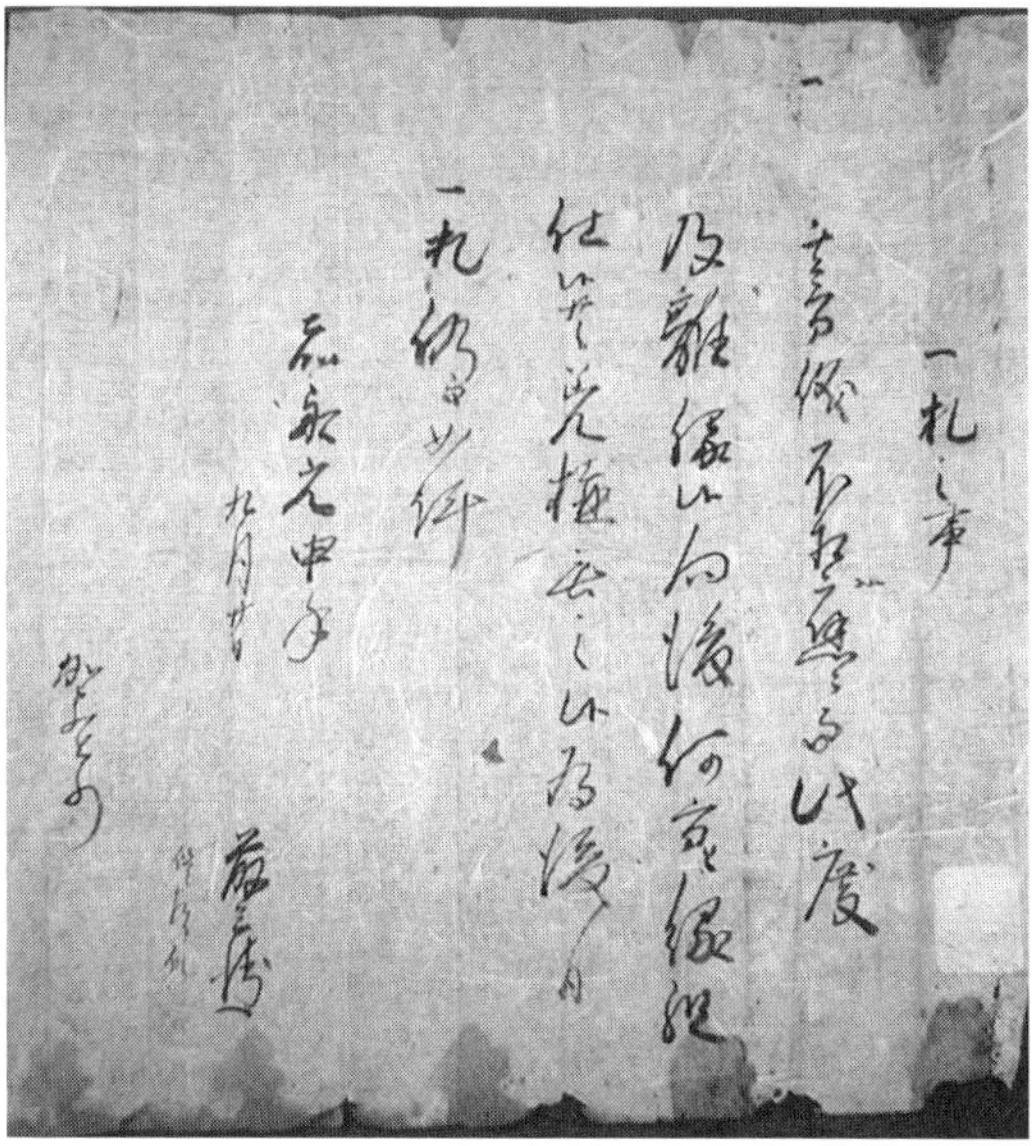

（二八・四×二八・二）

一《いっ》札《さつ》之《の》事《こと》

一其方《そのほう》儀《ぎ》、不相応《ふそうおう》ニ而《て》、此度《このたび》
及離縁候《りえんにおよびそうろう》、向後《こうご》何方《いずかた》と縁組《えんぐみ》
仕《つかまつり》候共《とも》、差構無之《さしかまえこれなく》候、為後日《ごじつのため》
一札仍而《よって》如件《くだんのごとし》

嘉永元申年

九月廿日　藤　兵　衛（爪印）

但し左り爪

かよとの

（埼玉県立文書館保管・松原家文書）

そのほう儀、不相応にて、このたび離縁に及び候。向後いずかたと縁組つかまつり候ともさしかまえこれなく候。後日のため一札、よってくだんのごとし。

指印の離縁状—離縁状のはんこ3—

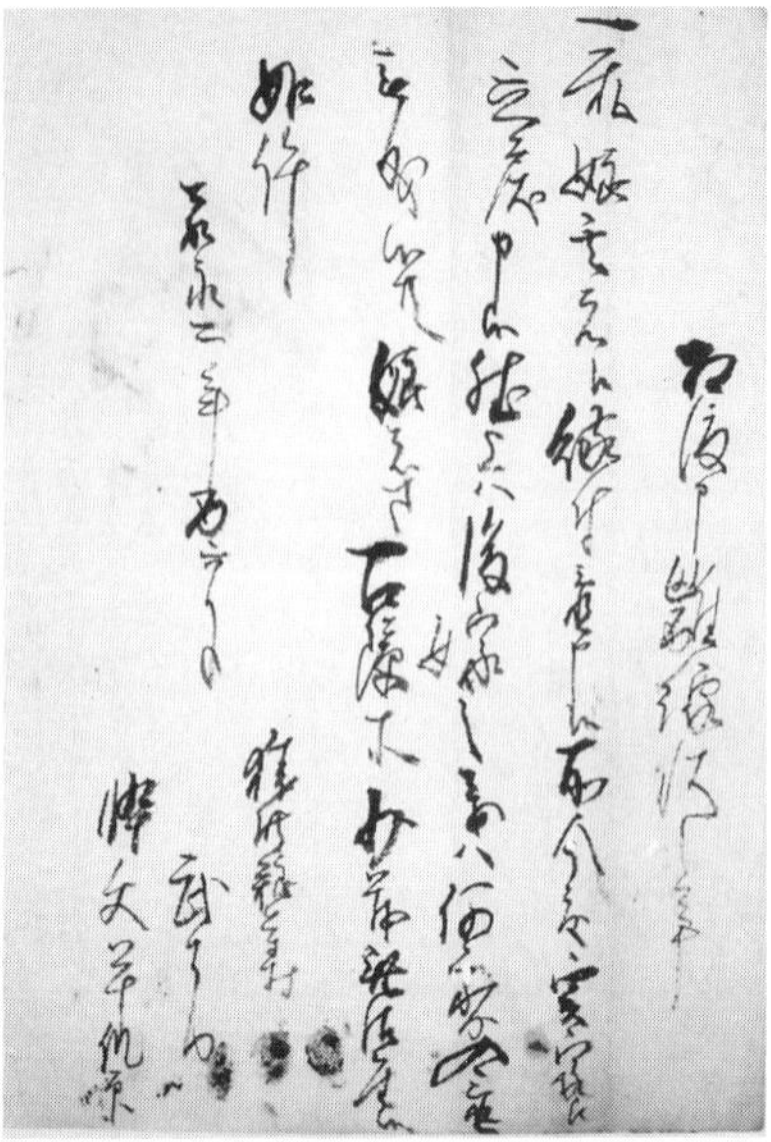

（二七・六×一九・七）

相渡申離縁状《あいわたしもうすりえんじょう》之事《のこと》

一私娘《わたしむすめ》其元《そこもと》江《え》縁付置申候所《えんづきおきもうしそうろうところ》、今度実家《このたびじっか》江
立戻《たちもどり》申候、然上《しかるうえ》ハ後嫁之義《こうかのぎ》ハ何方ゟ入置《いずかたよりいれおき》
被成《なられ》候共《とも》、娘《むすめ》はま古（故）障等少茂《とうすこしも》無御座《ござなく》候、
如件《くだんのごとし》

猿供養寺村（指印）

嘉永二年酉六月

武右衛門

悴 文 平爪印

わたし娘、そこもとへ縁づきおき申し候ところ、このたび実家へたちもどり申し候。しかるうえは後嫁の儀は、いずかたより入れおきなられ候とも、娘はま故障等少しもござなく候。くだんのごとし。

離縁状のはんこ

江戸時代の用文章では、差出人の印章について、これを必要としたものは二例しかない。しかも一八四五（弘化二）年刊行の『増補 手紙早便利大全』では、差出人の下に「判は押《おさ》ざるなり」とわざわざ注記している。

とはいえ『全国民事慣例類集』には、「自書押印」「自書爪印」や夫の「一判」を用いることが報告されている。実際には印章もしくは爪印を押すのが一般的であった。

実例では、印章を用いたものが一番多くて三九・九パーセント、ついで爪印が三三・三パーセント、捺印《なついん》のないものが二〇・三パーセント、以下、花押《かおう》三・五パーセント、拇印二パーセントの順である。

伊与亮が差し出した離縁状（出拠不明）は、印章に花押がくわえられたきわめて珍しいもので、しかも印章の大きさは直径二・八センチメートルとかなり大きい。庶民のものであるが、名主・庄屋をつとめるような上層農民のものと思われる。

越後国頸城郡猿供養寺村《えちごのくにくびきぐんさるくようじむら》（新潟県中頸城郡板倉町）のものには、この離縁状にしかない特徴がある。一は指印を全部おしていること（はっきりわかるのは三指）、二は妻の父が差出人であることである。婿養子《むこようし》の場合に妻の父の書いた離縁状は数通あるが、ここでは「実家江立戻」とあるので嫁入りであり、婿取りでない嫁の父の書いた離縁状はこれまでにこの一通だけである。

爪印について

爪印《つめいん》は爪判《つめはん》ともいい、爪に墨をつけて「()」のように爪のかたちを押したものである。爪印を用いた主な理由は印章を持っていなかったからであるが、文書にみずからの肉体の一部である「爪」をおしつけることに何らかの呪術的《じゅじゅってき》意味があったと思われる。当時印章をもっていたのは一つの家に一人、代表者である当主だけであり、ほかの家族は印章をもたなかった。したがって爪印をおすことになるが、所持していても離縁状を書くときにたまたま持ちあわせていなかったという場合も稀にはみられよう。実際の爪印は、爪に墨をつけるときに拇指《おやゆび》の腹にも墨がつき、これが一緒に押され爪拇印のようになることもあった。さきの夫婦契約の去状(二一頁)では拇印のつもりが爪にも墨がついて爪拇印になったものであろう。

ところで、離縁状におされた爪印の実物をみると、本当に爪に墨をつけて押したものは稀である。二〇通に一通くらい、つまり本物の爪印は全体の五パーセント程度ではないかというのが、大雑把《おおざっぱ》な感想である。爪印の多くは、筆で爪を押したと同じように書いたもので、いわゆる「書き爪印」である。この「書き爪印」の仕方であるが、署名の下に三日月のようにたんに筆で書いたという説と、署名の下に拇指をおき、それにそって筆でなぞって書いたという説がある。

男は左、女は右

ところで、爪印には男は左の拇指、女は右の拇指を用いるのが常であった。藤兵衛差し出しの離縁状には、爪印の脇にわざわざ「但《ただ》し左り爪」と明記してある。離縁状にこのように差出人夫の爪印に「左」と明記したものがほかに二通ある。一般の文書にも稀に見られる。

また、女の爪印に「右」と明記したものが、縁切寺東慶寺文書にある。関連文書によれば、一八五二（嘉永五）年五月二七日、相模国《さがみのくに》三浦郡津久井村（神奈川県横須賀市）のたきが東慶寺へ駆け込んだ。たきは幼くして父を失い、祖父母に養育されたが、後に聟《むこ》（婿）市左衛門こと喜三郎を迎えた。この婿は亡き祖父を悪口《あっこう》し、位牌を壊すなどと難題を申しかけ、また祖母や母には悪口・打擲《ちょうちゃく》、あるいは足蹴りにし、たきが口答えしようものなら切り殺すなどといって鎌を持ち出すありさまである。これら不法の仕打ちが耐え切れず駆け込んだという。しかし、翌六月（おそらく上旬）には、親類の説得をうけて帰縁《きえん》（復縁）することとなり、下げ引取状が出されるが、その中のたきの署名・爪印の真下に「右」としたためられている。*

＊拙編著『縁切寺東慶寺史料』二七九頁

このように男は左、女は右という思想は、なにに由来するのであろうか。人間は身体が左右対称的であるが、約九〇パーセントの者が右利きであることから、右尊左卑観が世界の通例である。言語でも、右は強い・優る・正義など積極的・肯定的意味を示し、左は弱い・劣る・邪悪など消極的・否定的意味を示している。しかし、日本では左大臣が右大臣より上位であるという左尊右卑観もあり、これは特殊東アジア的な現象といわれる。左尊右卑観は中国文化の導入によるといわれ、それは日本書紀のイザナギの命《みこと》・イザナミの命の国生み神話に顕著にあらわれている。つまり「陽神は左より廻り、陰神は右より廻る」、男神は左廻りして女神にあっている(しかも男性主導)。しかし、「右に出る者なし」や「左遷《させん》」の言葉にみられるように、いつの時代でも例外があり、必ずしも決定的というわけではなかったようである。ただ江戸時代は左優位が主流であったと思われ、男尊女卑のタテマエから男は左、女は右とされたものであろう。

さて、現在はどうであろうか。明治以降の西欧化にともなって右尊左卑観的文化の影響のもとに、天皇・皇后両陛下の並び方が右優位に逆転し、内裏雛《だいりびな》・結婚式の新郎新婦などもその位置が逆転しているのである。

二　三くだり半は誰のためのものか

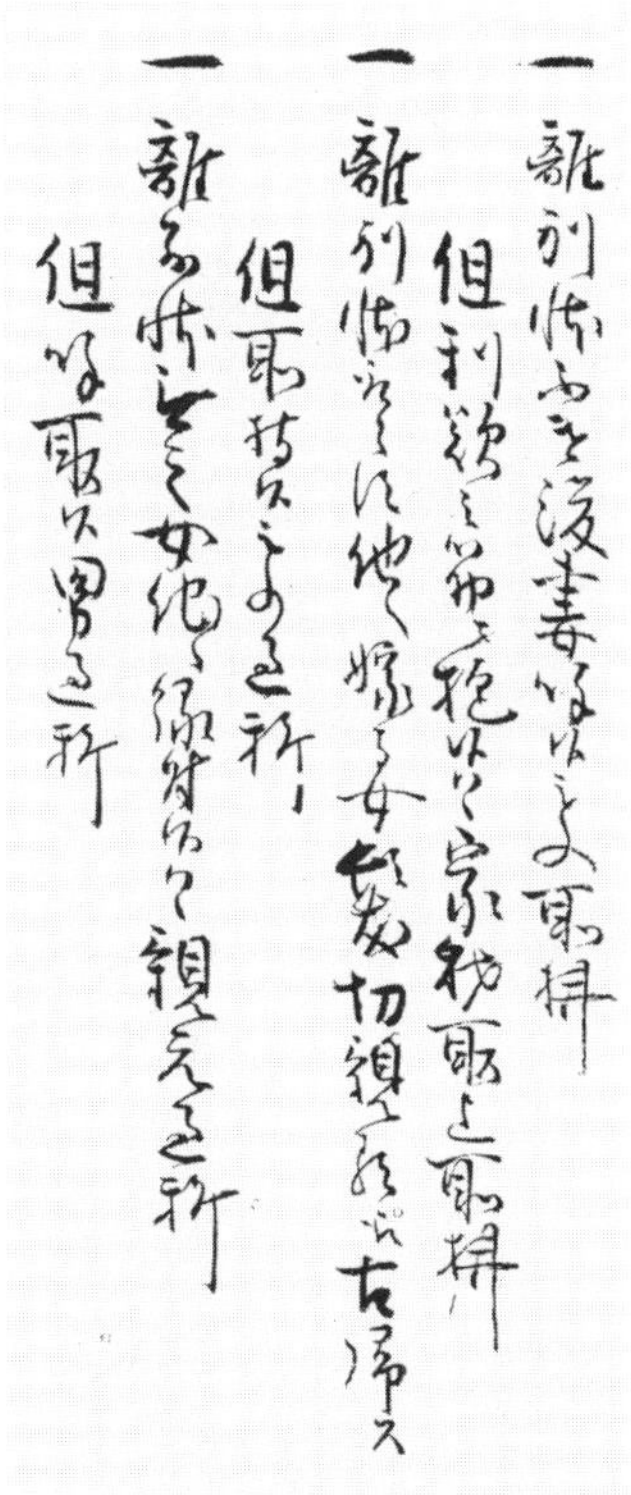

公事方御定書（部分・48頁参照）

離縁状と返り一札１

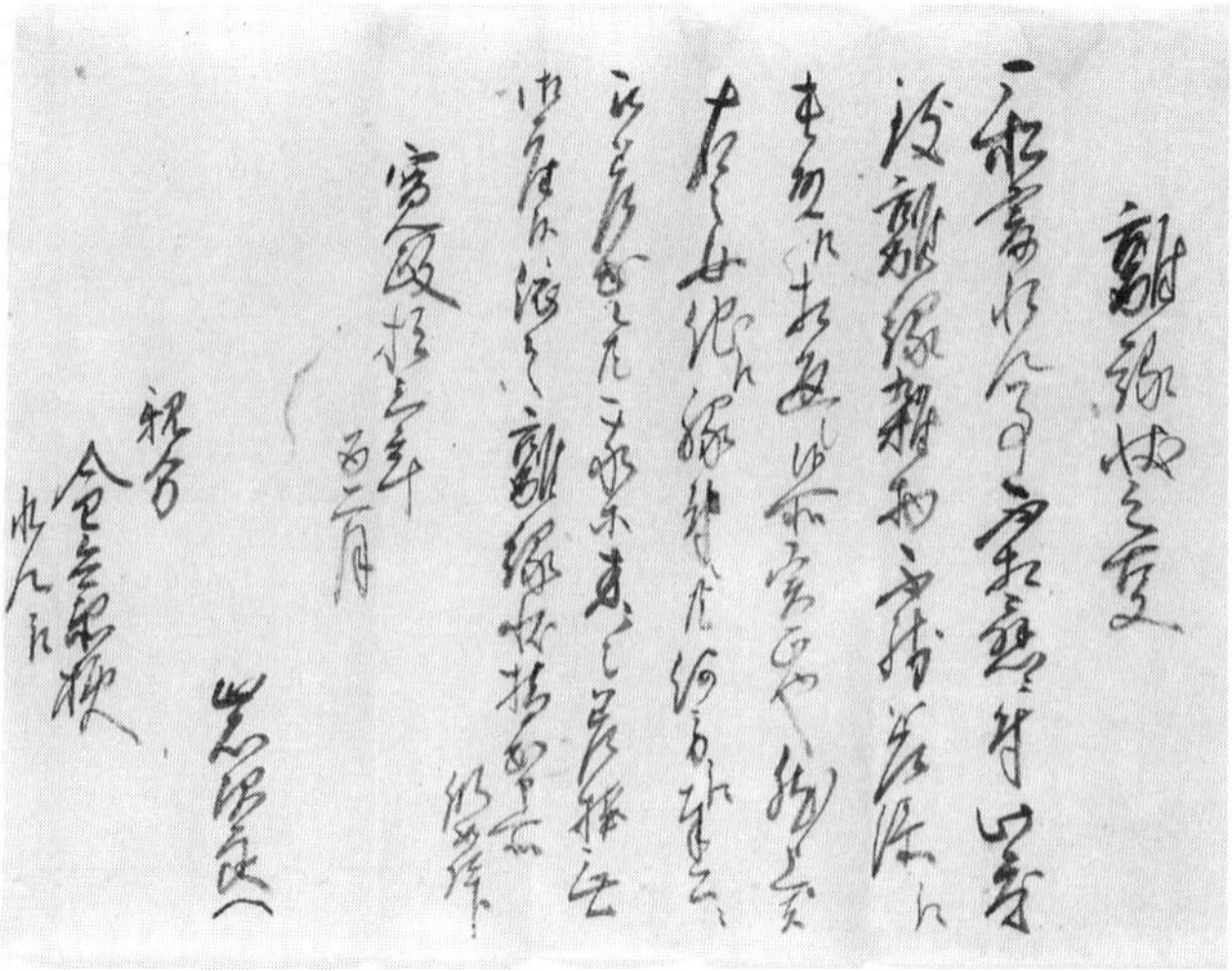

（二三・八×三二・六）

離縁状《りえんじよう》之事《のこと》

一私妻《わたしつま》れん事《こと》、不相応《ふそうおう》ニ付《つき》、此度《このたび》
致離縁《りえんいたし》、雑物《ざつぶつ》不残《のこらず》差《さし》添《そ》江《え》
貴殿《きでん》江相返《あいかえ》し候所《そうろうところ》実正也《じつしようなり》、然上者《しかるうえは》
右之女《みぎのおんな》他江縁付《えんづき》候共《とも》、何方《いずかた》江奉公《ほうこう》ニ
被差出《さしだされ》候共、我等方《われらがた》ニて差構《さしかまえ》無《ご》
御座《ざなく》候、依之《これにより》離縁状指出申所《さしだしもうすところ》、
仍如件《よってくだんのごとし》

寛政拾三年
酉二月　　岩次良（爪印）

親分
金兵衛様
れん江

（埼玉県立文書館保管・森田家文書）

わたし妻れんこと、不相応につき、このたび離縁いたし、雑物残らずさし添え、貴殿へあい返し候ところ実正なり。しかるうえは右の女、他へ縁づき候とも、いずかたへ奉公にさしだされ候とも、われら方にてさしかまえござなく候。これにより離縁状さしだし申すところ、よってくだんのごとし。

なぜ夫は受取書をもらったのか

ここに掲げた離縁状は武蔵国《むさしのくに》秩父《ちちぶ》郡大野村（埼玉県比企郡都幾川村）のものであるが、それには上包みがある。いま離縁状が残っている状態の多くは一枚の紙だけであるが、当時は離縁状を折封にした上包みで包んで渡すのが通例であった。これまで収集した離縁状で上包みの残存するものは約七パーセントである。

離縁状には夫岩次郎が妻れんを「不相応」の理由で離婚したこと、妻の雑物（持参荷物）は残らず返すこと、また親分金兵衛に返すからにはだれと再婚しようと、どこへ「奉公」に出されても夫方では構わないとある。離縁状に興味をひく点がいくつかある。まず、雑物は残らず返却することである。雑物とあるからさほどの荷物ではなかろうが、なにしろ持参荷物はすべて返却するのが当時の原則であった。ついで、金兵衛は親分（仮親）とあるので、れんの実親ではない。つまり、妻を実家でなく親分に返していることである。夫はれんを親分を通じて嫁に迎えたので、離婚のときも親分あてに返したのであり、そのこ

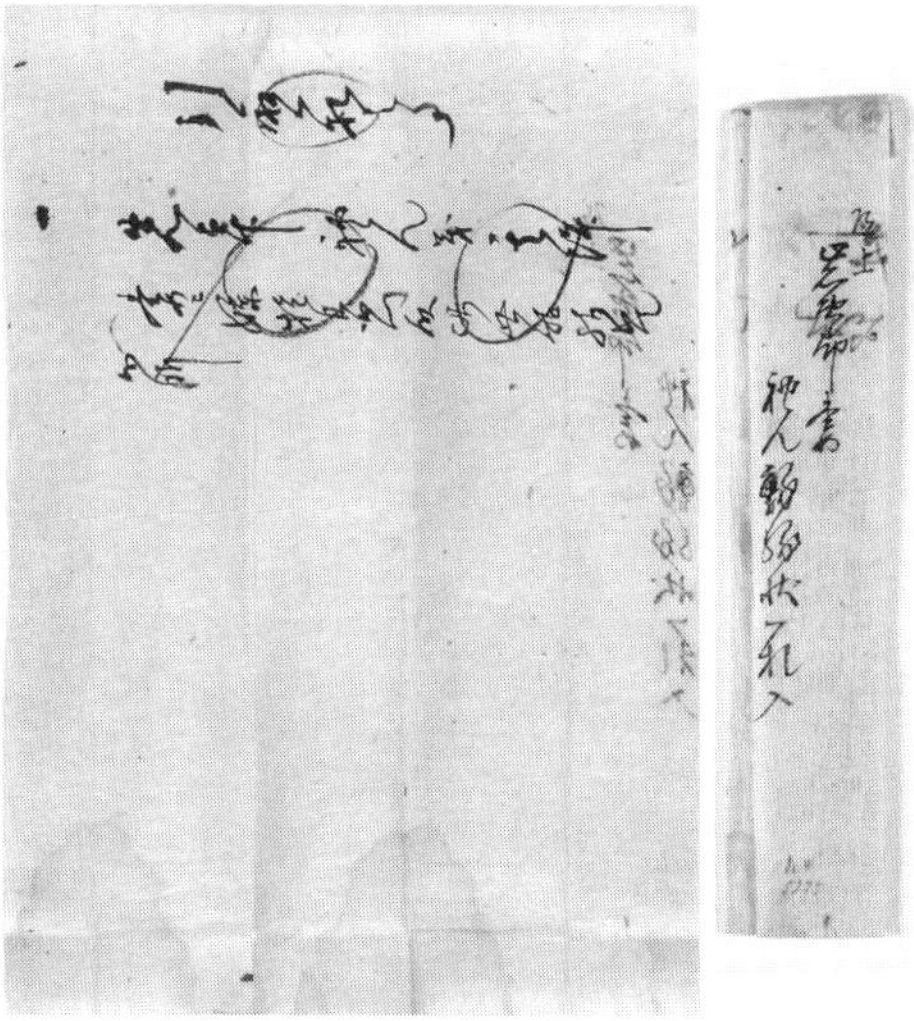

右頁離縁状の上包み（右）とその裏

とが明記されている。この種の離婚を「親方アズケ離婚」という。ここでは夫の意思もさることながら、親分の意思を無視して夫は妻を離婚できなかったのである。しかも離縁状の再婚許可文言にはきわめて珍しい奉公という文句がある。かつてれいんは金兵衛宅もしくは他の家の奉公人で岩次郎が金兵衛に願って嫁にしたので、離婚後どこに奉公に出されてもよいという文句が加えられたものと想像される。

離縁状上包み（前頁写真）の表にはつぎのようにしたためられている。

道上　岩次郎妻《つま》　れん離縁状《りえんじょう》一札入《いっさついれ》

注目されるのはその裏で、つぎのような文章が途中まで書かれ、かつ○印で抹《まっ》消《しょう》されている。

引取《ひきとり》一札《いっさつ》之事《のこと》

一先《せん》年《ねん》れん義《ぎ》、其《そこ》許《もと》
妻《つま》ニ媒《なかだち》権左衛門殿《ごんざえもんどの》以世話《せわをもつて》、指遣《さしつかわ》し
候所《そうろうところ》、

この文章は続けて「此度《このたび》不相応《ふそうおう》ニ付《つき》、被致離縁《りえんいたされ》候所《そうろうところ》、れん引取申候《ひきとりもうしそうろう》云々《うんぬん》」と書かれたに違いない。これは離婚を承諾し、妻を引き取ることを明記することに意義があり、この種の文書を「離縁状返《かえ》り一札《いっさつ》」という。それにしても離縁状の上包みの裏に離婚を承諾した旨の受取書の下書きがなされたということは、何を意味するのか。

この返り一札（受取書）が離縁状の上包みの裏に書かれていることは、離縁状を受理したその場で返り一札を書いて渡したことをあらわしている。そして返り一札はだれのために必要だったのかといえば、夫にとってこそ必要な書類だったのであり、それは「夫方における離縁の確証」であった。なぜ夫も離縁の確証が必要だったのかは、当時の幕府法との関連で考えなければならない。

幕府法と離縁状

これまで離縁状のいくつかをみたが、これらの離縁状は庶民の夫婦が離婚する場合に幕府法で必要とされた文書で、これを受理しないで再婚した妻は髪を剃《そ》って親元に帰されるという刑罰が科されたこと、また必ず夫が書いて妻に渡したことから、夫は妻を一方的に離婚することができた、といわれてきた。江戸時代の離婚は、夫による「追い出し離婚（学問的な用語では「夫専権離婚《おっとせんけんりこん》」という）」であって、妻はまったく夫や夫の家に隷属《れいぞく》していた、と考えられてきた。

ここでは離縁状は妻にとってのみ必要な文書だったと思われていたが、これが従来の見解であり（私は十数年来、この見解を大幅に修正してきたが）、いまだに教科書などではそのように書かれているものがある。はたしてそうなのであろうか。

そこで、幕府法における離婚と離縁状についてみよう。『公事方御定書《くじがたおさだめがき》』（寛保二年〈一七四二〉）下巻、いわゆる御定書百か条には、つぎのように規定している。

一 離別状遣《りべつじようつか》わさず、後妻《ごさい》を呼《よびそうろう》 候もの所払《ところばら》い

　但《ただ》し、利欲《りよく》の筋《すじ》をもっての儀《ぎ》に候は《そうらわば》、、家財取上《かざいとりあ》げ、江戸払《えどばら》い

一 離別状取《りべつじようと》らず、他《た》え嫁《か》し候女《そうろうおんな》、髪《かみ》を剃《そ》り親元《おやもと》え相帰《あいかえ》す

　但《ただ》し、右《みぎ》の取持《とりもち》いたし候《そうろう》もの過料《かりよう》

一 離別状《りべつじよう》これなき女他《おんなた》え縁付《えんづ》け候《そうろう》 親元《おやもと》過料《かりよう》

　但《ただ》し、引取《ひきとり》の男同断《おとこどうだん》

四三頁の写真は『公事方御定書』の一八二八（文政一一）年の写本である。そこには女が離縁状なく再婚したときの刑罰は「髪剃」とすべきところ「髪切」と写している。この点が相違するが、ほかはほぼ同じである。

この規定によれば、離縁状を取らずに再婚した女は髪を剃って親元へ帰されたのであるから、女には離縁状を受理する義務があった。とはいえ、このことがあまりにも強調されすぎるので、夫の方で離縁状を渡さずに再婚したときに所払いの刑罰が科されたことはややもすると看過されてきた。だから、夫は妻に離縁状を渡しさ

えすれば、離縁が成立したとして、安心して再婚できたのではない。夫が離縁状を妻に渡さずに、後妻を貰うと「所払《ところばらい》」の刑罰が科されたということは、夫には離縁状を交付する権利があったというより、むしろ義務があったというべきなのである。いいかえれば、夫にも離縁状を交付したことの確証がなければならない。なぜなら、この確証がないときは、離婚（とその後の再婚）に妻から異議をとなえられかねないからである。しかし、一般的には、夫が離縁状を交付したことの証拠は、離縁状を受け取った妻側にはあっても夫にはない。もちろん離婚がまわりに周知され、仲人はじめ離婚に介入した人たちが、これを証明してくれればよいが、さもないときは困ったことになるから、むしろ夫の方に離縁状を交付したたしかな証拠があることが望ましい。そこで夫は妻に離縁状を渡して、妻の方から「離縁状返り一札」を受取る必要があったのである。

離縁状を妻に交付しながら、妻から返り一札（受取書）をもらわなければならなかった夫は、「三くだり半を投げて（たたきつけて）」妻を離婚できたわけではなく、妻（とその実家）と相談・納得の上ではじめて離婚できたといえる。したがって、当時の離婚は夫による「追い出し離婚」ではなく、双方の示談による「熟談離婚《じゅくだんりこん》」だったといわねばならない。これが私の基本的な考えである。

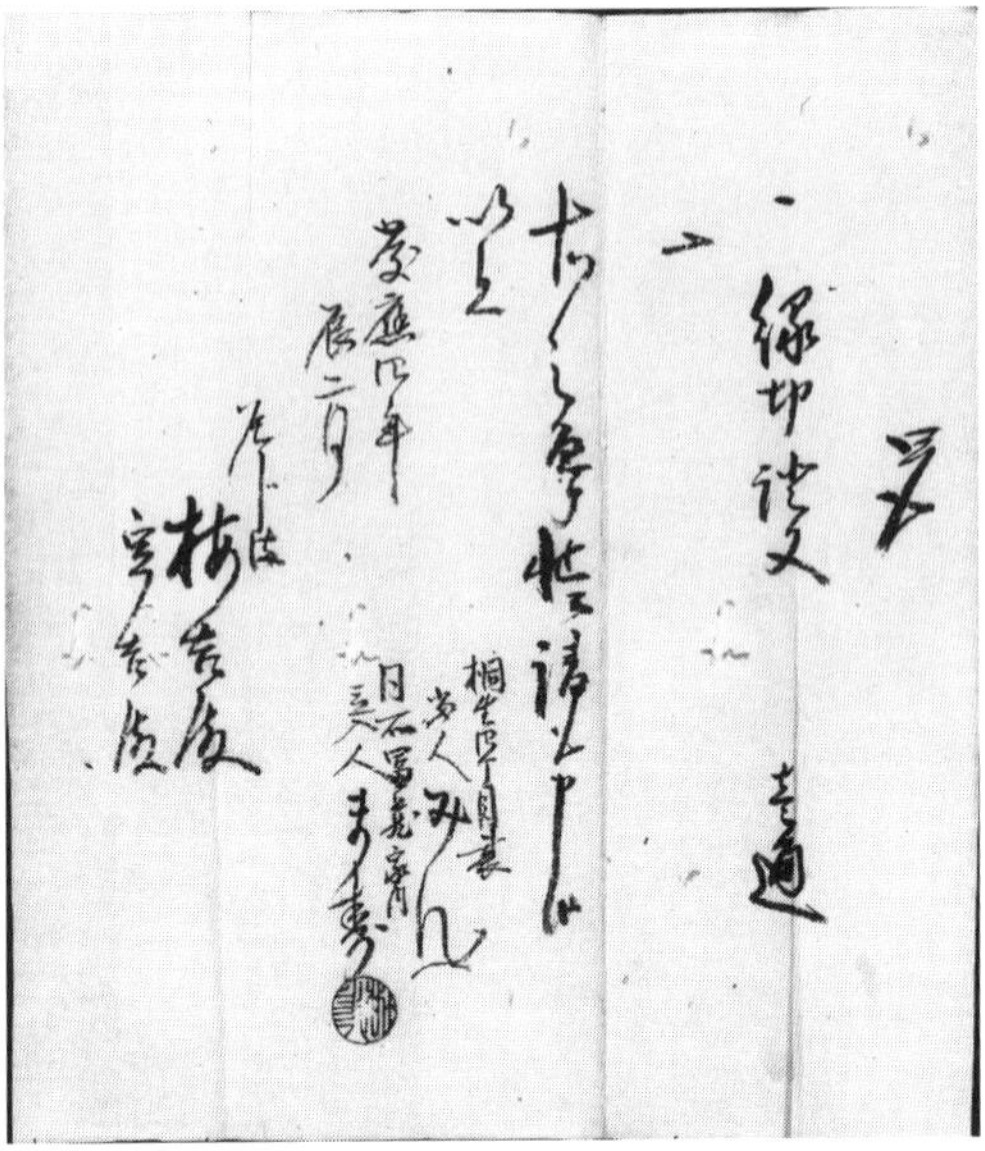

（二一五・三×二一二・六）

覚《おぼえ》

一　縁《えん》切《きり》証《しょう》文《もん》　　壱通《いっつう》

〆《しめて》

右《みぎ》之《の》通《とお》り慥《たしか》ニ請取申候《うけとりもうしそうろう》、

以上《いじょう》　桐生四丁目裏

慶応四年　　当人　みん（爪印）

辰二月　同所冨屋家内

立入人　ます㊞

尾じま

梅　吉殿

定　吉殿

（高澤宣雄氏所蔵）

右のとおりたしかに請け取り申し候。以上。

女のしたためた返り一札2

（二四・〇×三〇・〇）

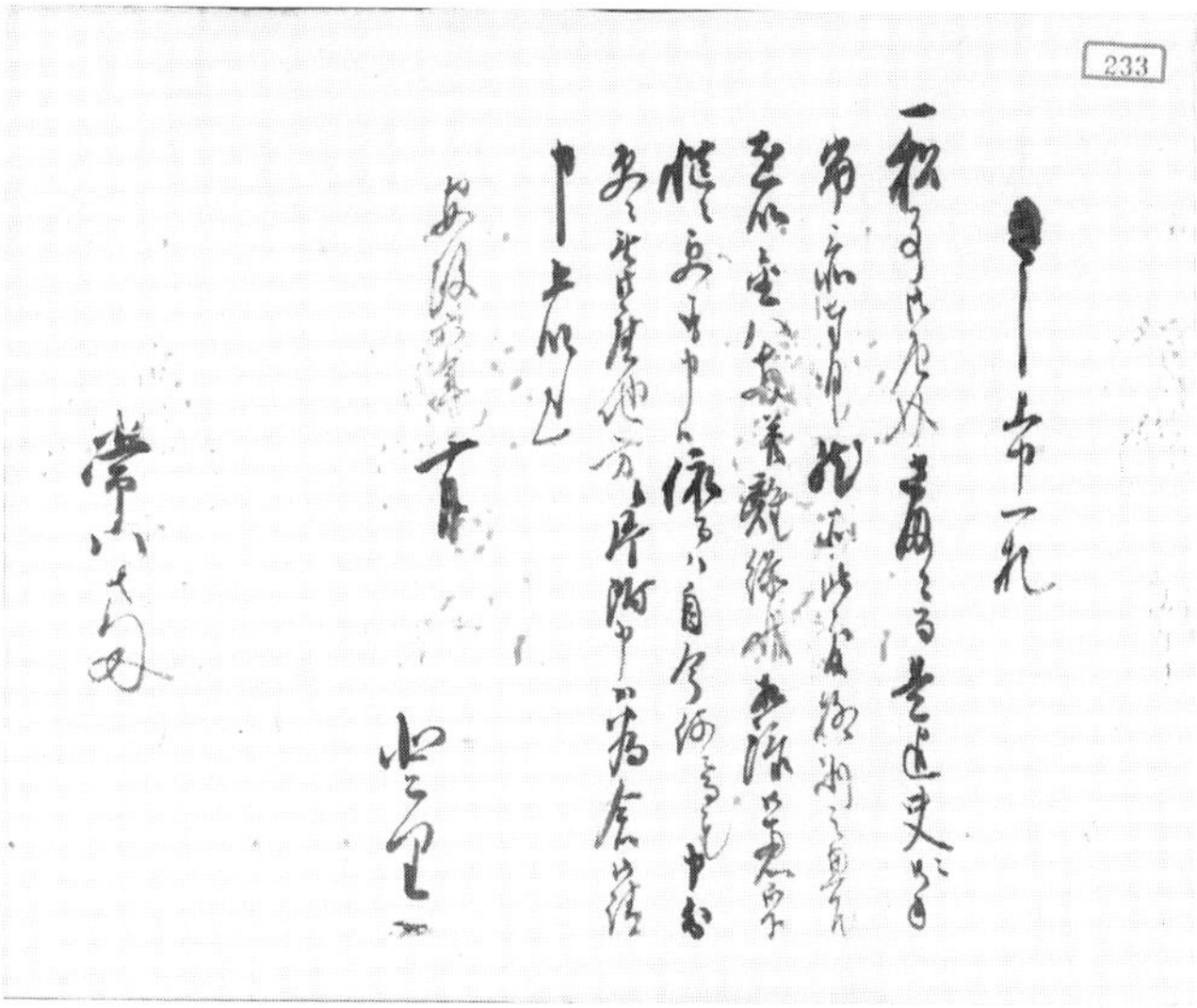

さし上申《あげもうす》一札《いっさつ》

一私事《わたしこと》、御《ご》厄《やっ》介《かい》さまニ而《て》、是《これ》迄《まで》夫々《それぞれ》御手《おて》当《あて》忝《かたじけなく》奉存《ぞんじたてまつり》候《そうろう》、然所《しかるところ》、此度《このたび》格別《かくべつ》之《の》思召《おぼしめし》を以《もって》、金《きん》八《はち》両《りょう》并《ならびに》離《り》縁《えん》状《じょう》相《あい》添《そえ》、御《お》恵《めぐみ》被下《くだされ》慥《たしか》ニ受《うけ》取《とり》申《もうし》候、依《よっ》而《て》ハ自《じ》今《こん》何《なに》ニ而《て》も申分《もうしぶん》更《さら》ニ無御座《ござなく》、他《た》方《ほう》ニ片附《かたづき》申《もう》候、為念《ねんのため》御請《おうけ》申上《もうしあげ》、以上《いじょう》

安政六年十月

とり（爪印）

常八さま

（片山英弥氏所蔵）

わたしこと、ご厄介さまにて、これまでそれぞれお手当てかたじけなく存じたてまつり候。しかるところ、このたび格別の思し召しをもって、金八両ならびに離縁状あい添えお恵み下され、たしかに受け取り申し候。よっては自今何にても申し分さらにござなく、他方に片づき申し候。念のためお請け申し上げ、以上。

離縁状返り一札の内容

女のしたためた二通はともに上野国《こうずけのくに》（群馬県）のものである。返り一札の役割は、「夫方における離縁の確証」であったことについては述べた。したがって、その内容は離縁状を受理したこと、つまり離婚を承諾したということが記載される。右のみんの事例はまさに返り一札の典型で、縁切証文を受理したということのみが端的に書かれている。しかし、みんのように簡略な内容はまれで、一般的に返り一札の内容は、(1)離婚を承諾したこと（妻を引き取ったこと）のほか、(2)したがって先夫（離婚した夫）に対して執心《しゅうしん》・懸念《けねん》なきこと、(3)今後離婚した妻にいかようなことがあっても先夫にいっさい迷惑をかけたり無心をしたりしないこと、が記述された。

妾の返り一札

ところで、とりの返り一札には、まず「御厄介」になったとあり、これまでのお手当に感謝している。ここにお手当をもらって御厄介になるとあるので、とりは常八の妾《めかけ》だったのである。妾の離縁は通常「馴染《なじ》み」になっていたものを「手切れ」にするというものであるが、ここでの厄介も妾の意である。その上で常八の「格別の思召」によって別れることになり、ついては手切れ金八両と離縁状を受け取った。「御恵被下《おめぐみくだされ》」と旦那常八に敬意を払った書きぶりである。したがって今後は何の申し分もないので、「他方ニ片附」く、すなわち、他所《よそ》に片付くと書いている。そしてこの返り一札は、「念のため」にしたためたものであると明記しているが、夫（旦那）にとって後腐《あとくさ》れなく別れるために必要であり、むしろ夫にとって「念のため」に取り置かれたものである。

ここで注目されるのは、妾が離縁状を受理していることである。夫婦間のみならず、妾もまた離縁状を受理しているということは妾が妻に準ずる存在だったからである。のちに妾の離縁状と返り一札を紹介する（一三六・一三七頁）。

離婚当事者としての妻（女）

さて、離縁状の差出人と名宛人の関係を調べたところ、差出人が夫単独で、名宛人を妻一人（単独）にしたものが全体の約六〇パーセントを占めている。つまり、離縁状の半数以上は夫から妻にあてて差し出されたものである。妻の納得・得心という事情が離縁状のことからも理解でき、その意味では離縁状の名宛人の妻は離婚において埒外《らちがい》におかれたのではなく、離婚当事者としてその意思が明確に反映されたことをあらわしている。とりわけ、右の返り一札が妻と女の立入人の両名あるいは女（妾）単独で書かれている事実は、女の自立性をはっきりあらわしている。とはいえ、妻のしたためた離縁状は一通もない（妻の父・祖父の例はある）。

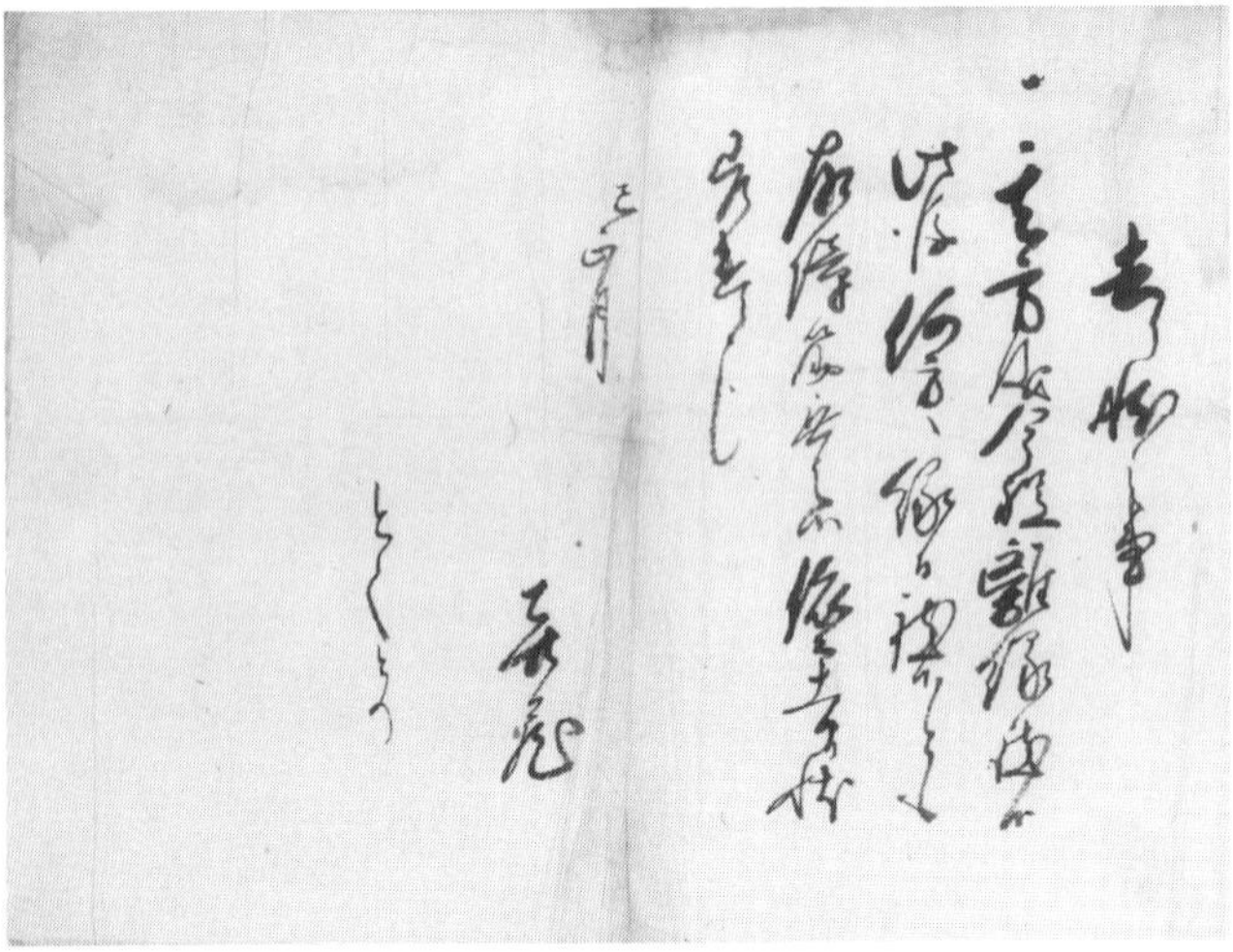

（二四・〇×三三・四）

（名古屋市博物館所蔵・岩田屋加藤家文書、次頁も同じ）

去《さ》り状《じょう》之事《のこと》

一其方《そのほう》儀《ぎ》、今般《こんぱん》離縁《りえん》致候《いたしそうろう》、
此後《このち》何方《いずかた》へ縁付《えんづき》致候とも、
故障筋《こしょうのすじ》無之《これなく》候、依而《よって》去《さ》り状《じょう》
差遣《さしつかわ》し候、以上《いじょう》

巳正月　　喜蔵

とくとの

そのほう儀、今般離縁いたし候。この後いずかたへ縁づきいたし候とも、故障の筋これなく候。よって去り状さしつかわし候。以上。

離縁状と返り一札がともにある事例

離縁状は夫から妻へ渡され、妻からその受取である返り一札が夫に渡されたのであるから、離縁状は妻、返り一札は夫の方にというふうに別々に残った。したがって、離縁状と返り一札の双方がそろって残存するのはまれで、これまで一二例しかない。右の離縁状は原物で、返り一札の方は写しをとっておいた例である。逆に離縁状が写しで、返り一札の方が原物という例もある（一二九～一三〇頁）。

妻とくの実家岩田屋は尾張国《おわりのくに》（愛知県）名古屋城下船入町の商家（肥料問屋）である。下の庄八差出しの返り一札写しによれば、「女子《じょし》壱人《いちにん》不通《ふつう》之《の》約束《やくそく》」で引き取ったことがわかる。とくの娘はかぎといったが、不通、つまり実父喜蔵と関係を一切断つ、当然行き来もまったくしないことを約して離婚が成立している。

このほかに関連文書が三通あり、離婚後の様子が少し明らかになる。一つは返り一札の下書きで三行目の貫と申の行間に「請《うけ》、右両人《みぎりようにん》私方《わたしかた》江《え》懸《かか》り合《あい》ニ付引請《つきひきうけ》、懸《かか》り人《にん》ニ相《あい》

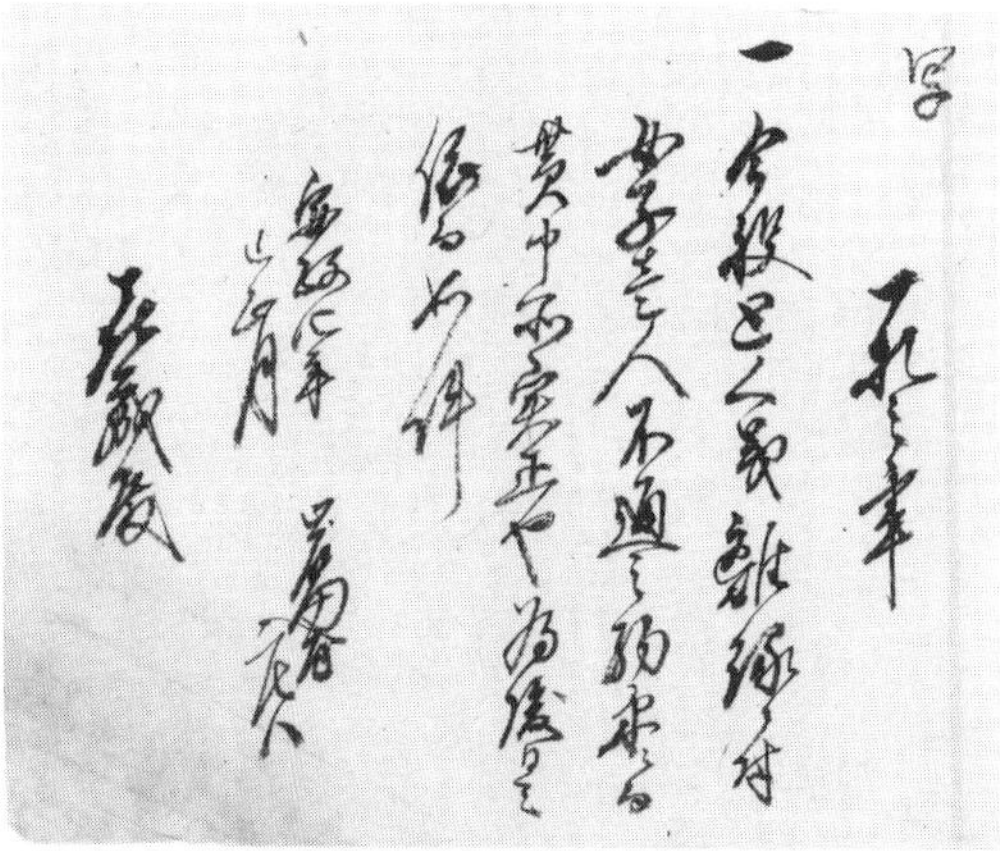

前頁去り状の返り一札（写し）

成《なり》」がみえる。この文言が挿入されたものに書き直されて渡されたとも考えられるが、やや繁雑な感じがするので、結局写しと同じものが差し出されたものであろう。ここで「懸り人」の意味は判然としないが、とくは庄八の近親者にちがいないと思われる。二つは、一八五七（安政四）年正月の久屋町丁代庄兵衛発行の宗門人別送りである。これによれば、喜蔵とく夫婦は前年に冨田町から引っ越してきたばかりで、離婚してとくは庄八の人別に懸り人として加入するとある。またこの人別送りには、前年春の人別《にんべつ》改《あらた》めは冨田町で済ませ、久屋町住居中も不法のことはなかったことが記述されている。

三つは、とく離縁後三か月の同年四月、鉄蔵から庄八あてに出された一札で、庄八の懸り人であったとく娘かぎが、鉄蔵に養女として貰われたときのものである。ここでも実母との「不通《ふつう》」が約束されている。またこのとき「樽代《たるだい》（結納金《ゆいのうきん》）」として庄八から一両を出しているが、四月中に二分、盆前に一両、盆後に二分、都合三両を出すことを取り決めている。その上で「若《もし》、末々《すえずえ》ニ奉公《ほうこう》ニ出《だ》し候共《そうろうとも》、売女等《ばいじょとう》ニ遣《つかわし》候《そう》義《ろうぎ》ハ仕《つかまつる》間敷《まじく》候《そうろう》」と明記している。将来奉公に出すことはあっても、売女等に身売りすることはしないことが養父方から約束されている。なお、とくのその後は定かでない。

離縁状と返り一札3

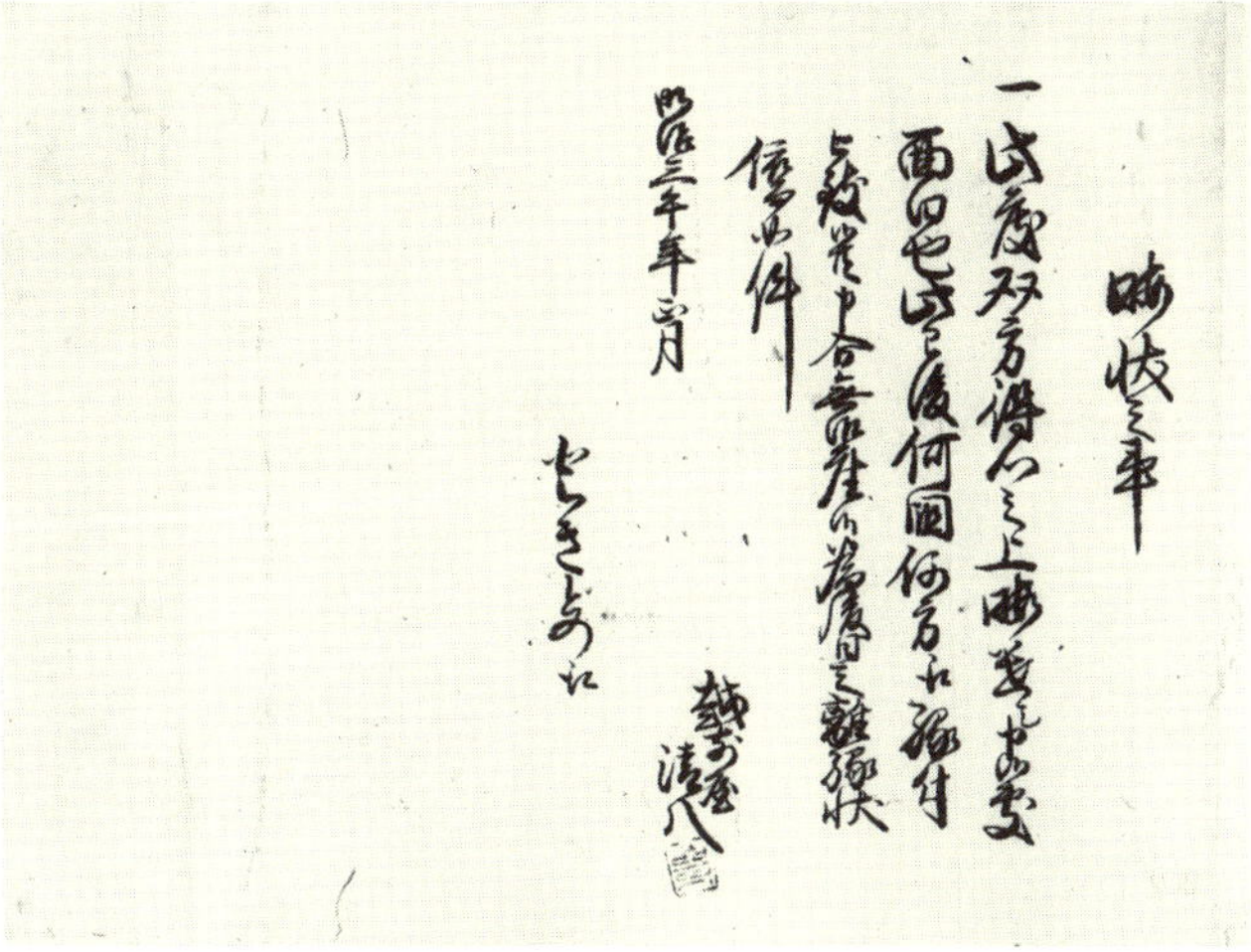

（二四・五×三三・三）

暇状之事《いとまじょうのこと》

一　此度《このたび》双方《そうほう》得心《とくしん》之《の》上《うえ》暇遣《いとまつかわ》シ申候《もうしそうろう》処《ところ》、
面(明)白也《なり》、此《これ》已《い》後《ご》何《いず》国《くに》何《いず》方《かた》江《え》縁付《えんづき》
被致《いたされ》候共《とも》、申分《もうしぶん》無御座《ござなく》候、為後日之《ごじつのため》離縁状《りえんじょう》
依而《よって》如件《くだんのごとし》

明治三午年正月

越前屋

清　八㊞

ときとの江

（東京大学法学部法制史資料室所蔵・京阪文書、次頁も同じ）

このたび双方得心のうえ暇つかわし申し候ところ、明白なり。これ已後いず国いずかたへ縁づきいたされ候とも、申し分ござなく候。後日のため離縁状、よってくだんのごとし。

離婚とその後の生活資金

これも離縁状と返り一札がそろっている事例だが、ともに原物で、しかも同一人の手になる。したがって、この離婚に仲介の労をとった者が書いて双方に捺印《なついん》させ、さらに離縁状と返り一札の両方ともに仲介者が自分で保管したものと推測される。

さて、返り一札によれば、離婚原因は妻ときと娘まさ、その婿寅吉が「段々心得違《だんだんこころえちがい》仕《つかまつり》、不埒《ふらち》」を働いたからだという。心得違・不埒は具体的にはわからないが、おそらく実男子清次郎をさしおいて、娘とその婿に家業を継がせようと画策《かくさく》したのではあるまいか。ここでも娘まさと婿養子は「父親《ちちおや》之《の》縁者《えんは》是迄《これまで》」、また清次郎と「母親《ははおや》之《の》縁者《えんは》是切《これきり》不通致《ふつういたし》」と、不通つまり親子の縁を切り、「若《もし》途中《とちゅう》ニ而《て》茂《も》言懸ケ《いいか》候儀決而《そうろうぎけっして》不仕《つかまつらず》」、途中であっても言葉もかわさないと約している。なお、着類（着物）は勿論《もちろん》だが、「身業《みわざ》料《りょう》」すなわち離婚後の生活（営業）資金として、金二二両二分を夫から受領し、申し分ないことが付記されている。

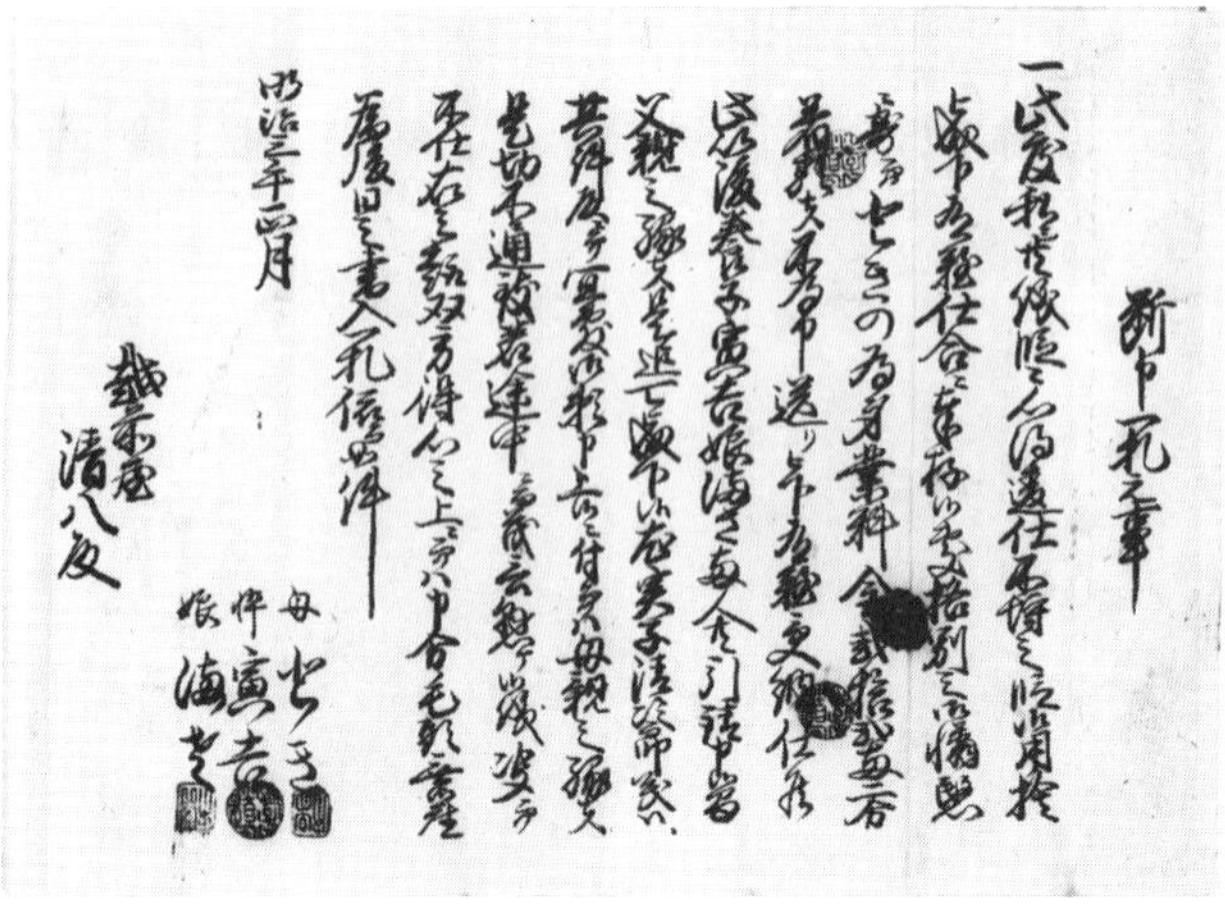

57頁暇状の返り一札

三　離縁状は三行半

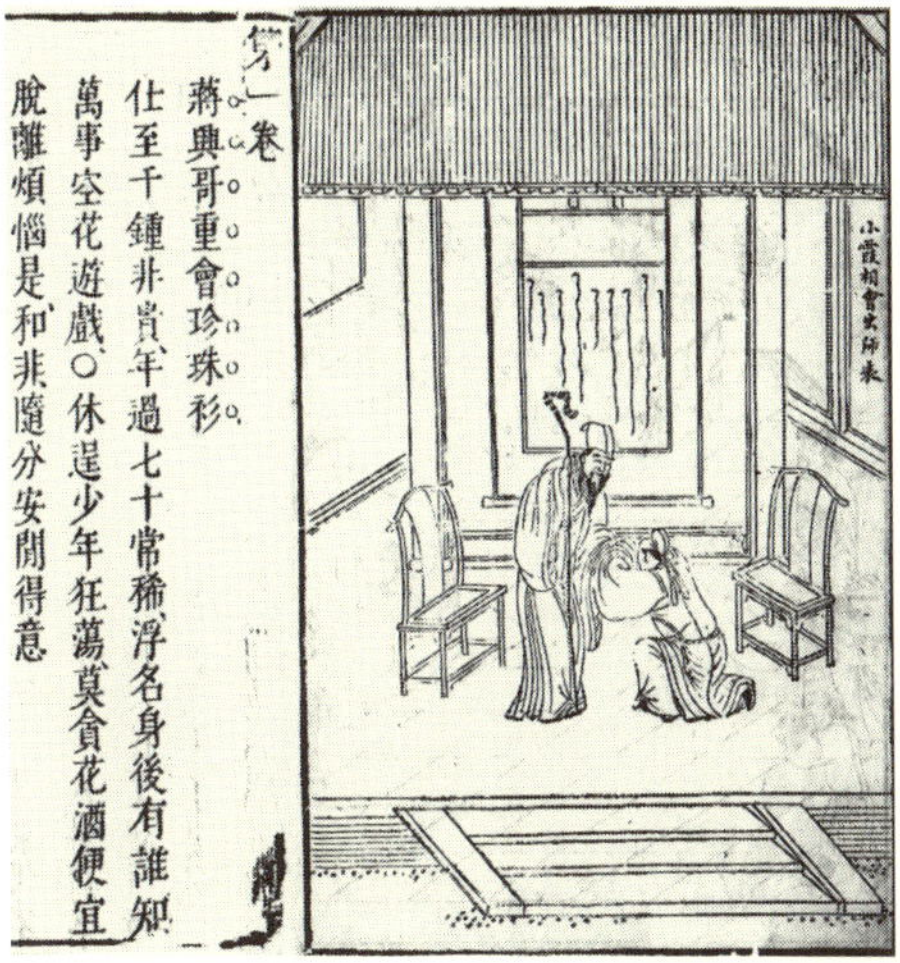

第一卷
蔣興哥重會珍珠衫
仕至千鍾非貴年過七十常稀浮名身後有誰知
萬事空花遊戲○休逞少年狂蕩莫貪花酒便宜
脫離煩惱是和非隨分安閒得意

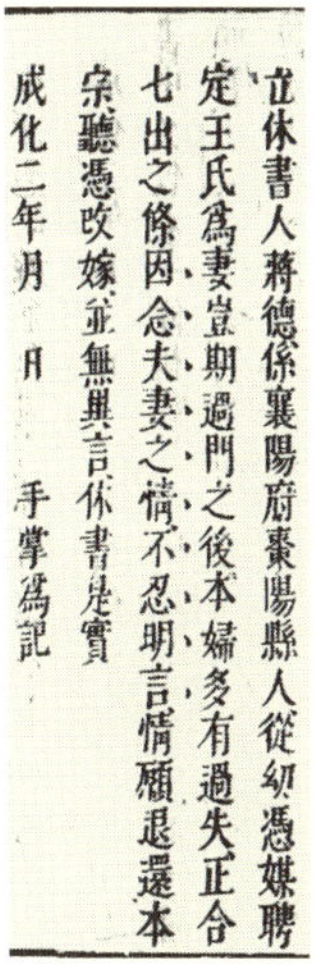

立休書人蔣德係襄陽府棗陽縣人從幼憑媒聘
定王氏為妻豈期過門之後本婦多有過失正合
七出之條因念夫妻之情不忍明言情願退還本
宗聽憑改嫁並無異言休書是實
成化二年月　日　手掌為記

『全像古今小説』（国立公文書館所蔵）に出てくる三行半の「休書」

用文章の書式にみる三行半

離縁状が通例三行半に書かれたことから「三くだり半（三行り半・三下り半）」と俗称され、それが離縁状の代名詞となったことは周知の通りであり、本書でもすでに述べたところである。そのことは刊年不詳の『年中重宝懐中手形証文集（全）』（柳動堂）の離縁状書式によくあらわれている（七九頁写真）。すなわち、

りゑん状

一其方事《そのほうこと》、我等《われら》勝手《かって》ニ付《つき》、此度《このたび》離縁《りえん》致《いたし》候《そうろう》、然《しか》ル
上者《うえは》、何方《いずかた》へ縁付《えんづき》候共《そうろうとも》、差構無レ之《さしかまえこれなく》候、仍如レ件《よってくだんのごとし》

夫
誰

たれどの

・本来《ほんらい》ハ三くだり半ニ
かくべき也《なり》

（ふりがなは現代仮名遣いに改めた）

とある。この版本は、わずか三丁の小本で、懐中用のため、離縁状本文を二行につめて書き、「本来ハ三くだり半ニかくべき也」と注記がなされている。このように実際の離縁状でない、江戸時代の用文章（証文雛形《ひながた》集）の書式では、離縁状の行数は四行半の書式がわずか一例みられるほかは、すべて三行半に書かれている。なお、古い用文章の発見をめぐって、三行半の成立時期・地域について再論する（九六頁）。

三行半の慣行

離縁状を三行半に書くという慣行については『全国民事慣例類集』にも若干の事例が報告されている。たとえば、離縁状の「書法ハ三行半ヲ例トシ年月日ヲ記サヽル者トス（駿河国《するがのくに》安倍《あべ》郡・有渡《うど》郡）」、「離縁状ハ三行半ニ書シテ（甲斐国山梨《かいのくにやまなし》郡）」、「離縁状ハ通例三行半ニシテ（肥後国《ひごのくに》玉名《たまな》郡）」（傍点高木）などである。ここには三行半の慣行のほかに地域的特徴が語られている。駿河国（静岡県）では年月日を書かなかったこと、これまで離縁状が見いだされていない肥後国（熊本県）でも離縁状の存在が報告されていることである。

さらに三行半の書式が徹底して、相模国《さがみのくに》（神奈川県）鎌倉《かまくら》郡では

若《も》シ自書《じしょ》スル事能《ことあた》ハサレハ三本半《さんぼんはん》ノ竪線《たてせん》ヲ画《かく》シ爪印《つめいん》ヲ押《お》ス。所謂《いわゆる》三行半ノ旧《きゅう》例《れい》アルカ故《ゆえ》ナリ

とある。離縁状は本人が自筆でしたためるのを原則とするのであるが、もし文字が書けない者がいたら「三本半の竪線を画し爪印を押す」ことでよいとしている。私はこれまで三本半の縦線を引いた離縁状の実物を一通もみていないが、このように離縁状に三本半の縦線を書けばよいとされるほど、三行半が定着していたのである。

三行半にこだわった離縁状1

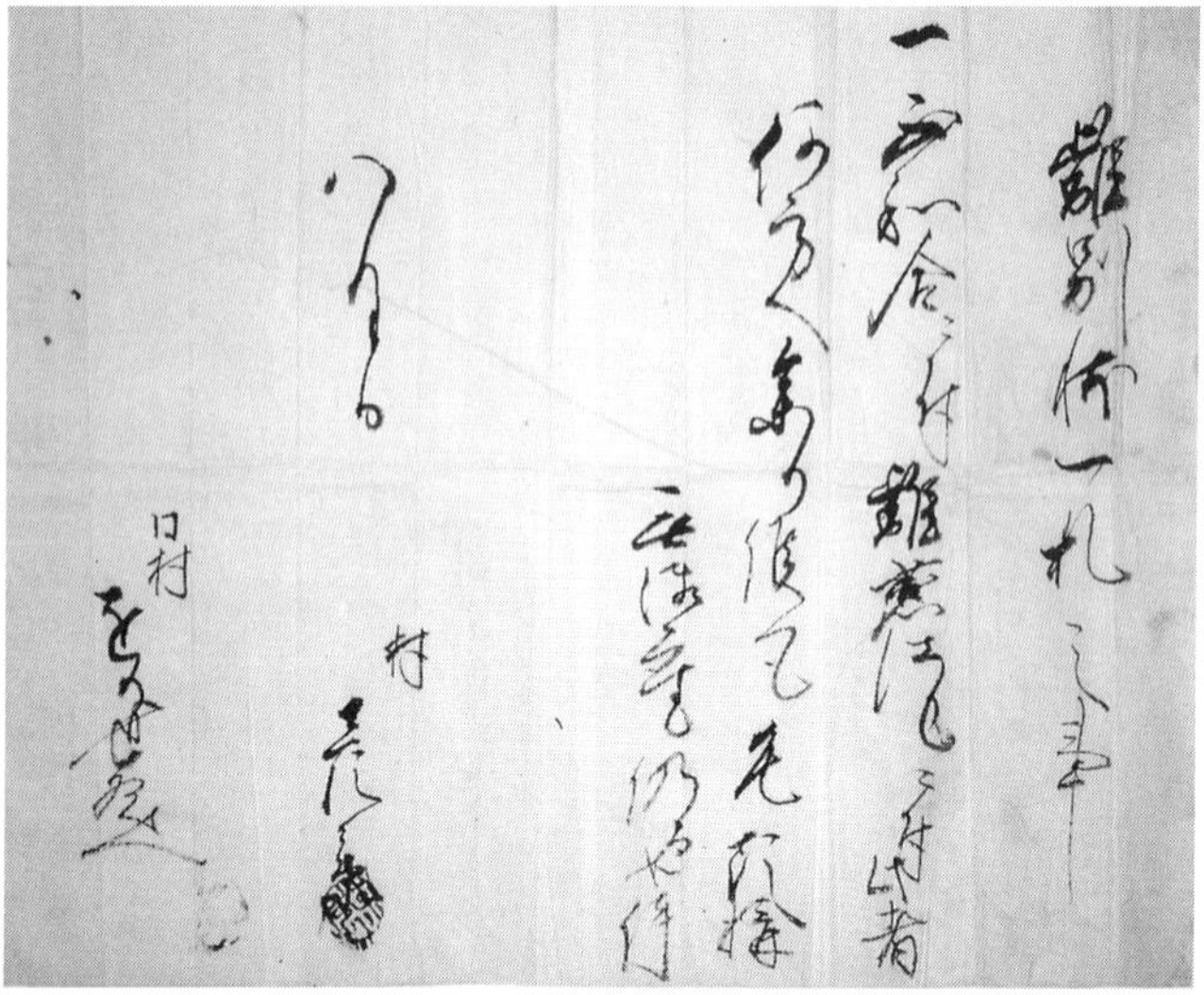

（二七・二×三四・五）

離《り》別《べつ》状《じょう》一《いっ》札《さつ》之《の》事《こと》

一不《ふ》和《わ》合《ごう》ニ付《つき》、離《り》燕(縁)仕《つかまつり》候《そうろう》ニ付、此者《このもの》
何《いず》方《かた》へ参《まい》り候ても毛《もう》頭《とう》構《かまえ》
無御座《ござなく》候、仍而如件《よってくだんのごとし》

八月日

村 彦兵衛㊞

同村
をかせ殿へ

不和合につき、離縁つかまつり候につき、この者いずかたへまいり候ても、もうとう構えござなく候。よってくだんのごとし。

三行半にこだわった離縁状 2

（三三・五×四五・〇）

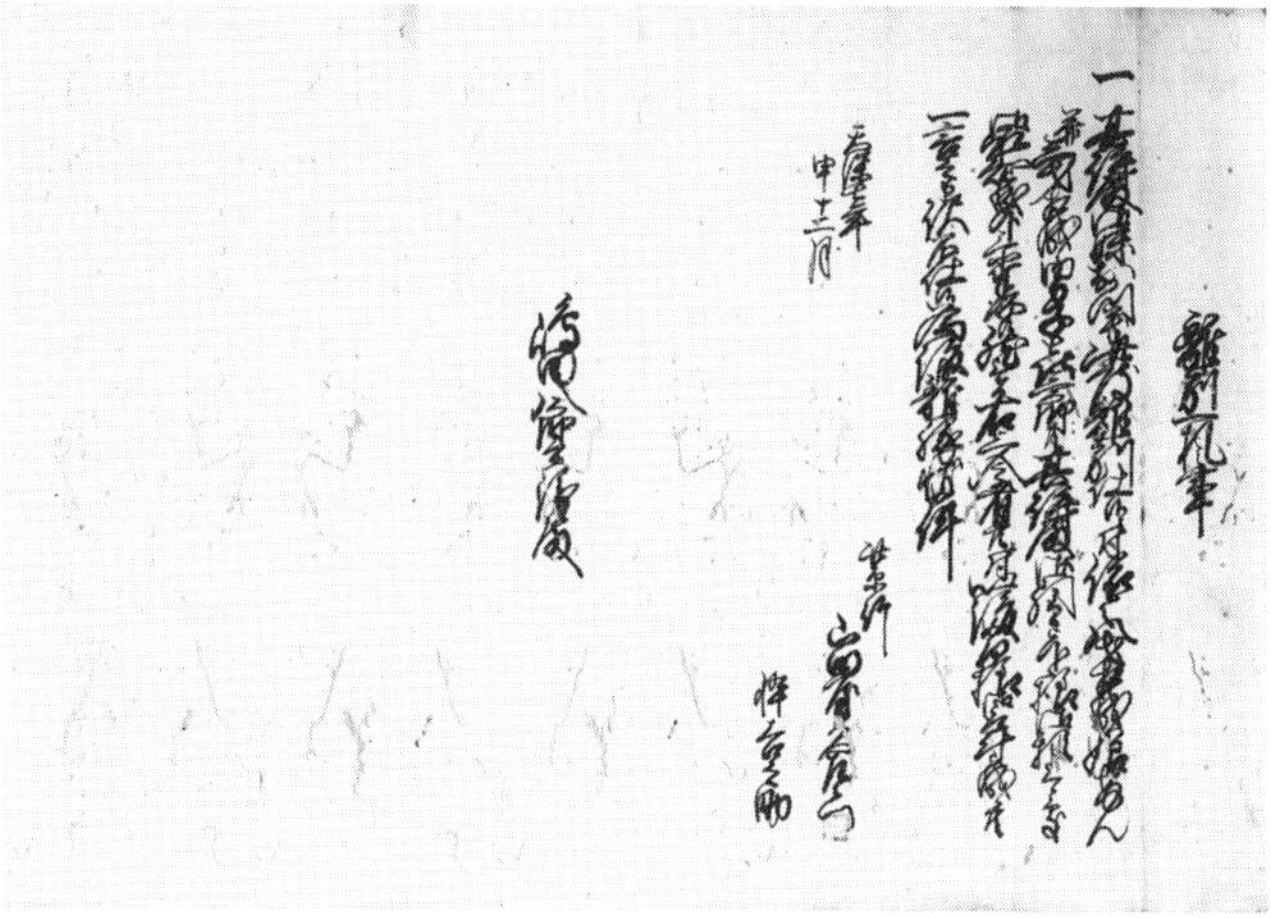

離別一札之事《りべついっさつのこと》

一其許殿御《そこもとどのおん》　妹《いもうと》おかつ義《ぎ》、此度《このたび》離別《りべつ》仕　候《つかまつりそうろう》ニ付《つき》、依之《これにより》
八才相成《はっさいあいなり》候娘《むすめ》けん／并《ならびに》三才《さんさい》相成候男子《だんし》喜三郎共《とも》、其
許殿御引取《おひきとり》被成下《なしくだされ》候様御頼申　上《ようおたのみもうしあげ》候処《ところ》／御承知《ごしょうち》被成下
忝《かたじけなく》　奉　存《ぞんじたてまつり》候、然上者《しかるうえは》右三人之者共《みぎさんにんのものども》ニ付、以後《いご》如
何様《かよう》御取《おとり》　計《はからい》被成《なられ》候共《とも》、／一言《いちごん》之《の》申　訳《もうしわけ》不　仕《つかまつらず》候、
為後日《ごじつのため》離縁状《りえんじょう》　如　件《くだんのごとし》

紫竹

天保七年　　山田屋久左衛門［印］
申十二月　　悴　吉之助

嶋田八郎兵衛殿

（／は行末）

（東京大学法学部法制史資料室所蔵・京阪文書）

そこもと殿御妹おかつ儀、このたび離別つかまつり候につき、これにより八才あいなり候娘けん、ならびに三才あいなり候男子喜三郎とも、そこもと殿お引き取りなし下され候ようお頼み申し上げ候ところ、ご承知なし下され、かたじけなく存じ奉り候。しかるうえは右三人の者どもにつき、以後、いかようお取り計らいなられ候とも、一言の申しわけつかまつらず候。後日のため離縁状、くだんのごとし。

無理やり三行半

離縁状は三行半と認識されたので、離縁状を書くときにもこれが三行半になるようにさまざまに工夫する。右に二つだけ例を掲げた。

1は甲斐国巨摩《こま》郡落合《おちあい》村（山梨県中巨摩郡甲西町）のもので、離縁に「燕」の字をあてている。これは三行半に書くとき四行目を頭（上）から書き出したら、筆の勢いでどこで終わるかわからなくなるので、四行目をちょうど半分のところ、つまり真ん中から書き出して三行半にしたものである。*もっともこの離縁状は表題の一行分を含んで三行半に書いているまれな例である。このように四行目を真ん中から書いたものはこれまでに八通だけである。

2は三行半にするために、かなり長い内容の文章をあえて縦長に無理して三行半に書いている。夫方の意向で子供二人は妻方で引き取ることになったことに忝《かたじけ》ないと謝意を述べ、したがって妻子三人についていかようになされても文句を言わないことが書かれて長文になったが、無理やり三行半に書いている。夫吉之助の離縁状であるにもかかわらず、父が判をおしているので、実質的には妻の兄と夫の父との相談で離婚の話がすすめられたのであろう。「紫竹」は現在の京都市北区である。

また逆に二行でも収まりそうなものをわざわざ三行半に引きのばした例もある。

＊拙著『増補 三くだり半』一七三頁

元禄九年の三行半

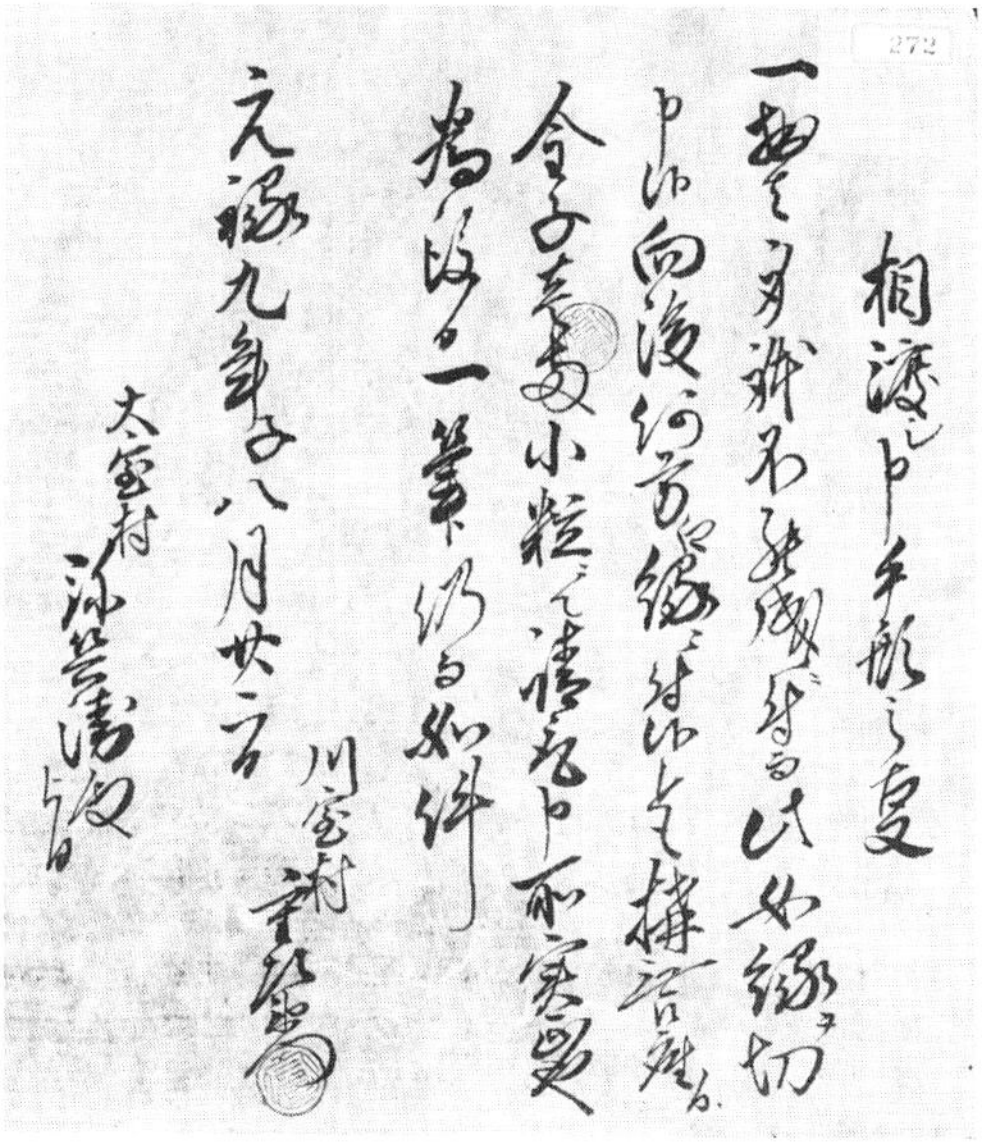

（二四・三×二一・六）

相渡《あいわた》シ申手形《もうすてがた》之事《のこと》

一　拙者《せっしゃ》身躰《しんたい》不罷成《まかりならず》候《そうろう》ニ付而《つきて》、此女《このおんな》縁《えん》ヲ切《きり》
申《もうし》候、向後《こうご》何方《いずかた》江《え》縁《えん》ニ付《つき》候とも構《かまえ》無御座《ござなく》候、
金子《きんす》壱両《いちりょう》小粒《こつぶ》ニて請取《うけとり》申所《もうすところ》実正《じつしょう》也《なり》、
為後日《ごじつのため》一筆《いっぴつ》仍而《よって》如件《くだんのごとし》

川室村
元禄九年子八月廿二日　重左衛門㊞

大室村
弥兵衛殿
参

（今市市史編纂室収蔵・関根家文書）

拙者身体（身代）まかりならず候につきて、この女縁を切り申し候。向後いずかたへ縁につき候とも構えござなく候。金子一両小粒にて請け取り申すところ実正なり。後日のため一筆、よってくだんのごとし。

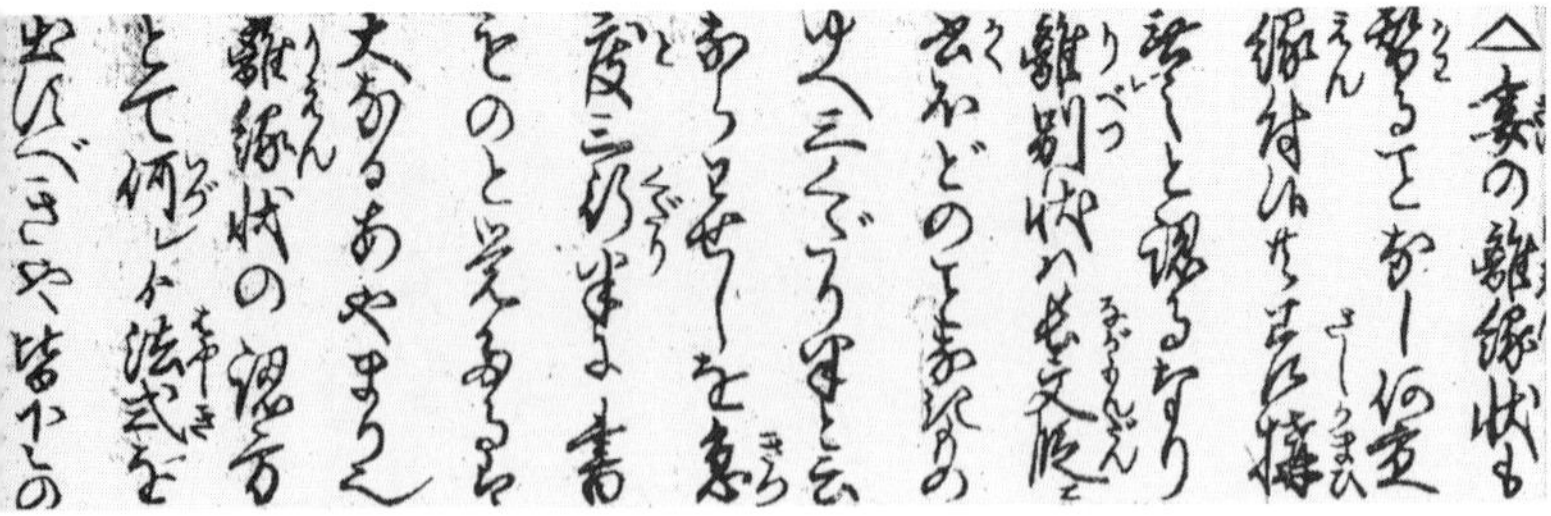

最古の三行半

これまで見たもっとも古い三行半は一六九六（元禄九）年の下野国《しもつけのくに》（栃木県）河内《かわち》郡のもので、表題には離縁の語をふくまず、「手形」の語を用いている。この地域からは「縁切状」を見いだしているが、この本文にも「縁ヲ切」とある。また離婚理由は夫方の「身躰不罷成」つまり家がかたむくような状況で、妻方から金子一両を受け取っている。これが趣意金で、おそらく離婚は妻の方から言い出したものと思われる。なぜなら当時は離婚を請求した方がなんらかの金銭的負担をしたからである。

三行半は俗習

三行半が定着していたとはいえ、離縁状を三行半に書くことは、法律上の要件ではない。上に掲載した金花堂蔵板の『武家用文章』は養子離縁状の書式を掲げ、その頭書につぎのように記述している（ルビは原文のままにした）。

△妻《さい》の離縁《りえん》状も替《かわ》ることなし、何方へ縁《えん》付候共差構《さしかまひ》

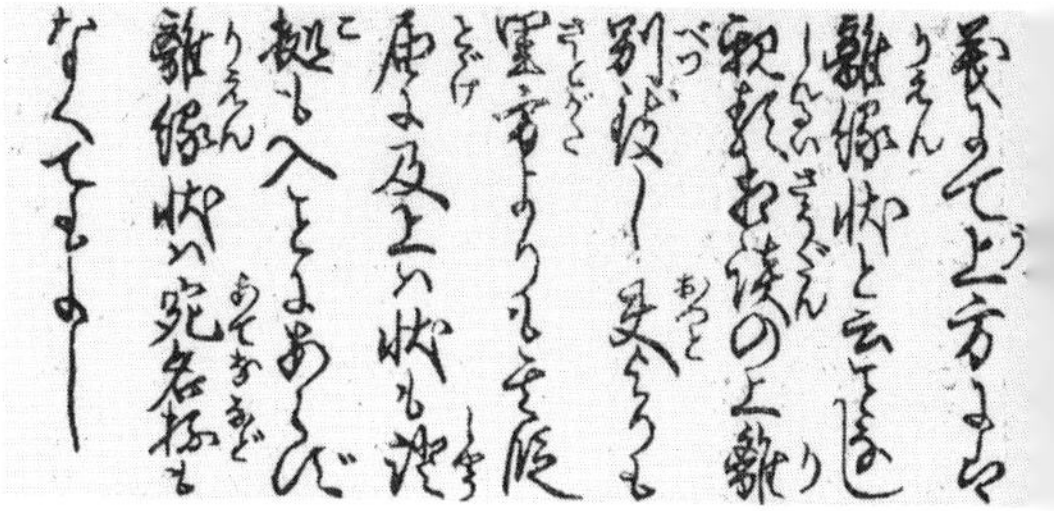

無レ之と認るなり、離別《りべつ》状ハ長文段《ながもんだん》ニ書《かく》ほどのことなきものゆへ、三くだり半と云ならわせしを、急度《きっと》三行《くだり》半に書ものと覚たるは、大なるあやまり也、離縁《りえん》状の認方とて何《いづ》レゟ法式《はふしき》を出すべきや、皆下々の義にて、上方《うへ》には離縁《りえん》状と云ことなし、親類相談《しんるいさうだん》の上離別《りべつ》致し、夫《おつと》よりも里方《さとがた》よりも其段届《とどけ》に及上ハ状も証拠《しやうこ》も入ことにあらず、離縁《りえん》状ハ宛名《あてな》抔《など》もなくてもよし

また『農家調宝記』嗣編にも同様に「三行半と云ならわせしも短き譬也《たとえなり》。急度三行半に書ものと覚たるハ間違《まちがい》也。元来上方にハなきことゆへ定法もなし」とある。離縁状が三行半なのは短く書く譬《たと》えで、きっと三行半に書かなければならないというわけではなかったが、実際には『帝国文証大全』(明治一〇年刊)にも、ほぼ五行の離縁状書式を載せた上で、「但し習《ならい》に任《まか》せ三行半」と注記してある。それだけ三行半が俗習として定着していたことがわかる。

右の頭書では武家における離縁にふれている。離縁状は「下々(庶民)」のことであって、「上方（武家）」には離縁状は不要であったという。つまり、男女両家からの届出で十分で、庶民の場合のように離縁状の授受は離縁の要件ではないとしている。しかし、実際には正式な届出の前に離縁状の授受がなされているのであり、このことは武士の離縁状の実例を紹介しながら後に扱う（一三〇頁参照）。

三行半の実際

ところで、実際の離縁状でその行数はどうなっているのであろうか。一〇〇〇通で整理した結果では、ほぼ四通に三通、実に七三・五パーセントが三行半なのである。離縁状が「三くだり半」と俗称されたのは、まさにこれが三行半に書かれたことに由来する。しかし、残りの約四分の一は三行半ではなく長短さまざまであった。数字をあげれば、三行半未満は七・八パーセントで、一行半が二通、ほかは二行半が五・六パーセント、三行が二パーセントである。また四行が四・二パーセント、四行を超えるものが一二・七パーセントである。そのなかに一一行以上のものが一一通ある。（活字資料で実際の行数が判明しないものが一八通ある。）

いずれにせよ、三行半でなくとも離縁状としては有効であった。

ちなみに、これまでに見いだしたもので、最も短い離縁状は一行半で、最も長いものは一六行半であり、つぎにそれぞれの実例を掲げる。

一行半の離縁状

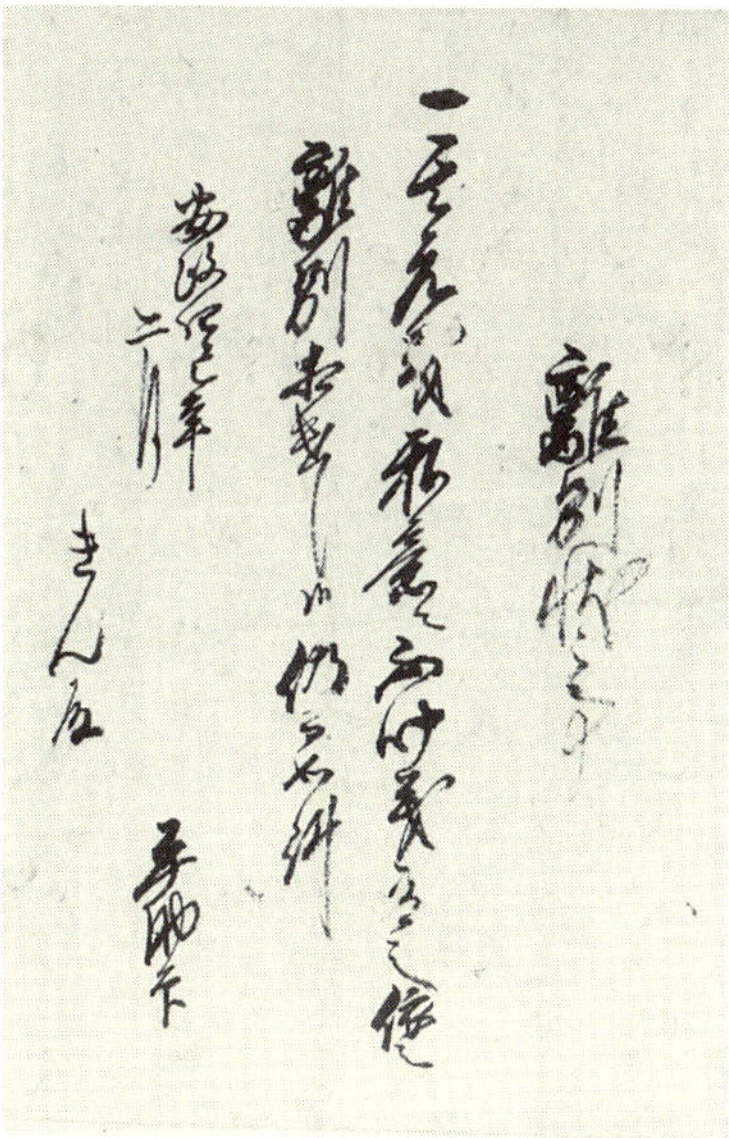

（二三・五×一六・二）

離別状《りべつじょう》之事《のこと》

一其元《そこもと》義《ぎ》、私意《しい》ニ不叶《かなわざる》義《ぎ》有之《これあり》、依之《これにより》

離別《りべつ》相遣《あいつかわ》し候《そうろう》、仍而《よって》如件《くだんのごとし》

安政四巳年

二月　　平　　助印

きん殿

（東慶寺所蔵）

そこもと儀、私意にかなわざる儀これあり、これにより離別あい遣わし候。よってくだんのごとし。

最も短い離縁状——東慶寺内済離縁状——

右の離縁状は一行半の最も短いもので、しかも離婚文言だけしか書かれていない。きんはこの離縁状を東慶寺へ駆け込んで受理したのである。縁切寺の離縁状はのちに述べるが（二四七頁以下）、そこでの離縁は内々《ないない》に相済《あいすま》す、つまり示談《じだん》で離縁し女は入寺しない「内済離縁《ないさいりえん》」と、寺に足掛け三年入寺させ強制的に離縁させる「寺法《じほう》離縁《りえん》」に大別される。そのときの内済離縁状は、本紙は妻本人に渡し、寺では写しを取ったので印章は本物ではなく「印」の文字になっている。

さて、きんの駆け込みから離縁にいたる経緯をみよう。* 一八五七（安政四）年正月にきんは東慶寺に駆け込んだ。実父への呼出状が二二日に発せられているから、駆け込みは前日の二一日か二二日であろう。駆け込むと身元書（着届け）と口上書を寺に差し出した。

これによれば、きんは江戸橋町三丁目（東京都中央区）栄次郎店《だな》市左衛門娘（二五歳）であった。夫平助とは一八五〇（嘉永三）年二月親分（仮親）と仲人がはいり、きん父市左衛門方で当分「召仕《めしつか》」い、平助・きん双方がよければ婿養子にする約束で、「見合《みあい》」もしないで一緒にくらす（実質的には結婚、この頃すでに見合いの習俗があったことがわかる）。しかし、三〇日ほどで平助は病気になってしまう。在所である

＊拙編『縁切寺東慶寺史料』三二二頁

常陸国《ひたちのくに》（茨城県）に帰るという平助にきんは親に無断で家出し、ついて行く。江戸にもどった平助は親分と仲人をもって詫びをいれるが市左衛門はゆるさない。以後、きんは実親と音信不通、親類とも無沙汰になる。

嘉永五年三月、夫平助は本郷竹町（東京都文京区）で炭薪渡世と家守《やもり》（家主）役を始めるが、しばらくすると商売はほったらかし、遊女通いにうつつをぬかし、あげく借財はかさみ、きんの着物類を質入れするありさまであった。これが離婚原因、典型的なダメ亭主の例であった。結局、ほとほと生活に窮したきんは東慶寺に駆け込んだ。ついては御慈悲をもって「平助より私離縁《わたしりえん》、着類不残取揃《ちゃくるいのこらずとりそろえ》、私身分立行《わたしみぶんたちゆき》相成候様《あいなりそうろうよう》」と、平助との離縁と持参財産の返還を願ったのである。

そこで東慶寺では正月二二日にきん実親の呼出状（名主あて）を出す。これをうけた実家方では、請書《うけしょ》をしたためるが、それは夫方との交渉のために二八日までの出頭延期願いを兼ねるものであった。二九日には市左衛門の代理が鎌倉まで来て、さらに二月八日、ついで同一五日、また二月二〇日までと度々《たびたび》日延べを願って示談交渉をしている。その結果、双方「和熟之上内済離縁《わじゅくのうえないさいりえん》ニ相成《あいなり》、無滞《とどこおりなく》離縁状」を受理し、これもひとえに「御山《ごさん》（東慶寺）之御威光《のごいこう》」と感謝して引取状を出して二月二〇日に決着したが、駆け込みから一か月後のことであった。

十六行半の離縁状

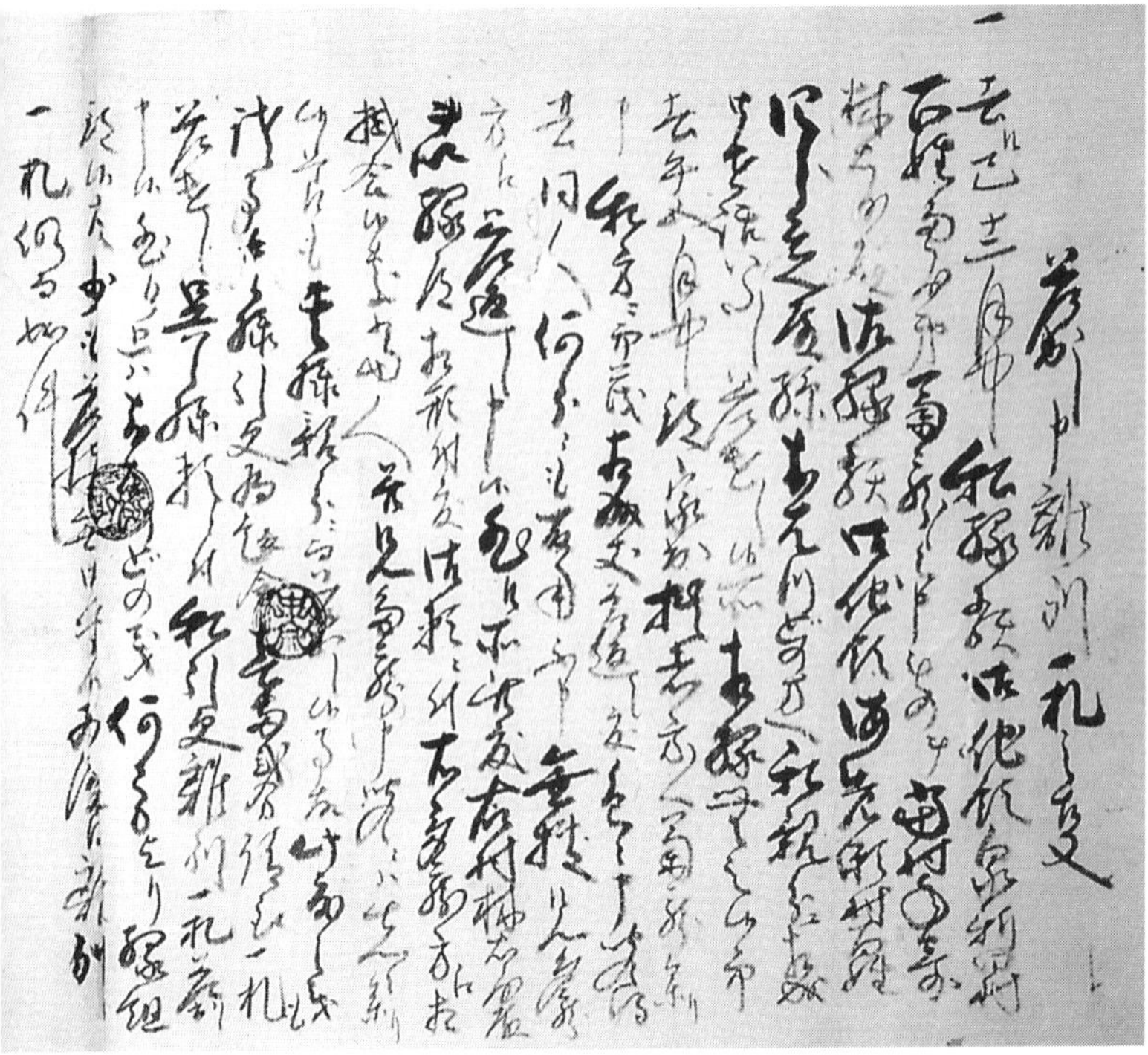

差出《さしだ》し申《もうす》離別《りべつ》一札之事《いっさつのこと》

一去《さ》ル巳《み》十二月中《がっちゅう》私《わたし》縁類《えんるい》御他領《ごたりょう》泉新田村百姓《ひゃくしょう》多右衛門《たえもん》弟《おとうと》菊蔵与申《ともうす》ものヲ当村年寄《とうそんとしより》林右衛門殿《どの》御縁類《ごえんるい》御他領海老瀬村百姓四郎兵衛殿孫《まご》おはつどの方《かた》へ私《わたし》親分《おやぶん》ニ相成《あいなり》御世話《おせわ》いたし差遣《さしつかわ》し候所《そうろうところ》、相縁無之《あいえんこれなく》候而《て》去午《さるうまの》五月中《ちゅう》致家出《いえでいたし》、拙者方《せっしゃがた》へ菊蔵参《まい》り申《もうし》、私方《わたしかた》ニ而茂《ても》相成丈《あいなるたけ》差返《さしかえ》し度《たく》色々申《いろいろもうしき》聞候得《けそうらえ》共《ども》、同人何分《どうにんなにぶん》ニも取用《とりもちい》不申《もうさず》、無拠《よんどころなく》兄《あに》多蔵方江《かたえ》差返し申《もうし》候、然《しか》ル所《ところ》此度《このたび》右村《みぎむら》林右衛門殿ヲ以縁《もってえん》道《(ママ)》相形《(片)》付度《たく》御頼《おたのみ》ニ付《つき》、右《みぎ》多蔵方江相《かたあい》掛合《かけあい》候処《ところ》、当人并《とうにんならびに》兄多蔵申聞《もうしきけ》ニハ、先《さき》ニ参り候節《せつ》も貴様《きさま》親分ニ而差出《さしだ》し候事故《ことゆえ》、此度之義《のぎ》も諸事《しょじ》貴様《きさま》引受《ひきうけ》、為趣《(意脱)》金壱両弐分請取《いちりようにぶうけとり》、一札差遣《さしつかわ》し呉候様頼《くれようたのみ》ニ付《つき》、私引受《わたしひきうけ》、離別一札差出《さしだ》し申候、然ル上《うえ》ハおはつどの義《ぎ》、何方《いずかた》より縁組《えんぐみ》致《いたし》候共《とも》、少《すこし》も差構無御座《さしかまえござなく》候、為後日《ごじつのため》離別一札仍而如件《よってくだんのごとし》

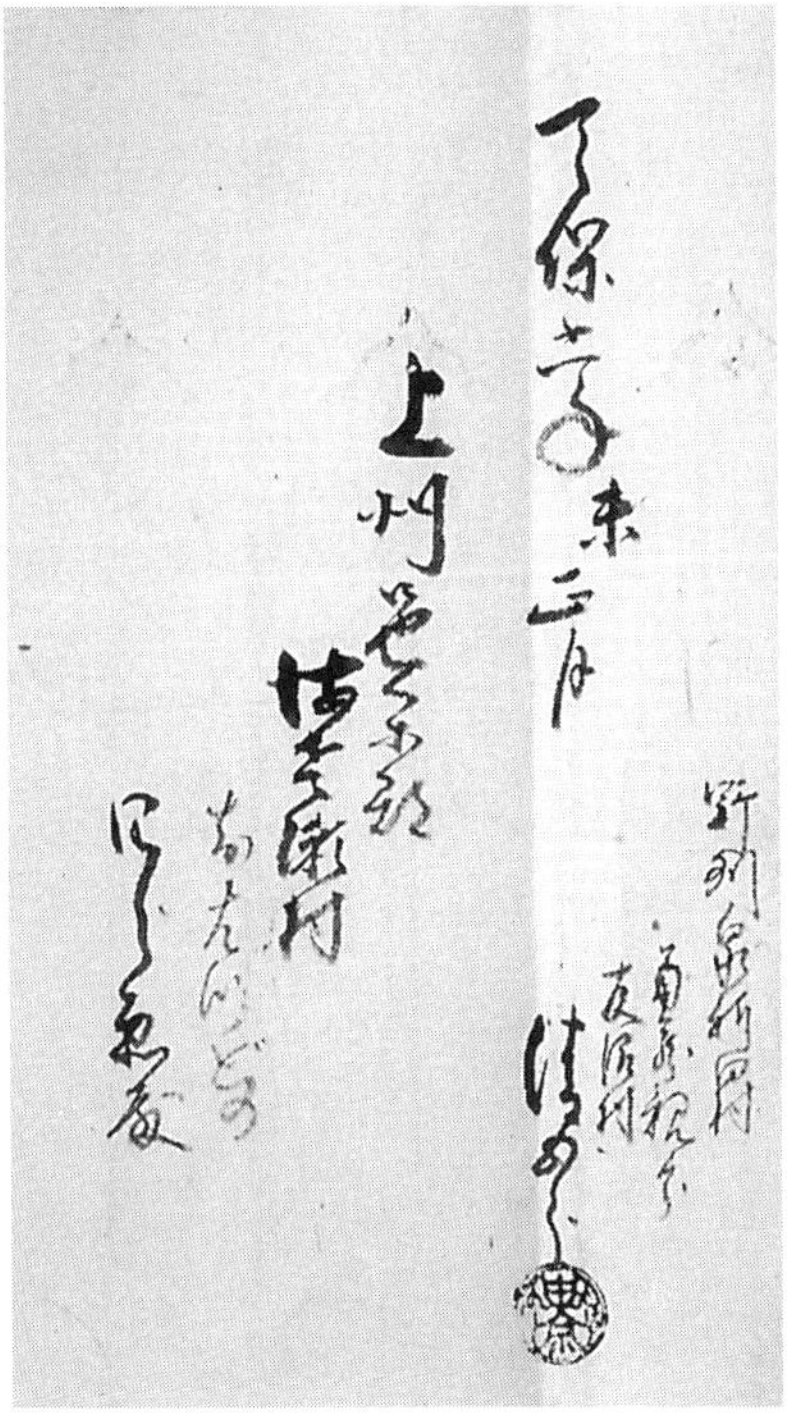

（二五・〇×五五・〇）

野州泉新田村
菊蔵親分
友沼村
清　五　郎㊞
天保六年未正月
上州邑楽郡
海老瀬村
おはつどの
四郎兵衛殿

さる巳の十二月中、私縁類ご他領泉新田村百姓多右衛門弟菊蔵と申す者を、当村年寄林右衛門殿ご縁類ご他領海老瀬村百姓四郎兵衛殿孫おはつどの方へ、私親分にあいなりお世話いたしさし遣わし候ところ、相縁これなく候て、さる午の五月中家出いたし、拙者方へ菊蔵まいり申し、私方にてもあいなるたけさし返したくいろいろ申し聞け候えども、同人なにぶんにもとり用い申さず、よんどころなく兄多蔵方へさし返し申し候。しかるところこのたび、右村林右衛門殿をもって縁談あい片付けたくお頼みにつき、右多蔵方へあい掛け合い候ところ、当人ならびに兄多蔵申し聞けには、さきにまいり候節も貴様親分にてさし出し候ことゆえ、このたびの儀も諸事貴様引きうけ、趣（意）として金一両二分請け取り、一札さし遣わしくれ候よう頼みにつき、私引きうけ、離別一札差し出し申し候。しかるうえはおはつどの儀、いずかたより縁組いたし候とも少しもさし構えござなく候。後日のため離別一札、よってくだんのごとし。

最長の離縁状――代理人による婿養子離縁状――

離縁状が長くなるのは、当然のこと離婚にいたる経緯などが書き加えられるからで、この離縁状もしかりである。差出人は下野国都賀《つが》郡泉新田《いずみしんでん》村（栃木県小山市）夫菊蔵の親分で、同郡友沼村（下都賀郡野木町）の清五郎、名宛人は上野国邑楽《こうずけのくにおうら》郡海老瀬《えびせ》村（群馬県邑楽郡板倉町）妻おはつとその祖父四郎兵衛である。

一八三三（天保四）年一二月に、菊蔵は四郎兵衛の孫おはつの婿養子として縁組した。この縁組の世話は菊蔵の親分の清五郎であった。しかし、半年後の五月「相縁無之」、具体的原因はわからないが、菊蔵は家出し、かつ離縁したいと申し出る。清五郎はできるだけ復縁するように説得するが、菊蔵は応じない。事態をほうっておけない妻方でも親類の林右衛門を通じて「縁談相片付《えんだんあいかたづけ》」、つまり離縁したいと清五郎に依頼してくる。夫方からも全権を依頼された清五郎の仲介で、離縁が調う。

実質わずか半年の結婚生活は、妻方から趣意金（慰謝料）一両二分が支払われて決着する。婿家出後、半年が経過して、そのままに放置しておけない妻方から離縁請求したので、趣意金が支払われたのである。「何方より」とあるから、婿養子の、しかも代理人（親分）による離縁状である。本来は、一四行目後半の「離別一札」から「如件」までの文句で離縁状としては十分な内容となっている。

なぜ三行半になったのか

なぜ離縁状が三行半に書かれるようになったのかについては、戦前、穂積重遠《ほづみしげとお》氏が三つの説を紹介されている。

まず第一に、女房貰状《もらいじょう》が七行に書かれ、離縁のときはこれを半分にするので三行半になったという「七行半分説」、遊里で用いられた遊女の客寄せ文が三行半に書かれたものが一般化したという「遊里発生説」、さらに凶事・不吉事に三半という共通の民族心理に由来するという「三・五凶数説」である。

これらはいずれも牽強付会《けんきょうふかい》の説として、石井良助氏は独自の見解、すなわち離縁状の本文の長さの関係から、自然に三行半に書かれ、はじめは単なる偶然の事実であったのが、積習の結果、ひとつの俗習にまで発達したという「積習結果説」を示された。すでに述べたが、離縁状の本文は通例二つの部分、離婚文言と再婚許可文言とからなり、それを一紙に記すと、自然に三行半位になるというのである。

七去影響説

石井氏はさらに自説を発展させ、つぎの見解を示された。すなわち、「二つの原因があると考える。その一は、離縁状は短いのがいいという思想であり、その二は『七去《しちきょ》』の思想の影響」というものである。

離縁状は短い方がいいという思想は、ただちに三行半には結びつかない。そこで離縁状が三行半（三・五）となったのは、奈良時代律令の棄妻《きさい》原因「七出之状《しちしゅつのじょう》（七去）」の影響とする見解である。江戸時代後半には七去のことは『女大学』などでよく知られていたが、七去の七行ではあまりに長すぎ、離縁状がだいたい三、四行であったので、離縁ゆかりの七を半分にして三行半になったというのである。

休書模倣説

これに対して私は、三行半は中国思想の影響と考える。つまり、わが国に舶載《はくさい》された中国の小説『水滸伝』、『古今小説』にのせられた休書《きゅうしょ》（中国では離縁状のことを休書という）を模倣したというものである。『水滸伝』はたびたび紹介したので、ここでは本章の扉に掲げた明刊の『全像古今小説』巻一「蔣興哥重会珍珠衫」の休書をとりあげる。内容はつぎの通りである。

立休書人蔣徳、係襄陽府棗陽県人、従幼憑媒聘
定王氏為妻豈期過門之後、本婦多有過失、正合
七出之条因念夫妻之情、不忍明言、情願退還本
宗、聴憑改嫁、並無異言、休書是実
成化二年月　日　手掌為記

一九文字三行と一三文字の三行半である。駒田信二氏の翻訳を引用させていただく。

離縁状の作成者蔣徳（夫）は襄陽府棗陽県の者で、その妻王氏とは幼児婚約の間柄であった。結婚後妻に過失多く、まさに七出の条に合致するものであるが、その過失の何たるかは、夫婦の情を思って敢えて明言するを差し控える。ここに妻を離別するので、願わくば実家でお引き取り下さい。改嫁（再婚）されても異存はございません。ここに離縁状を作成する。

ここには、①離縁状の作成者（差出人）、②離婚理由（ただし、あえて明言しない）、③離婚される妻、④離婚したこと（離婚文言）、⑤離婚後は再嫁の自由を認めること（再婚許可文言）、⑥離縁状作成年月日が記されている。名宛人を欠くが、わが国の離縁状と内容が同一であるといってよい。

もう一つの舶載本、明刊『忠義水滸全書』の第八回「林教頭刺配滄州道」の休書には、年月日を除いて二一文字三行と四文字からなる三行半の休書が載せられ、やはり離婚文言と再婚許可文言とから成っている。*

休書模倣説の根拠——舶載の時期と流布——

わが国の離縁状が、この舶載本『古今小説』、『水滸伝』にあらわれた休書の三行半を模倣したとするには、二つの要件がみたされなければならない。すなわち、三

*拙著『三くだり半と縁切寺』四三頁。

行半が定着したとされる元禄期以前にこれらの小説本がわが国に舶載されていたこと、さらにこれがかなり広汎に流布し、人口に膾炙《かいしゃ》していたことの立証である。

白木直也氏によれば、『水滸伝』は古く室町期に渡来していたとする説もあるが、現存する刊本の最古のものが一五九二（明・万暦二〇）年であることと渡来までの日数を勘案すると、その渡来は慶長年間（一五九六―一六一五）だろうとする。「七去」の思想が『女大学』によって享保期（一七一六）以降に普及したのに対して、舶載本は元禄期より約七〇年前に渡来したことになり、時期の先後に矛盾を生じない。

また『水滸伝』がかなり広汎に流布し人口に膾炙していたことについては、その和刻（訓点）本と翻訳本によって一八世紀・享保宝暦以後に爆発的な『水滸伝』ブームが訪れたこと、および江戸文学にもきわめて大きい影響をあたえたことによって理解される。

中国思想の影響

要するに、わが国の離縁状が三行半になったのは、中国の離縁状つまり休書の模倣と考える。三行半をたんに形式的に模倣したとするだけではなく、実質的にも中国の「礼」の観念の影響である。それは妻方に対して十分な配慮を加え、また離縁状には具体的離婚原因などは記載しないということにあらわれている。

四　三くだり半の離婚理由

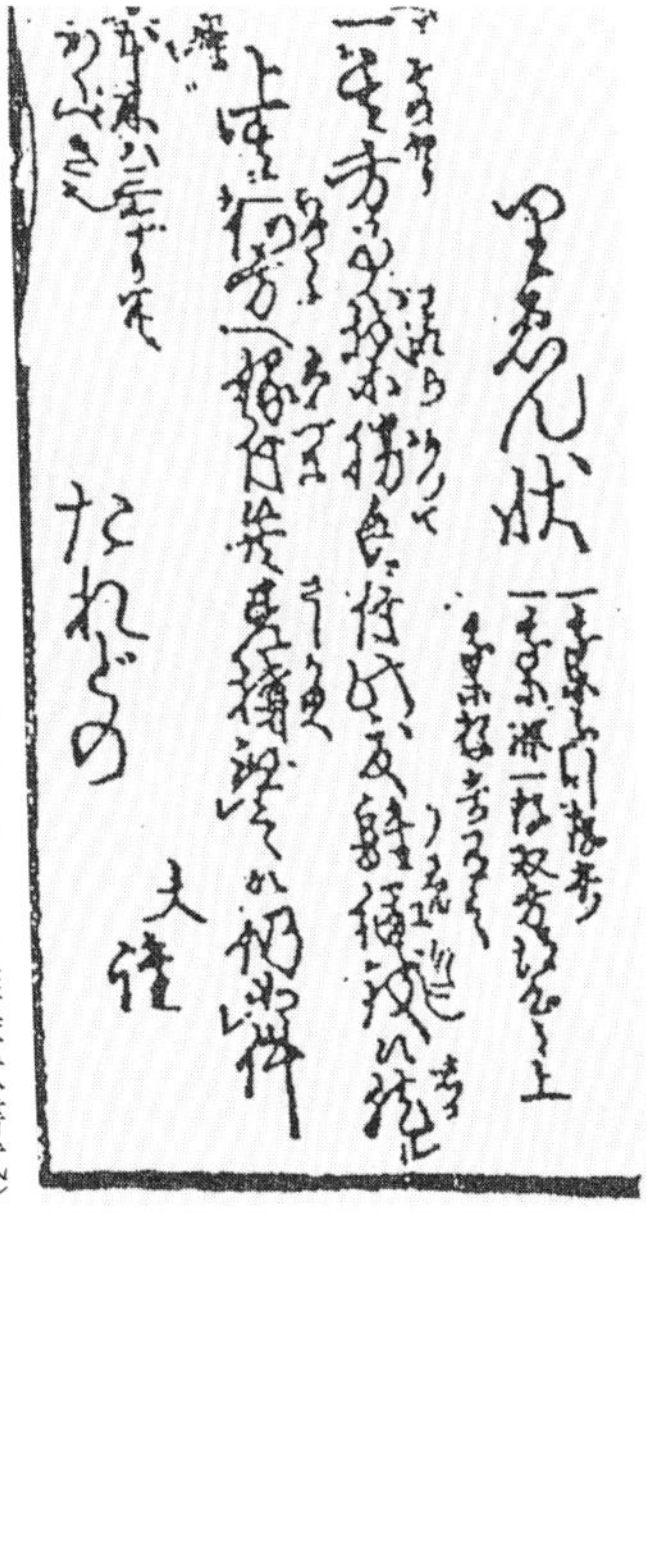

（『懐中手形証文集』の離縁状書式）

離縁状にあらわれた離婚理由

本章の扉に用文章（証文雛形集）の代表的離縁状書式を掲げた。これは懐中用のために二行に書いてあるが、本来は三行半《くだり》にしたためるものと注記があり、三行半が定着していた例としてすでに紹介した（六〇頁）。ここでは離縁状の離婚理由として本文に「我等《われら》勝手《かって》ニ付《つき》」のほか、事書（表題）の下に「一我等不叶存寄《ぞんじよりにかなわず》、一我等非一存《いちぞんにあらず》双方得心《そうほうとくしん》之《の》上《うえ》、一我等存寄有之《ぞんじよりこれあり》」と三つの理由を載せている。このように用文章にあらわれた離縁状には、一例をのぞいて本文に離婚理由を載せているが、多くは「我等勝手ニ付」である。

それでは実際の離縁状ではどのような離婚理由であったかといえば、「事由《じゆう》なし」つまり離婚理由を記載していない離縁状が一番多く、二七パーセント、四分の一強を占める。離縁状に離婚理由を書かないものがもっとも多いことは、江戸の離婚を考える上で、きわめて注目されることなので つぎにふれる。

離婚理由を記載したものでは、「我等勝手ニ付」と当事者双方が協議して離婚にいたったことをあらわす「熟談《じゅくだん》・示談《じだん》・相談」がともに八・六パーセント。ついで満徳寺模倣離縁状が七パーセント、「不叶存寄（心底）」と「不相応《ふそうおう》ニ付」がともに六・八パーセントの順となっている。実例を紹介しよう。

離婚理由のない離縁状

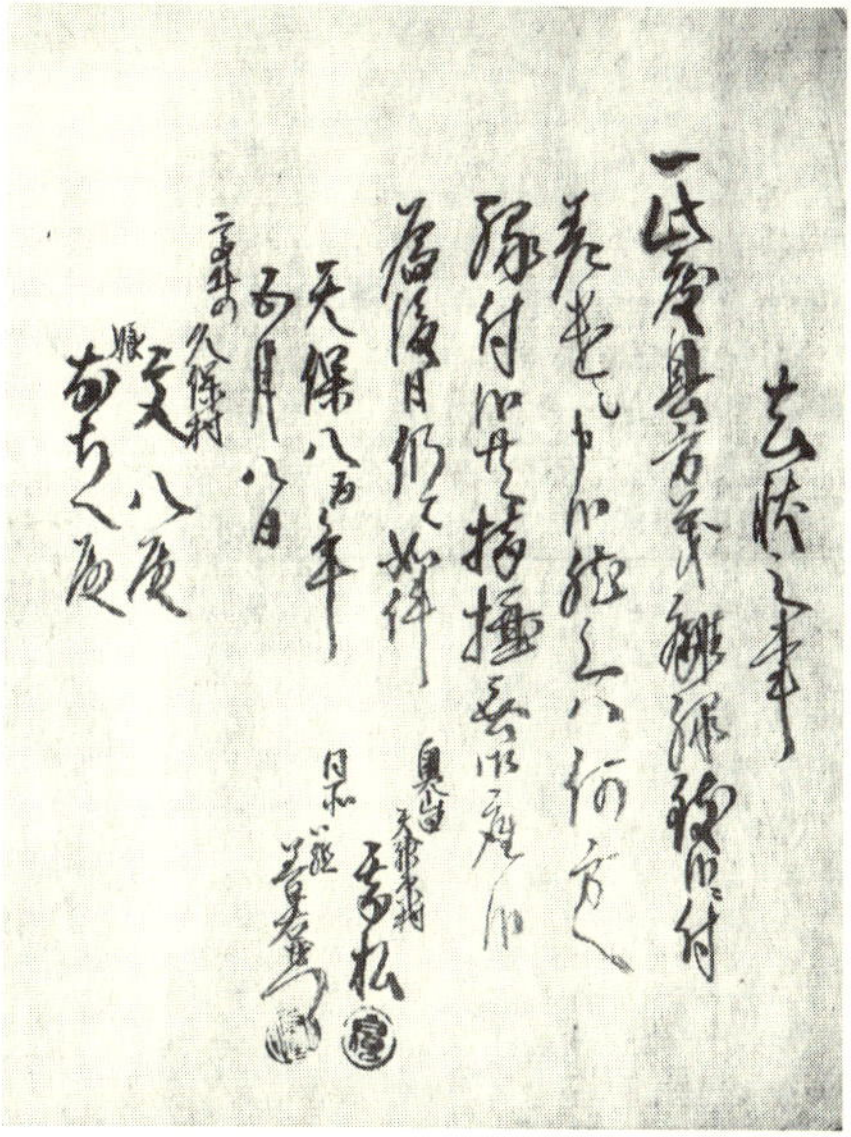

（二八・〇×二二・〇）

去《さり》状《じよう》之《の》事《こと》

一此度《このたび》其方《そのほう》義《ぎ》、離《り》縁《えん》致候《いたしそうろう》ニ付《つき》、
差《さし》遣《つかわ》し申《もうし》候、然上《しかるうえ》ハ何方《いずかた》へ
縁《えん》付《づき》候共《とも》、指《さし》構《かまえ》無御座《ござなく》候、
為後日仍《ごじつのためよっ》て如件《くだんのごとし》

天保八酉年
五月八日

奥山田
天神原村
音(カ)　松㊞

同所
同組
善右衛門㊞

高井の
久保村
文　八殿
娘
おちへ殿

このたびそのほう儀、離縁いたし候につき、さしつかわし申し候。しかる上は、いずかたへ縁付き候とも、さし構えござなく候。後日のため、よってくだんのごとし。

双方勝手ニ付の離縁状

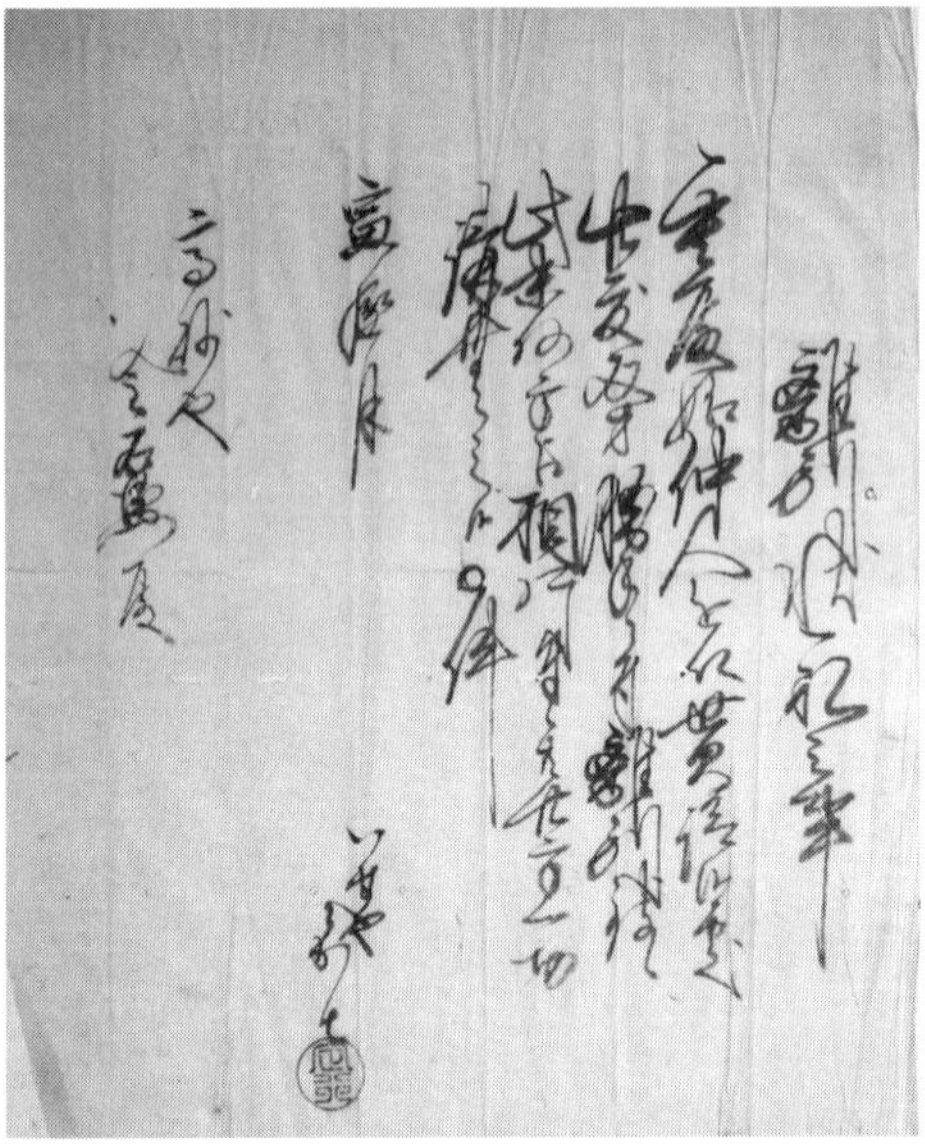

（二四・九×二〇・五）

離別状《りべつじよう》一札之事《いつさつのこと》

一 貴《き》殿《でん》娘《むすめ》仲人《なこうど》を以《もつて》貰請《もらいうけ》候《そうろう》処《ところ》、
此度《このたび》双方《そうほう》勝手《かつて》ニ付《つき》離別《りべつ》致《いたし》候、
此末《このすえ》何方《いずかた》江《え》相片付《あいかたづき》候共《とも》、此方《このほう》一切《いつさい》
構無之《かまえこれなく》候、如件《くだんのごとし》

寅極月　　いせや
　　　　　嘉　　七㊞

高砂や
金右衛門殿

（行田市郷土博物館収蔵・秋山家文書）

貴殿娘、仲人をもってもらいうけ候ところ、このたび双方勝手につき離別いたし候。この末いずかたへあい片付き候とも、このほういっさいかまえこれなく候。くだんのごとし。

熟談の離縁状

（二四・六×三三・三）

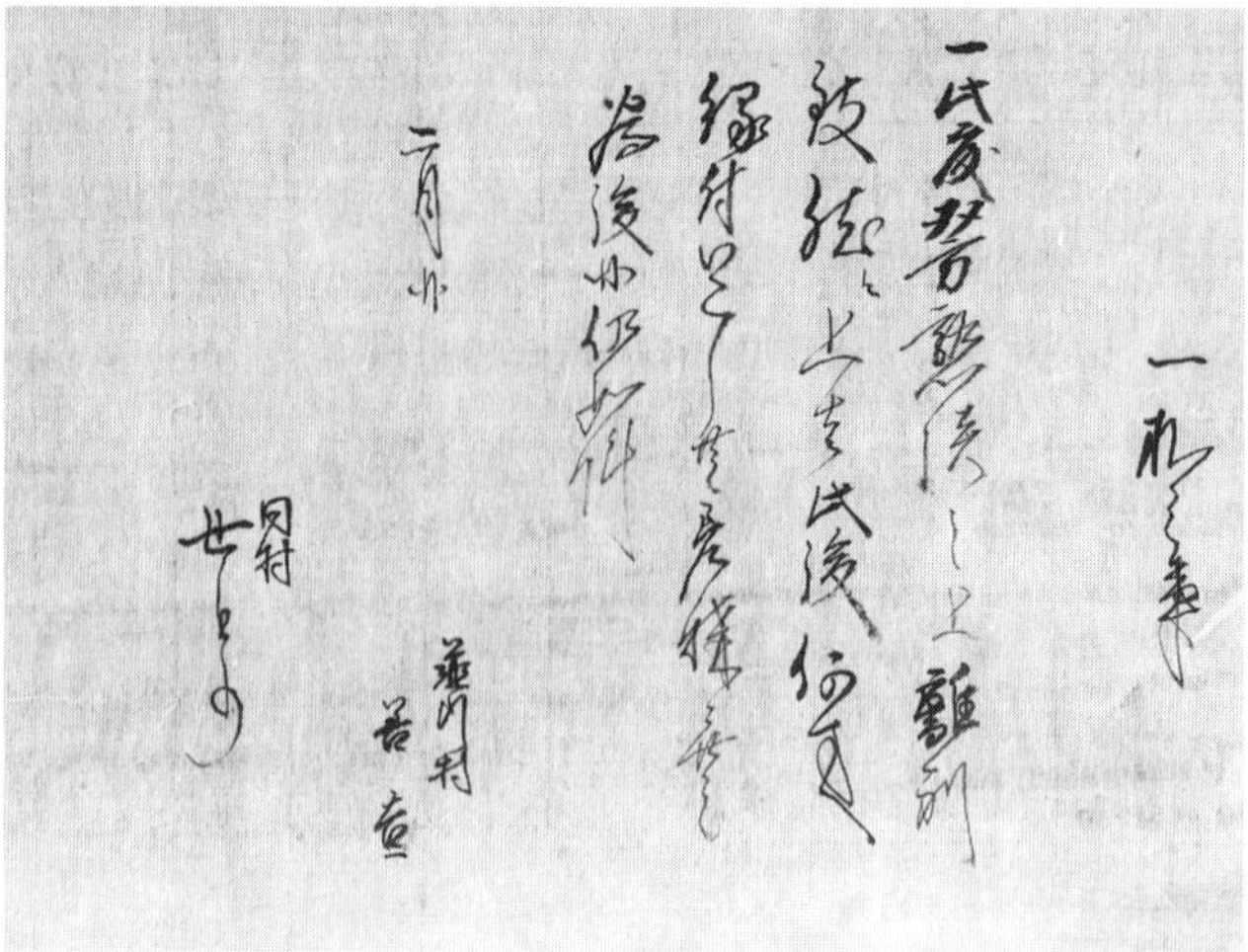

一札《いっさつ》之《の》事《こと》

一此《この》度《たび》双《そう》方《ほう》熟《じゆく》談《だん》之《の》上《うえ》離《り》別《べつ》

致《いたし》、然《しか》ル上《うえ》者《は》此《この》後《のち》何《いず》方《かた》へ

縁《えん》付《づき》いたし（候脱カ）共、差《さし》構《かまえ》無《これ》之《なく》候、

為後日《ごじつのため》仍《よって》如件《くだんのごとし》

二月日

韮川村

善吉（爪印）

同村

せしとの

このたび双方熟談のうえ離別いたし、しかるうえはこの後いずかたへ縁付きいたし候とも、さしかまえこれなく候。後日のためよってくだんのごとし。

離縁状にはなぜ離婚理由を書かなかったのか

理由のない離縁状の奥山田《おくやまた》も高井野《たかいの》も信濃国高井郡《しなののくにたかい》（長野県上高井郡高山村）の村である（天神原と久保は字名である）。用文章ではほとんど理由が書かれていたにもかかわらず、離縁状に離婚理由の記載がないものが多かった。これまで紹介した離縁状においても同様である。

当時の庶民離婚において、離縁状に夫が理由を記載しなかったのは、夫が何の理由もなく、一方的に妻を離婚できたことを明白に示すもの、つまり、夫の意思だけで離婚が成立したからだといわれてきた。これが従来の見解、夫の「追い出し離婚（専権離婚）」説である。

しかし、当時は最終的に夫婦（両家）間の情誼《じょうぎ》に傷をつけないように丸くおさめて離婚を達成するのが通常であり、離縁状に妻の有責事由《ゆうせきじゆう》（姦通などの落ち度）などを具体的に明記すれば、円満に離婚しようとする妨げになった。実例をみても、たとえ妻に落ち度があっても離縁状にそのことを記載するものはほとんどない。

さきに引用した『古今小説』では、離婚原因は妻の有責事由（姦通）であるが、夫婦の情を思い、具体的には「不忍明言《めいげんするにしのびず》」、明言しないのである。これは「妻への配慮《はいりょ》・気配《きくば》り」であった。わが国においても妻へ配慮する、妻に責任を転嫁しな

いのをよしとする意識があった。

したがって、離婚理由を書かなかったのは、書かない方がよかったから、書かれなかったのであり、書いていないからといって、理由もなく一方的に離婚した（できた）わけではなかったのである。

「我等勝手ニ付」の意味するもの——妻の無責性——

離縁状といえば、その代名詞のようにかならず紹介されるのが、「我等勝手ニ付」の離縁状である。そして従来の夫専権離婚説では、「勝手」を「勝手きままに（自由に）」と解釈し、夫は妻を自由に離婚できたという。しかし、実際には夫婦間で協議をした上で離婚成立にいたるのであるから、実態に即しても無理な解釈である。

そこで、「我等勝手」の意味を検討してみよう。

まず「我等」であるが、当時はこれを単数にも複数にも用いた。すなわち、私（夫）個人を意味する場合と夫の家を背景とする夫方を意味する場合とがあるが、多くは後者を意味したであろう。

「勝手」について、『広辞苑（第四版）』によれば、①都合、便利、②都合のよいこと、便利なこと、③自分だけに都合のよいように行うこと、わがまま、きまま、④台所、くりや、⑤生計、家計、⑥建物の中や場所などのありさま、⑦弓を射るとき、

弦を引っ張る方の手、の七つがあげられている。

従来の見解は③の解釈であるが、私は①の解釈が至当と考える。我等をつければ、「当方の（私儀一身上の）都合により」となり、離婚にいたったのは夫（方）の都合であって、あなた（妻）の所為《せい》（責任）ではないこと、つまり「妻の無責性」を夫が表明したものと考える。本当は妻にいいたいこと（落ち度）が山ほどあっても、それを言わずに自ら（夫）に責任があると表明した（これは今日の退職願などにその意識の残《ざん》滓《し》がみられる）。このことは、たとえ夫（男）の痩《や》せ我慢《がまん》であっても、それで男子の面目を保った、つまり、夫権優位（男尊女卑）のタテマエをかろうじて保持したのである。

そもそも当時にあっても、勝手は必ずしも離縁状の常套文句《じょうとうもんく》ばかりでなく、お上《かみ》（支配役所）へ提出する結婚・養子縁組願（地域によっては必要とされた）などにも使われた。役所に対して庶民（出願者）が勝手をするというのは、③の意味にはならず、すべて①の都合の意である。

さらに「勝手ニ付」の実例をみると、我等（夫）のものが圧倒的に多いとはいえ、なかには「妻の勝手」*が三例あり、またここに引用した「双方勝手ニ付（勝手合《かってあい》を以《もっ》て）」が七例ある。わずかな例であるが、妻の勝手について、勝手を自由と解釈す

＊拙著『増補 三くだり半』九六・一一〇頁

る専権離婚説では、妻が夫を一方的に離婚しえたことになって矛盾し、また「双方」の語には専権的色彩がない。結局、妻方の都合および双方の都合との解釈にならざるをえない。勝手は「都合」の意なのである。

なお、双方勝手の離縁状の名宛人は、武蔵国埼玉郡《むさしのくにさいたま》行田町《ぎょうだまち》（埼玉県行田市）の足袋商《たび》・秋山金右衛門である。

江戸の離婚は熟談離婚

すでに夫専権離婚説に対しては、さきに、夫が受取書（返《かえ》り一札《いっさつ》）を受理したことに関連してこれを批判し、私のいう「熟談《じゅくだん》離婚」説を述べた。本章でも離縁状に夫が理由を記載しなかったこと、また妻の無責性を表示した「我等勝手」も妻への配慮・気配りであり、夫専権離婚説の論拠になりえないことを述べた。

当時は最終的に夫婦（両家）間の情誼に傷をつけないように丸くおさめることが求められた。そこでは「熟談」、つまり夫婦（両家）間の協議をともなって離婚を達成するのが常態であった。したがって、離縁状にも熟談の文句が用いられた。熟談の離縁状の韮川《にらがわ》村は、下野国安蘇《しもつけのくにあそ》郡（栃木県佐野市）内である。

つぎに離婚理由トップ・ファイブの三位以下を紹介するが、「不相応」はこれまでにもかなり引用したので（一八・三七・四四頁など）、省略する。

満徳寺離縁状を模倣したもの

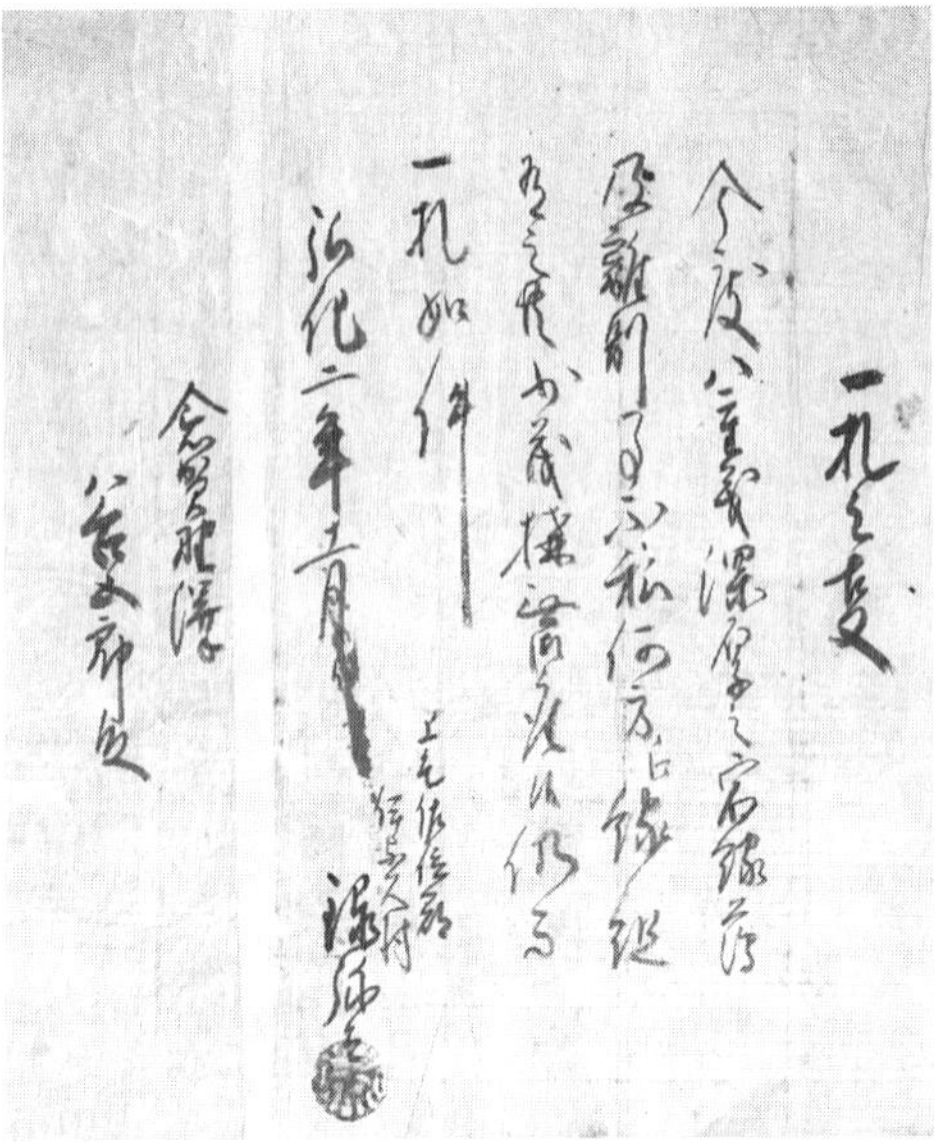

（二四・〇×二〇・三）

一《いっ》札《さつ》之《の》事《こと》

今《この》度《たび》八《や》重《え》義《ぎ》、深《しん》厚《こう》之《の》宿《しゅく》縁《えん》薄《うすく》
及離別《りべつにおよぶ》事《こと》不（有脱）私、何《いず》方《かた》江《え》縁《えん》組《ぐみ》
有之《これある》共《とも》、少《すこし》茂《も》構《かまえ》無御座《ござなく》候、仍《よっ》而《て》
一札如件《くだんのごとし》

上毛佐位郡
伊与久村
録弥太㊞

弘化二年十一月日

倉賀野沢（駅）
谷五郎殿

このたび八重儀、深厚の宿縁薄く離別におよぶこと私にあらず。いずかたへ縁組これあるとも、すこしもかまえござなく候。よって一札、くだんのごとし。

不叶存寄の離縁状

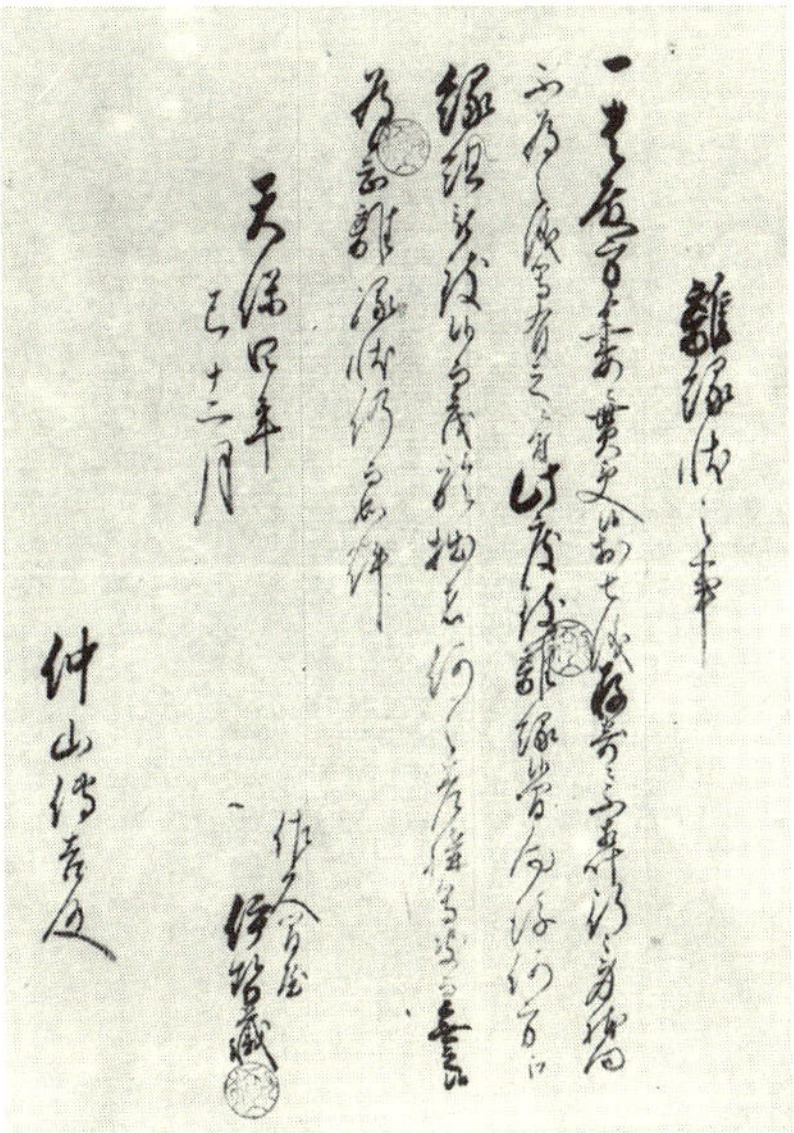

（三一・三×二二・七）

離縁状《りえんじょう》之事《のこと》

一貴殿方《きでんがた》ゟ《より》妻《つま》ニ貰受候《もらいうけそうろう》お七儀《しちぎ》、存寄《ぞんじより》ニ不相叶《あいかなわず》行々《ゆくゆく》身躰《しんたい》向《むき》
不為之儀《ふためのぎ》等有之《とうこれある》ニ付《つき》、此度《このたび》致離縁《りえんいたし》候間《あいだ》向後《こうご》何方江《いずかたえ》
縁組被致候而茂《えんぐみいたされても》、於拙者《せっしゃにおいて》何之差構《なにのさしかまえ》等《とう》決而《けっして》無之《これなく》候、
為念《ねんのため》離縁状仍而如件《よってくだんのごとし》

天保四年
巳十二月

佐久間屋
伊勢蔵㊞

仲山伝吉殿

貴殿がたより妻にもらいうけ候お七儀、存じよりにあいかなわず、ゆくゆく身体（身代）向き不為の儀等これあるにつき、このたび離縁いたし候あいだ、向後いずかたへ縁組いたされ候ても、拙者において何のさしかまえ等けっしてこれなく候。念のため離縁状、よってくだんのごとし。

満徳寺模倣離縁状

上野国《こうづけのくに》佐位《さい》郡伊与久《いよく》村（群馬県佐波郡境町）から、中山道《なかせんどう》と日光例幣使道《にっこうれいへいしどう》の分岐点にある宿駅倉賀野《くらがの》（群馬県高崎市）にあてたものである。

縁切寺は「駆込寺」ともいい、相模国《さがみのくに》（神奈川県）鎌倉の東慶寺と上野国（群馬県）の満徳寺の二つしか存在しなかった。後に八章の「縁切寺の三くだり半」でくわしく述べるが、満徳寺における離婚では、かならず独特の書式「深厚之宿縁浅薄之《しんこうのしゅくえんせんぱくの》事不有私《ことわたくしにあらず》、後日雖他江嫁《ごじつたえかすといえども》、一言違乱無之《いちごんいらんこれなし》、仍而如件《よってくだんのごとし》」と、三行半でしたためた。冒頭の「深厚之宿縁浅薄」は、深く厚かるべき宿縁が浅く薄かったから離婚したこと、そして、それは「不有私」、すなわち、私（夫）の一方的怨恨《えんこん》もしくは利害によるものではなく、結局人知の及ばないこととしたのである。夫婦双方に責めを帰せず、とりわけ妻の有責性にふれなかったので、離縁状の文句としてふさわしいと考えられ、周辺のかなり広範囲な地域に流布したのである。

なお、「存寄ニ不相叶」の離縁状は、出拠不明である。これは夫権優位のタテマエの表明であり、夫の恣意《しい》的意思がみられる。ついで多いのは「不縁《ふえん》ニ付」四・七パーセント、「（妻の）望・願」四パーセント、「家内不和合ニ付」三・六パーセントなどの順である。つぎに特殊な離婚理由の離縁状を二つ掲げる。

妻家出の離縁状

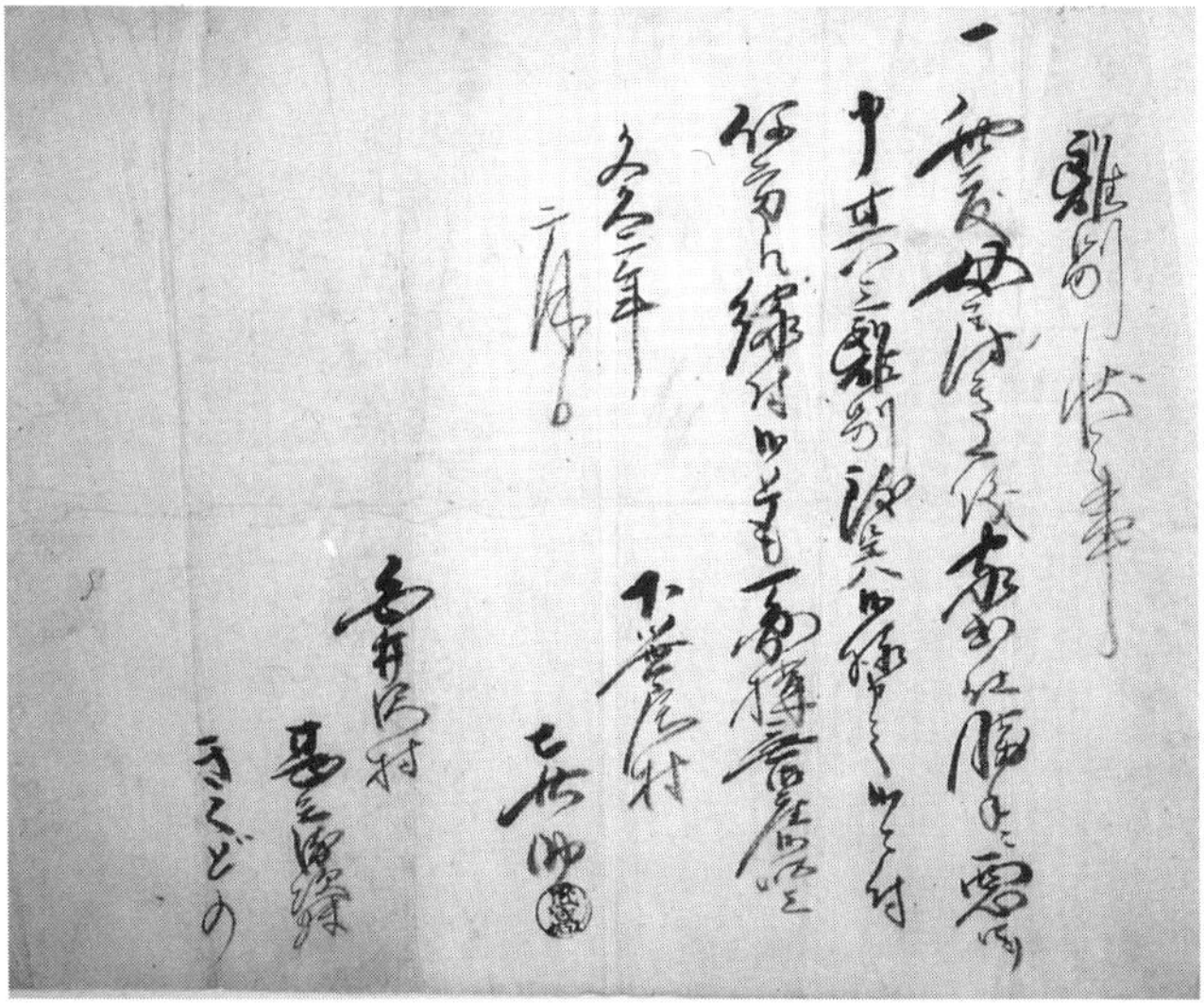

（二七・〇×三四・三）

離別状《りべつじょう》之事《のこと》

一此度《このたび》女房《にょうぼう》きく儀《ぎ》、家出《いえで》仕《つかまつり》、勝手《かって》ニ悪口《あっこう》ヲ申《もうし》、其上《そのうえ》離別致《いたし》呉《くれ》候《そうろう》様《よう》申《もうし》之候ニ付《つき》、何方《いずかた》江《え》縁付《えんづき》候とも一円《いちえん》構《かまえ》無御座《ござなく》候、以上《いじょう》

文久二年

二月日　　下笹尾村

喜　助㊞

白井沢村

甚兵衛次妹

きくどの

このたび女房きく儀、家出つかまつり、勝手に悪口を申し、そのうえ離別いたしくれ候よう申し候につき、いずかたへ縁づき候とも一円かまえござなく候。以上。

離婚理由としての家出

右の離縁状の下笹尾《しもささお》村も白井沢《しろいざわ》村も甲斐国巨摩《かいのくにこま》郡（山梨県北巨摩郡小渕沢町と長坂町）内の村である。

離縁状に「家出（出奔《しゅっぽん》）」が離婚理由として書かれているものは、二・七パーセントあるが、家出は夫が行う場合と妻の場合がある。二七例のうち九例、三分の一は妻の家出で、ここに取り上げた離縁状も妻の「家出」が原因としてあげられている。しかも勝手に「悪口」を申し、家出しておきながら、妻の方から離婚請求したことがわかる。

夫の家出が原因の場合は、家出のときに夫本人が書き置いたものが二例みられるものの、多くは夫本人の行方がわからないのであるから、代理人によって、離縁状が書かれる。その代理人には、夫の父（舅去《しゅうとさ》り）*、夫の母（姑去《しゅうとめさ》り、一四三頁）、親族（叔父・兄弟）、親類、親分（仮親）などがあたった。夫が婿の例が三例あり、養父（妻の父）、世話人、先の十六行半の親分である。

なお、夫の出奔の場合、一二か月（初めは一〇か月）を経過すれば再婚を認め、手続きをへて前婚が解消されたのであるが、なお離縁状の授受が事実上、なされたのである。

*拙著『増補 三くだり半』二九三頁

大借金の離縁状

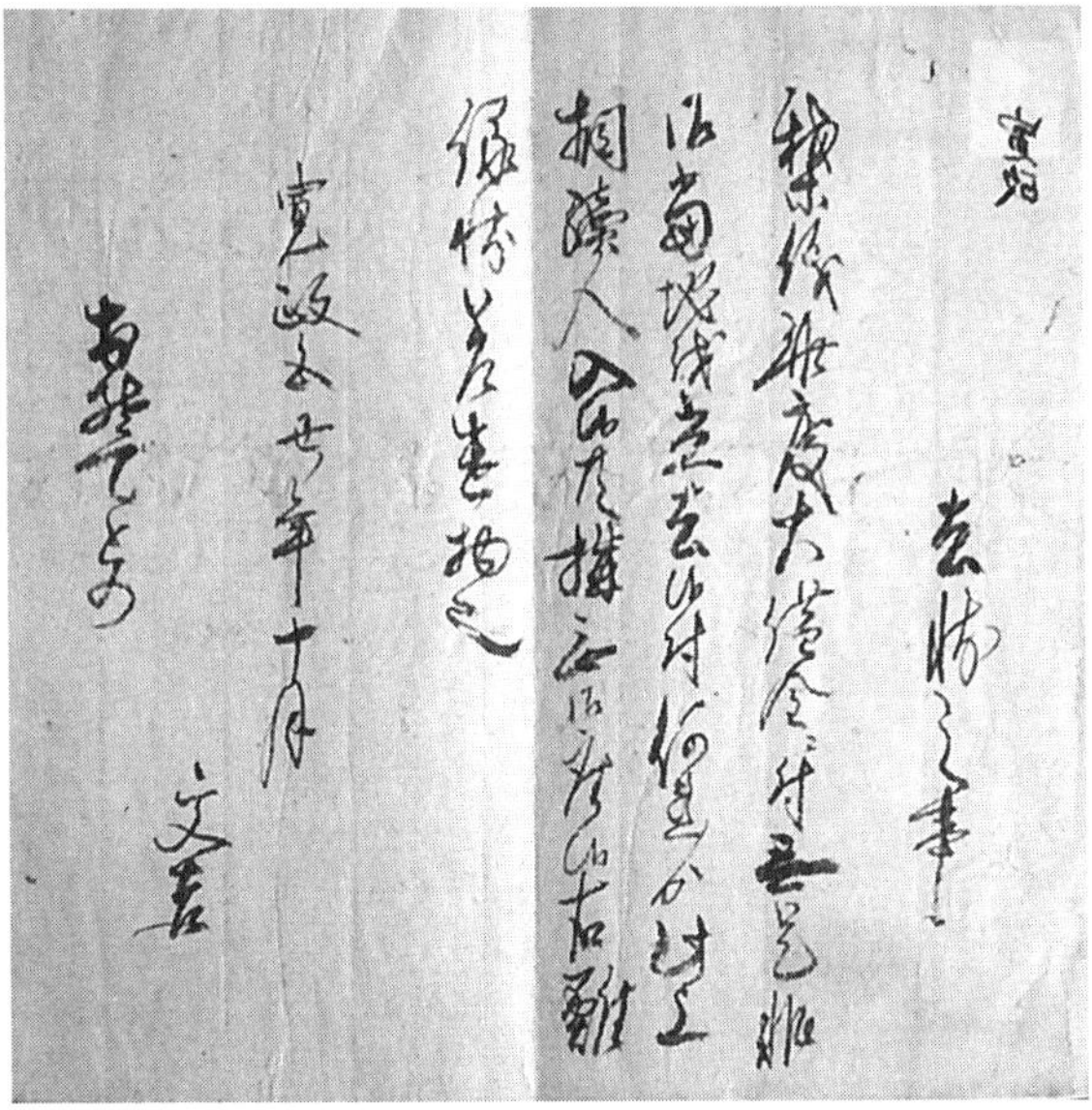

（二三・七×二四・〇）

（端裏）「寛政」
去《さり》状《じよう》之《の》事《こと》
我《われ》等《ら》儀《ぎ》、此《この》度《たび》大《だい》借《しやっ》金《きん》ニ付《つき》無是非《ぜひなく》
御《ご》当《とう》地《ち》を立《たち》去《さり》候付《につき》、何《いず》れゟ《より》此《この》上《うえ》
相《そう》続《ぞく》人《にん》入《いれ》候共《とも》、構《かまえ》無御座《ござなく》候、右《みぎ》離《り》
縁《えん》状《じよう》差《さし》遣《つかわす》物《もの》也《なり》

寛政五丑ノ年十月　　文　吉（爪印）

おそでとの

（角田和夫氏所蔵）

われら儀、このたび大借金につきぜひなくご当地を立ち去り候につき、いずれよりこのうえ相続人入れ候とも、かまえござなく候。右離縁状さしつかわすものなり。

離縁状を書かされた婿養子

文中の「何れ与」から、文吉がそでの婿養子であったとわかる。翌年二月に文吉の父から出された返り一札（返り一札は嫁入りのときは妻方で書くが、文吉は婿だったので婿方で差し出した）によれば、そでは武蔵国榛沢郡《はんざわぐん》後榛沢村《うしろはんざわむら》（埼玉県大里郡岡部町）で代々の名主をつとめた富農・角田家の分家角之丞の娘で、文吉は同じ村の百姓代《ひゃくしょうだい》兵蔵の倅《せがれ》であった。離婚の原因は文吉の大借金であった。是非なく当地を立ち去るからは、今後相続人（婿）にだれを入れようとかまわないと明記している。返り一札の方には、「不相応」で離縁になった上は、女房・跡式ともにかまわず、さらに以後文吉を村内へは決して立ち入らせないとしたため、角田家当主で名主の八十八（弥七）にあてている。

「大借金」を理由とする離縁状はこれ一通だけである。夫専権離婚説にたてば、このような不名誉なことは書く必要はないが、むしろ妻方から離婚を請求され、また離縁状の内容にも具体的に大借金の事実を書くように求められたものであろう。なお、離縁状から返り一札までの四か月間は離婚の後始末に費やされたのである。

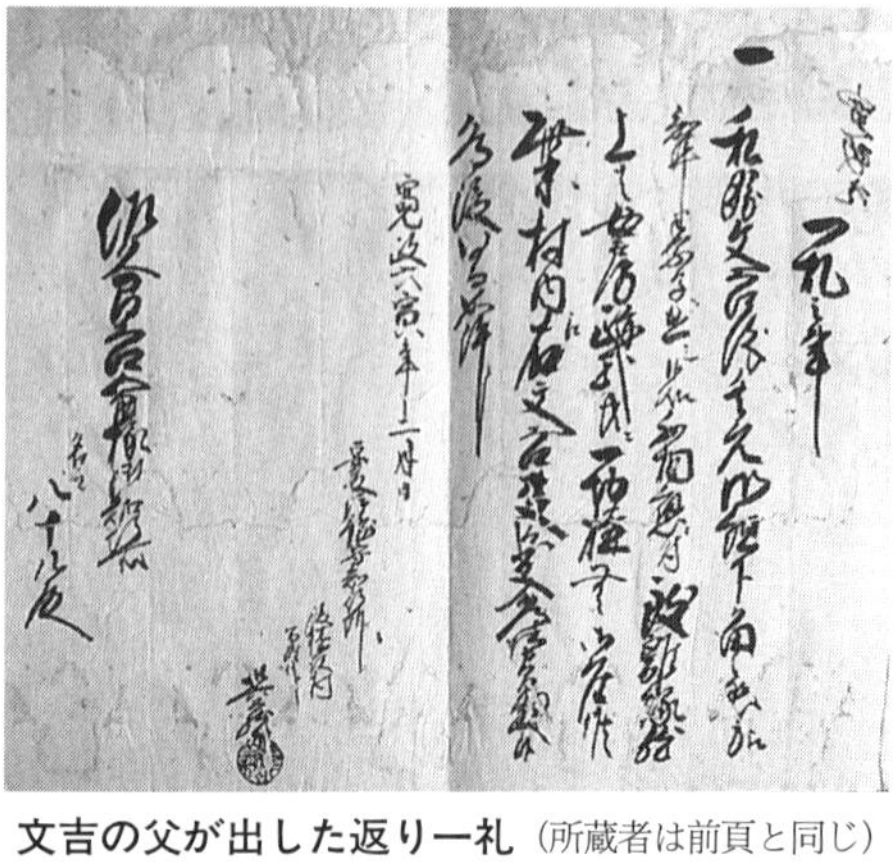

文吉の父が出した返り一札（所蔵者は前頁と同じ）

五　三くだり半はいつからいつまでつかわれたか

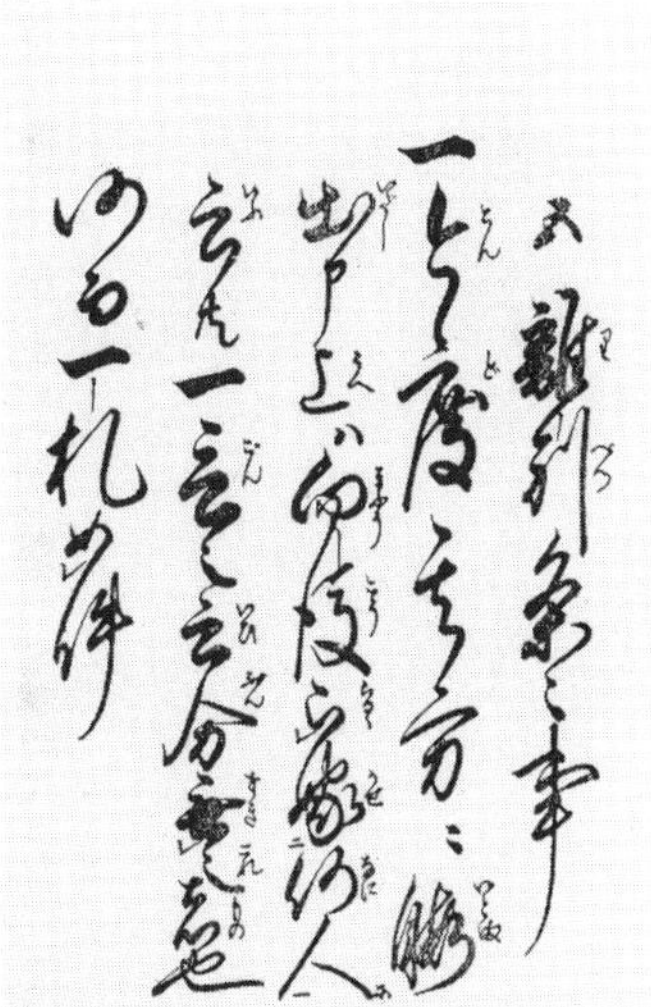

（影月堂本『願学文章』の離縁状書式）

元禄の離縁状書式

前頁の写真は、影月堂本『願学文章』という用文章（証文雛形集）である。これに一一の項目の証文の雛形が掲載されているが、その五番目に「五離別状かきやうのこと」として、つぎの書式が所収されている（ルビは原文のまま）。

五離《り》別《べつ》条之事

一今《こん》度《ど》其方ニ暇《いとま》

出《いだし》申上《うへ》ハ、向《きやう》-後《こう》被《らるる》レ嫁《かせ》ニ何《なに》人一に

云《いふ》共、一言《ごん》之云《いひ》分《ぶん》無《なき》レ之《これ》者《もの》也

仍而一-札如レ件

吉海直人氏によれば、この版本は一六八四（貞享元）年の刊行である謙堂文庫本『□(勧カ)学文章』と同じ内容であるが、おそらくそれの改題本（同文・異版）で、一六九二（元禄五）年頃の刊行と比定される。したがって、これまで離縁状書式がのった版本では、一八〇六（文化三）年刊の『書翰用文手形鑑』がもっとも古いものであったから、一〇〇年余もさかのぼる。実例では最古の離縁状がつぎに引用する一六九六（元禄九）年で、一〇年余さかのぼることになる。しかも、離別状書式が見事に三行半になっていることから、三行半にあらたな展開をみることになった。

三行半はいつ・どこから

離縁状が三行半に書かれたわけはすでに述べたとおりであるが、それでは、いつごろから、どこで三行半に書くようになったのか。

すでに一六五七（明暦三）年刊行の仮名草紙『他我身之上《たがみのうえ》』に「つゐに其女房も三下り半でらちをあけ」と出ており、また一六九六（元禄九）年の浮世草紙『好色《こうしょく》小柴垣《こしばがき》』にも「三下り半のいとまの状をさらりと書いて」と記されていた。二つとも京都で刊行されていることから、石井良助氏は、関西地方では明暦（一六五五年）以前から三行半に書く慣習があり、元禄年間（一六八八―一七〇四）には一般化していたと言われる。元禄五年の影月堂本『頤学文章』が京都版と思われることから、吉海氏は、①かなり古くから三行半の形式が定型化されていた、②これまで古いものはすべて手書きの離縁状であり、版本は一八〇六（文化三）年刊の『書翰用文手形鑑』以降とみなされていたが、版本が手書きの実例に先行することになった、③また、離縁状書式が版本に収録されるほど需要があり、しかもルビが施されているので購入者の教養レベルがやや低い庶民であった、④三行半の慣習がまず関西で行われたとする説を補強する、といわれる。それでは、まず古い離縁状の実例をみよう。

最古の離縁状

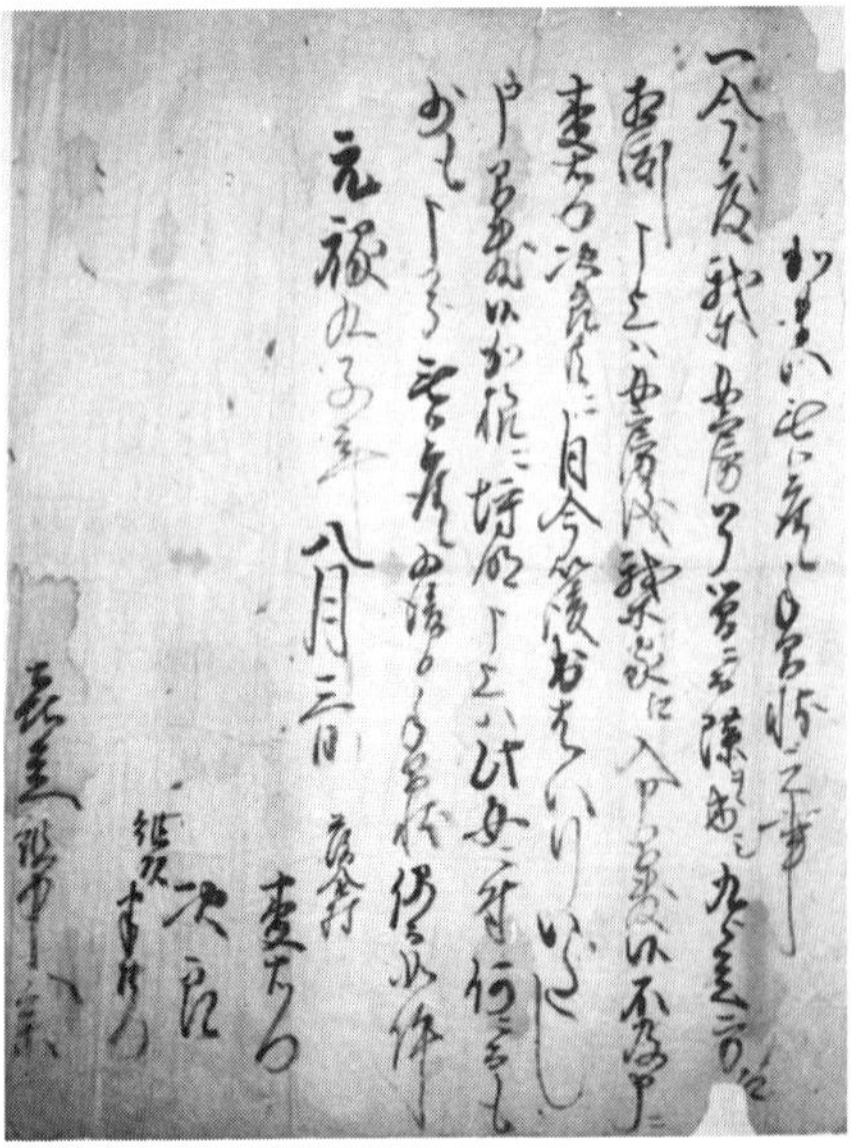

（二七・〇×二一・四）

かまい無御座《ござなく》 候《そうろう》 手間状《てまじょう》 之事《のこと》

一今度《こんど》我等《われら》女房《にょうぼう》了簡《りょうけん》ニ而《て》、隙《ひま》ヲ出《だ》シ九郎兵衛方江《かたえ》
相渡《あいわた》し申上《もうすうえ》ハ、女房儀《ぎ》我等家《いえ》江入申間敷《いれもうすまじく》候、不及申《もうすにおよばず》ニ
杢右衛門次郎共《とも》ニ自今以後《じこんいご》出《で》はいりいたし
申間敷候、か（斯）様《よう》ニ埒明申上《らちあけもうすうえ》ハ、此女《このおんな》ニ付何《つきなに》ニ而も
少《すこし》も申分《もうしぶん》無御座候、為後日《ごじつのため》手間状仍而如件《よってくだんのごとし》

元禄九子年八月三日　落合村

杢右衛門

次郎

組頭

半左衛門

喜兵衛組中へ参

今度われら女房了簡にて、隙を出し九郎兵衛方へ相渡し申すうえは、女房儀われら家へ入れ申すまじく候。杢右衛門は申すにおよばず、次郎ともに自今以後出はいりいたし申すまじく候。かように埒あけ申すうえは、この女につき何にても少しも申し分ござなく候。後日のため手間状、よってくだんのごとし。

元禄の離縁状

両氏の説、すなわち、三行半の慣習（広く文化といってよいであろう）が関西から関東へ伝えられたという見解（東漸説）はもっともと思われる。しかし、関西から古い三行半が出てこないのはどうしてであろうか。関西最古の三行半は、一七四九（寛延二）年近江国《おうみのくに》（滋賀県）の離縁状であるが、*さきに、東北の暇状は関西文化が直接的に伝えられ、むしろ関西の離縁状といっても差し支えないので、つぎに東北の暇状二通を掲げる。これによって、関西最古の三行半は、一七三四（享保一九）年羽前国《うぜんのくに》村山《むらやま》郡沼木《ぬまぎ》村（山形県山形市）の暇手形ということになる。なお一七一〇（宝永七）年岩代国《いわしろのくに》会津《あいづ》郡黒谷《くろだに》村（福島県南会津郡只見町）の暇状は二行半である。

ところで、わたしは最近右の一六九六（元禄九）年、甲斐国《かいのくに》巨摩《こま》郡落合《おちあい》村（山梨県中巨摩郡甲西町）のものを入手した。これまでで最も古い離縁状の実物ということになるが、五行に書いている。これから一九日後に下野国《しもつけのくに》（栃木県）で書かれた離縁状が最古の三行半で、さきに引用した（六五頁）。これらはいずれも関東地方のものである。関東に「暇状」の表題がなく（離縁状に関西の直接的影響がない）、かつ古い三行半が多いことは、関東地方で独自に三行半が発生したという可能性を残しているのではないかとも思われるがいかがであろうか。

＊拙著『増補 三くだり半』二五八頁。

宝永の離縁状

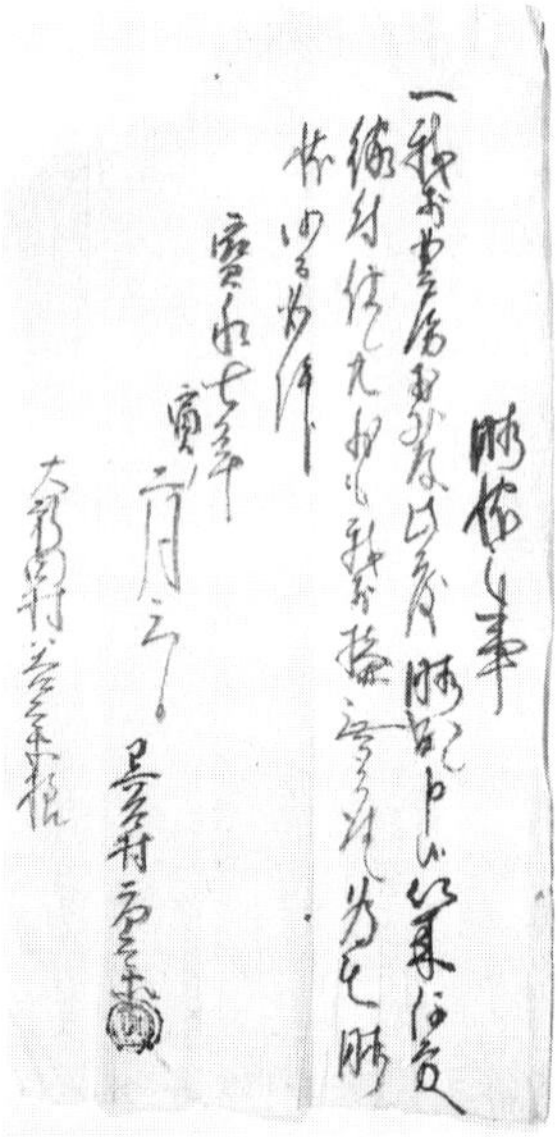

（二八・〇×一五・五）

暇状《いとまじよう》之事《のこと》

一我等《われら》女房《にようぼう》おみな、此度《このたび》暇《いとま》出《だ》し申《もうし》候《そうろう》、以来《いらい》何方《いずかた》へ縁付《えんづき》仕《つかまつり》候共《とも》、少《すこし》も我等構《かまえ》無御座《ござなく》候、為其《そのため》暇状、仍《よっ》而《て》如件《くだんのごとし》

宝永七年

寅ノ二月三日　黒谷村　市兵衛㊞

大新田村　谷兵衛様

（福島県歴史資料館収蔵・酒井一家文書）

われら女房おみな、このたび暇出し申し候。以来、いずかたへ縁づきつかまつり候とも、少しもわれら構えござなく候。そのため、暇状、よってくだんのごとし。

享保の離縁状

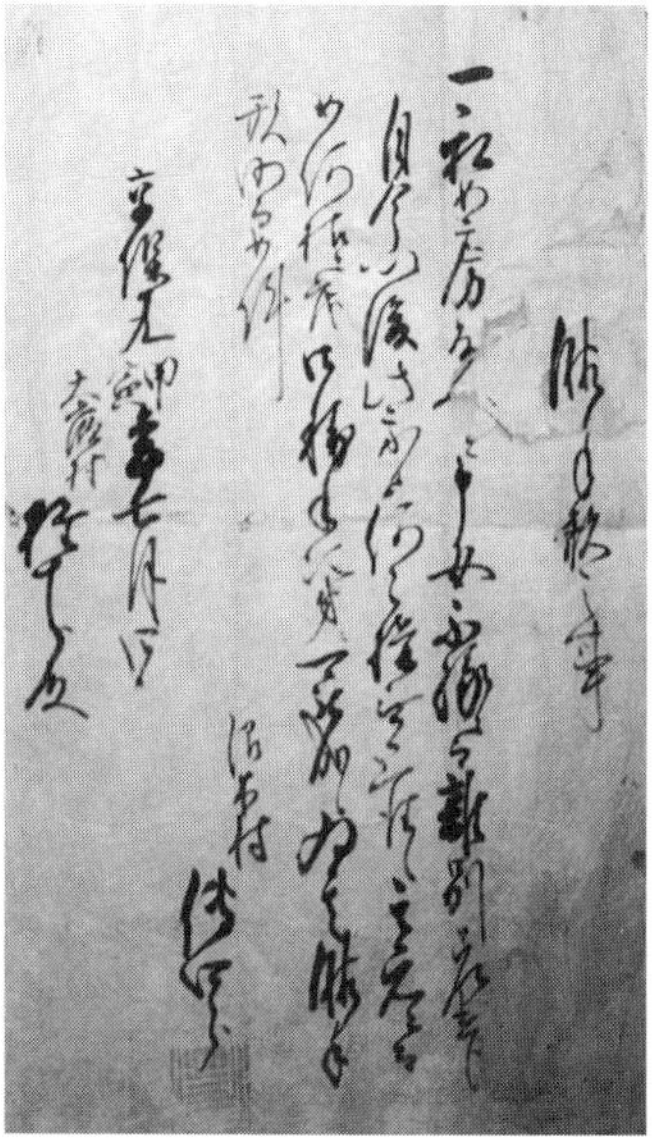

（二九・二×一八・三）

暇《いとま》手形《てがた》之事《のこと》

一 私女房《わたしにようぼう》な□(へ)と申《もうす》女《おんな》、不縁《ふえん》ニ而離別《てりべつ》差遣《さしつかわし》申《もうし》候《そうろう》、
自今以後《じこんいご》此方《このほう》ゟ《より》何之構《なにのかまえ》無御座《ござなく》候、其元《そこもと》ニ而
如何様《いかよう》ニ茂《も》御勝手次第《ごかってしだい》ニ可被成《ならるべく》候、為其《そのため》暇手
形仍而如件《よってくだんのごとし》

沼木村
伝四郎㊞

享保十九甲寅年七月四日

大蕨村
権十郎殿

（山形大学附属博物館所蔵・工藤定雄収集文書）

わたし女房なべと申す女、不縁にて離別さしつかわし申し候。自今以後、このほうより何の構えござなく候。そこもとにていかようにもご勝手しだいにならるべく候。そのため暇手形、よってくだんのごとし。

明治維新と離婚

これまでは古い時代の離縁状をみてきたが、つぎに明治時代の離縁状を紹介し、その慣行の意味について考えよう。

明治維新はさまざまな変革をもたらしたが、離婚も例外ではなかった。江戸時代に特殊な制度として存在した縁切寺は、関東地方にのみ二か寺あったが、明治維新後も一八七〇（明治三）年までは縁切寺法を存続した。しかし、徳川家の庇護のみに頼ってきた上野国《こうずけのくに》（群馬県）の満徳寺は明治五年に廃寺し、なお縁切寺の制度維持を願い出た鎌倉の東慶寺も明治四年七月政府によって願い出が却下され、縁切寺は国家権力によって完全に否定・禁止されることとなった。その後明治六年五月の太政官第一六二号布告によって、妻の離婚請求を拒む夫に対して、妻は「人民自由の権理《けんり》」を護《まも》るために裁判所に離婚の訴えができることになった。

ところで、明治四年には戸籍法が制定され、翌年二月一日から施行された。いわゆる壬申《じんしん》戸籍であるが、これにより、婚姻も離婚もともに戸籍への登記によってはじめて効力を生ずることになった。離縁状は法律的要件ではなくなったが、なお事実上の離婚証明としての離縁状（ときに返り一札も）が授受された。夫妻間での夫（妻）自身の手によって書かれた証文の授受によって、お互いに縁を切った（離縁）

ことと後腐《あとくさ》れないことが保証されると考えたからであろう。

明治時代の用文章

戸籍法施行後でも離縁状慣行は存続した。離縁状の授受が必要であるとの社会通念が残存していたからにほかならず、当時の用文章には、役所へ届け出る「離縁届」の書式が多く載せられているのは当然であるが、なお離縁状の書式を掲載しているものが一三例みられる。左は一八七七（明治一〇）年刊の『文章大成亀鑑』の書式である。「送籍」することが明記され、戸籍への届け出が意識されている。この表題は「妻離縁状」であるが、別に「離縁証」というのもあり、また契約証書の用紙「界紙」を用ゆべしと注記したものもみられる。

○妻離縁状
其許《そこもと》儀《ぎ》、何々《なになに》ニ付《つき》、致ニ離婚一《りこんいたし》候《そうろう》、向《こう》
後《ご》何方《いずかた》へ縁付《えんづき》候トモ、其儀《そのぎ》ニ付《つき》、
決《けっし》テ苦情無レ之《くじょうこれなし》、就《つい》テハ送籍《そうせき》候、仍《よっ》テ
離縁状如レ件《くだんのごとし》
年月日　何　誰
誰　殿

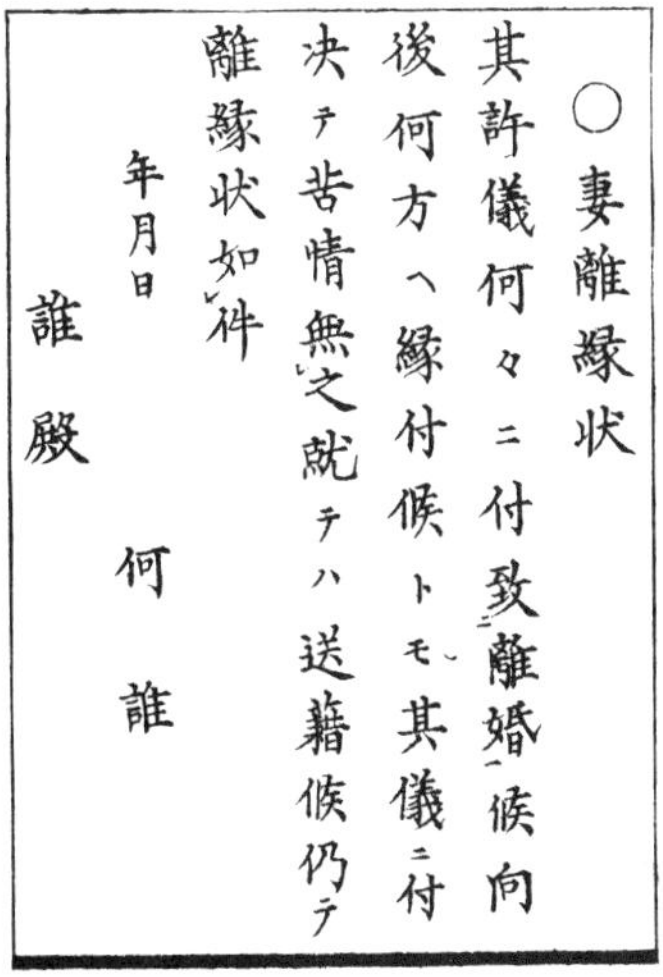
○妻離縁状
其許儀何々ニ付致ニ離婚一候向
後何方へ縁付候トモ其儀ニ付
決テ苦情無レ之就テハ送籍候仍テ
離縁状如レ件
年月日　何　誰
誰　殿

103　『文章大成亀鑑』の離縁状書式

明治時代の離縁状

戸籍法施行、つまり一八七二（明治五）年以降の離縁状で、いかにも明治時代らしさを感得できる離縁状を順次紹介しよう。

まず武蔵国《むさしのくに》葛飾《かつしか》郡東大輪《ひがしおおわ》村（埼玉県葛飾郡鷲宮町）の苗字《みょうじ》（氏）のある離縁状を掲げる。江戸時代、苗字は帯刀とならんで武士の特権であった。事実上は屋号や苗字をもっていても庶民は、苗字を公にとなえることはできなかった。明治政府は、まず明治三年九月に平民に苗字を許し、ついで明治八年二月には平民も必ず苗字をとなえることとなり、先祖以来の苗字がわからないものは新たに苗字を設けることが命ぜられた。差出人田口は苗字が許されると同時に苗字をとなえたに相違ない。

また印章にも明治の特徴があらわれている。江戸時代の印章は本人の氏名と関係のない目出度《めでた》い二文字や徳目に類する二文字、あるいはたんに漢字一文字などを刻んだものを用いたが、「田口」のように苗字が印文に登場すること、また朱肉を使用していることにも明治の時代を感じる。差出人のうちの後二者は江戸の印章で、いまだ墨で押捺《おうなつ》しているのと著しく相違する。

離縁状の内容も特異である。これまで世話をしたとあるので、きくは妾だったことがわかり、その再婚先に配慮し、不幸せのときは別途手当も出すとある。

苗字を書いた離縁状

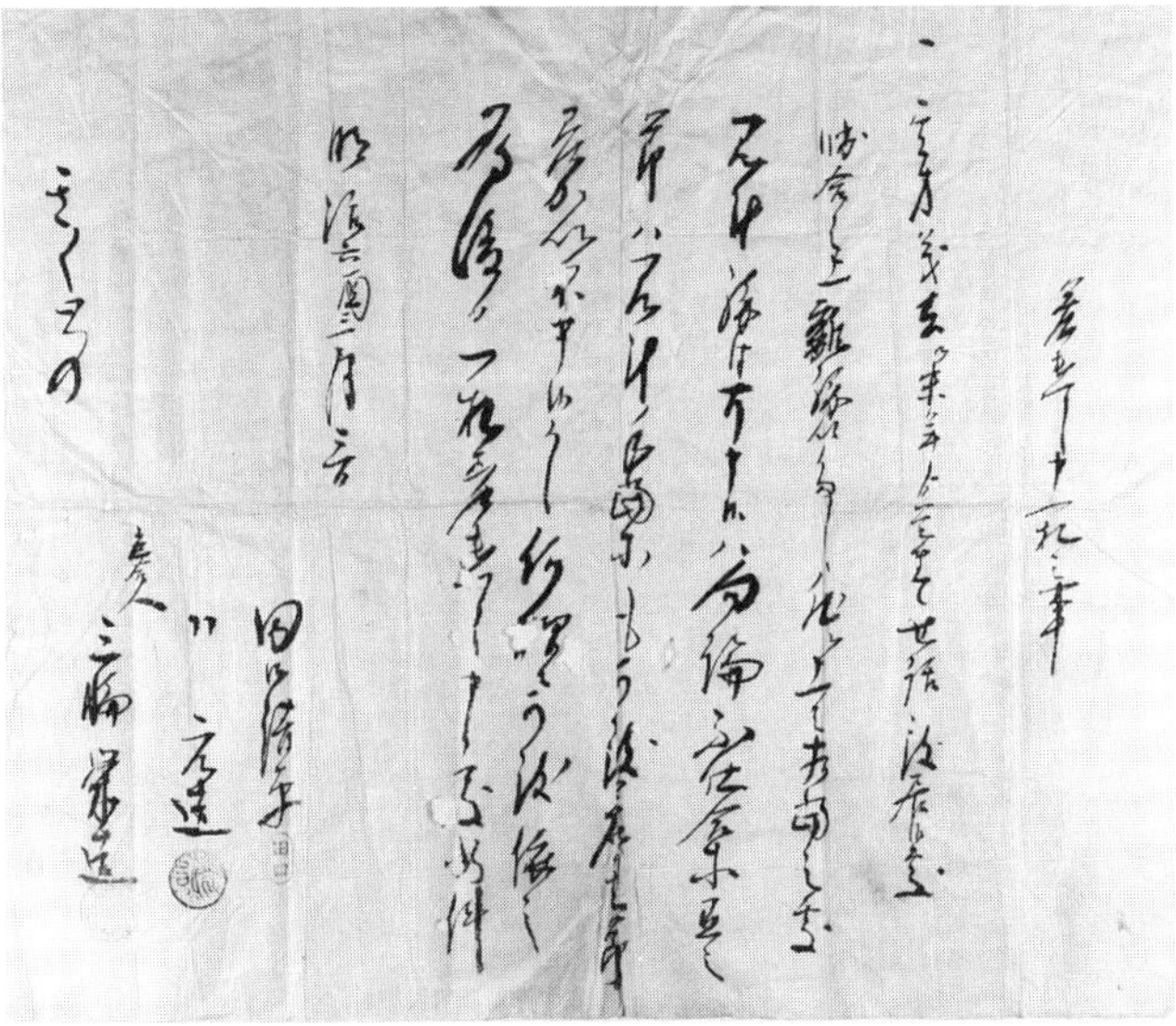

(二七・五×三二・八)

差遣《さしつかわ》し申《もうす》一札《いっさつ》之事《のこと》

一其方義《そのほうぎ》、去《さ》ル未年《ひつじどし》ゟ《より》是《これ》まて世話《せわ》致居候《いたしおりそうろう》処《ところ》咄合《はなしあい》之上《のうえ》、離縁《りえん》いたし候、然《しか》ル上者《うえは》相当《そうとう》之《の》処見計《みはからい》縁付《えんづき》可申《もうすべく》候ハ勿論《もちろん》、不仕合《ふしあわせ》等《など》有之《これある》節《せつ》ハ、見計手当《てあて》等《など》も可致《いたすべし》、若《もし》其《その》節《せつ》差《さし》(ま脱カ)かい不申《もうさず》候ハヽ、何様《いかよう》ニ可致、依之《これにより》為後日《ごじつのため》一札差遣《さしつかわ》し申候処、如件《くだんのごとし》

明治六酉三月三日

田口清平㊞(朱)

〃 元造㊞(墨)

立合人 三輪栄造㊞(墨)

きくとの

(埼玉県立文書館保管・田口(栄)家文書)

そのほう儀、さる未年よりこれまで世話いたしおり候ところ、話し合いのうえ、離縁いたし候。しかるうえは相当のところ見計らい縁づき申すべく候はもちろん、ふしあわせなどこれある節は、見計らい手当などもいたすべし。もしその節さしかまい申さず候はば、いかようにいたすべし。これにより、後日のため一札さしつかわし申し候ところ、くだんのごとし。

大区小区明記の離縁状

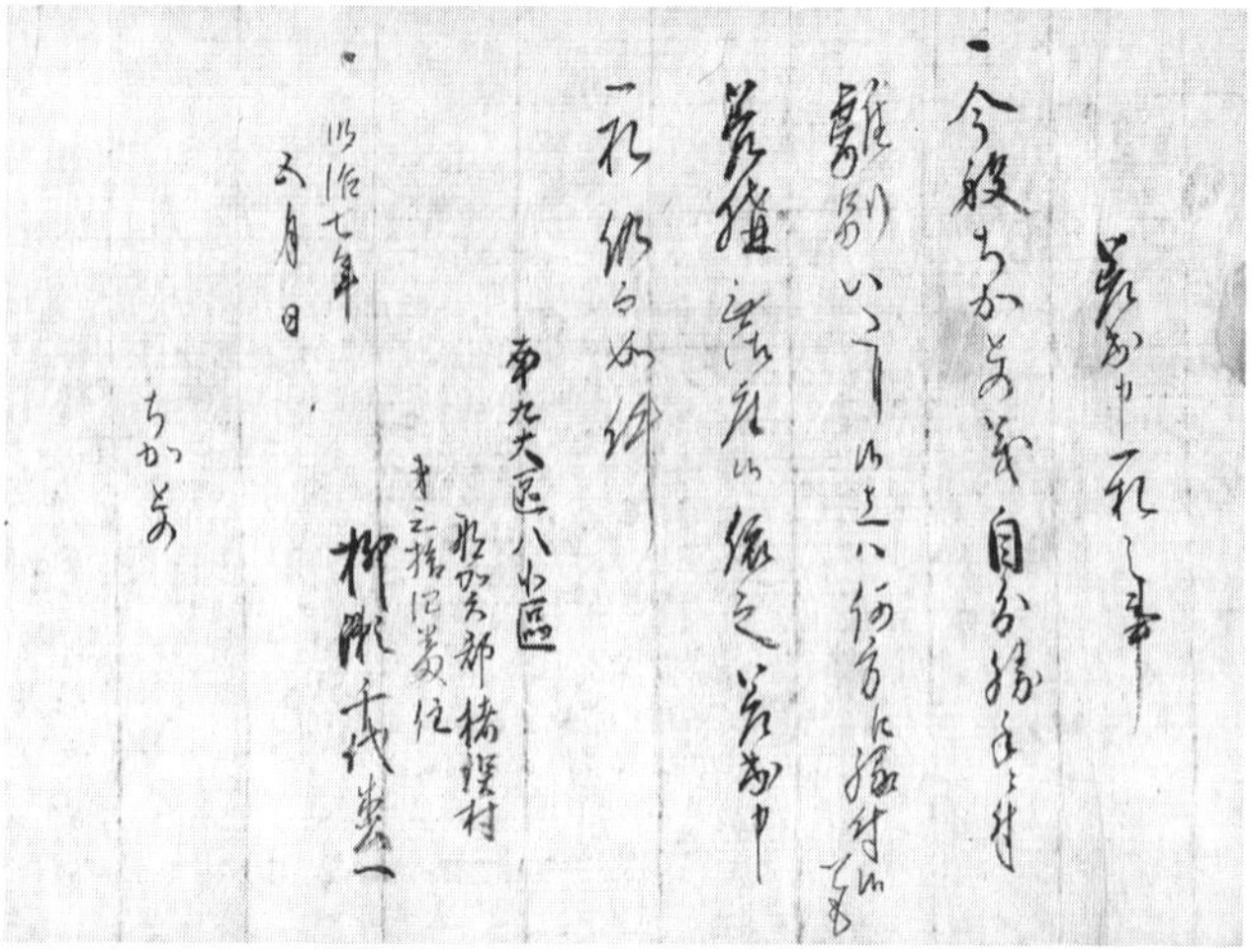

（二四・三×三三・一）

差出申《さしだしもうす》一札《いっさつ》之事《のこと》

一今般《こんぱん》ちかとの義、自分《じぶん》勝手《かって》ニ付《つき》、
離別《りべつ》いたし候上《そうろううえ》ハ、何方《いずかた》江《え》縁付《えんづき》候ても
差《さし》構《かまえ》無御座《ござなく》候、依之《これにより》差出申
一札仍而《よって》如件《くだんのごとし》

南九大区八小区
那賀郡猪股村
明治七年　第三拾四番住
五月日　柳瀬　千代松（爪印）
ちかとの

今般ちかどの儀、自分勝手につき、離別いたし候うえは、いずかたへ縁づき候てもさし構えござなく候。これによりさし出し申す一札、よってくだんのごとし。

離縁状の住所

離縁状に住所を明記することは区々《まちまち》である。右の埼玉県那賀《なか》郡猪股《いのまた》村（児玉郡美里町）のものには大区小区が書かれている。一八七二（明治五）年の戸籍法実施以降、地方制度としての大小区制が行われた。町村の伝統的な自治慣行や機能が無視された結果、新政府への反抗・反感が激化し、同一一年に廃止された。この間にだけ、住所に大区小区を明記したのである。

契約証書としての離縁状

つぎの群馬県新田郡尾島村（尾島町）のものは、表題が「離縁之証」、本文に「離縁証」とあり、まさに契約証書の体裁をとっている。その用紙も契約証書用の「証券界紙」が使われている。離縁状が形式・内容ともに契約証書として意識されたからであろう。さらに興味をおぼえるのは、わざわざ界紙の裏側に書いていることである。「裏返す」ことは、離縁して妻を実家へ帰すことを意味する洒落である（なお、所蔵者の意向で差出人の苗字を伏せた）。

契約証書としての認識がさらに徹底すると、契約証書にかならず貼付した「収入印紙」が貼られるようになる。岩手県西磐井《にしいわい》郡一関地主町《いちのせきちしゅ》（一関市）のものには、表題に「離婚証」と離婚の語が登場し、また一銭の収入印紙を貼っている。

証券界紙を用いた離縁状

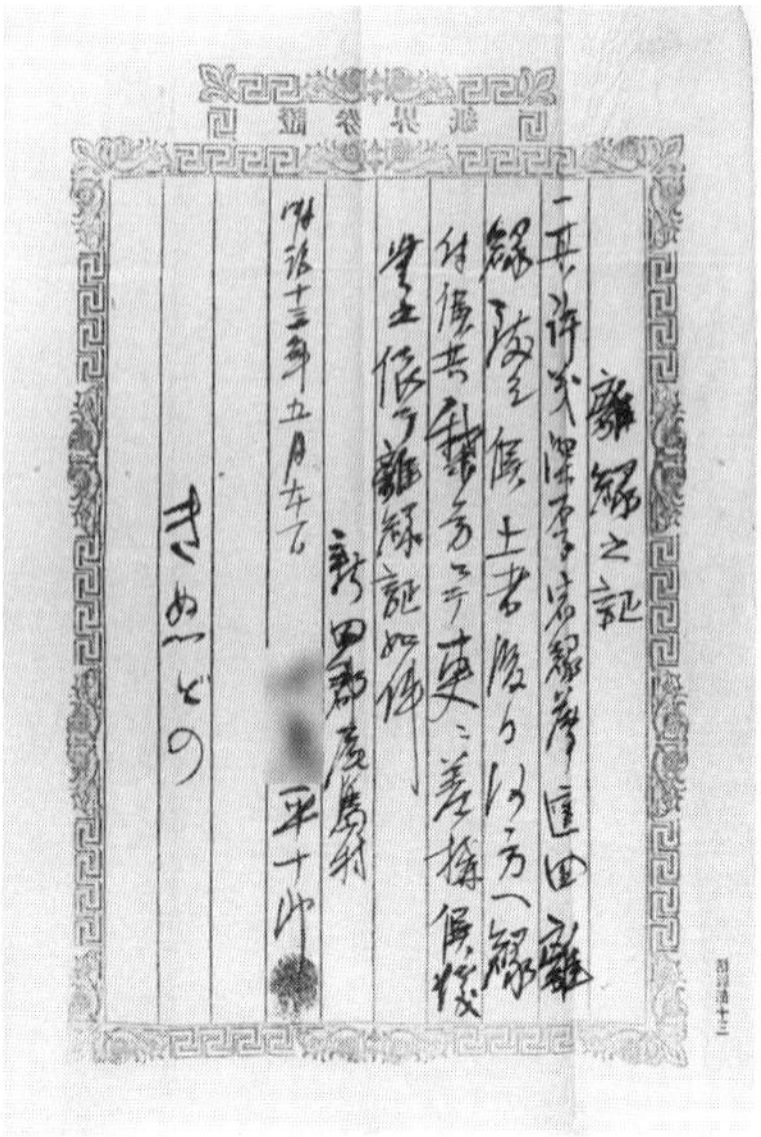

（二七・五×一九・〇）

離《り》縁《えん》之《の》証《しょう》

一其《そこ》許《もと》義《ぎ》、深《しん》厚《こうの》宿《しゅく》縁《えん》薄《うすく》、這《しゃ》回《かい》離《り》縁《えん》致《いた》シ候《そうろう》上《うえ》者《は》、後《ご》日《じつ》何《いず》方《かた》へ縁《えん》付《づき》候共《とも》、我《われ》等《ら》方《かた》ニテ更《さら》ニ差《さし》構《かまえ》候儀《ぎ》無之《これなし》、依《よっ》テ離縁証《りえんしょう》如件《くだんのごとし》

新田郡尾島村

明治十三年五月廿一日　□□　平十郎（拇印）

きぬどの

（高澤宣雄氏所蔵）

そこもと儀、深厚の宿縁薄く、這回（このたび）離縁いたし候うえは、後日いずかたへ縁づき候とも、われらかたにてさらにさし構え候儀これなし。よって離縁証、くだんのごとし。

収入印紙を貼った離縁状

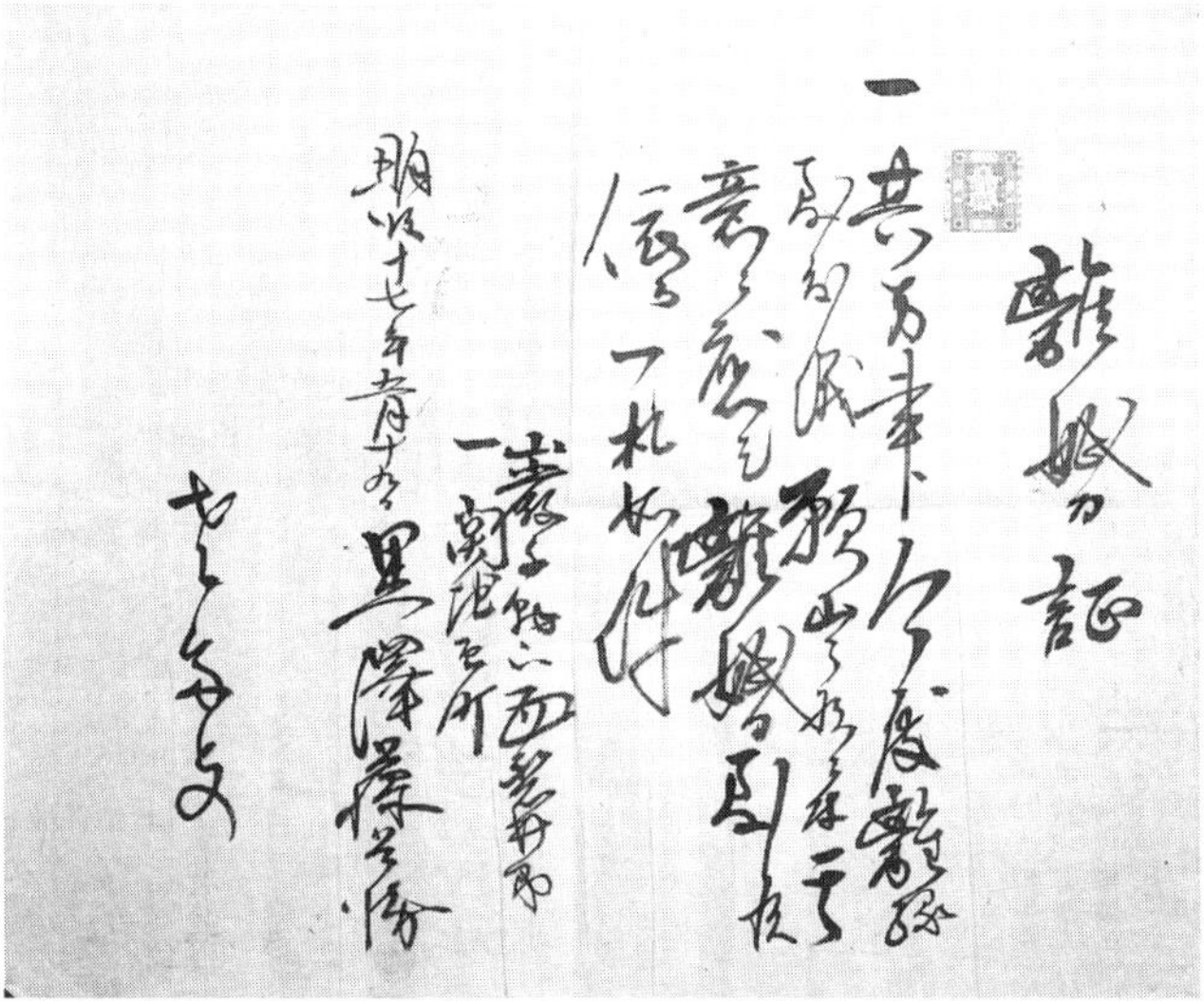

（二七・三×三二・五）

離《り》婚《こん》証《しょう》

□（一銭収入印紙）

一其《その》方《ほう》事《こと》、今《こん》度《ど》離《り》縁《えん》
致《いたし》度《たき》儀《ぎ》願《ねがい》出《いで》候《そうろう》ニ付《つき》、其《その》
意《い》ニ応《おう》シ離《り》婚《こん》致候、
依《よっ》而《て》一《いつ》札《さつ》如件《くだんのごとし》

巌手県下西磐井郡
一関地主町
明治十七年五月十九日　黒沢藤兵衛㊞

さたとの

（佐藤鐵太郎氏所蔵）

そのほうこと、今度離縁いたしたき儀、願いいで候につき、その意に応じ離婚いたし候。よって一札、くだんのごとし。

明治三三年の離縁状

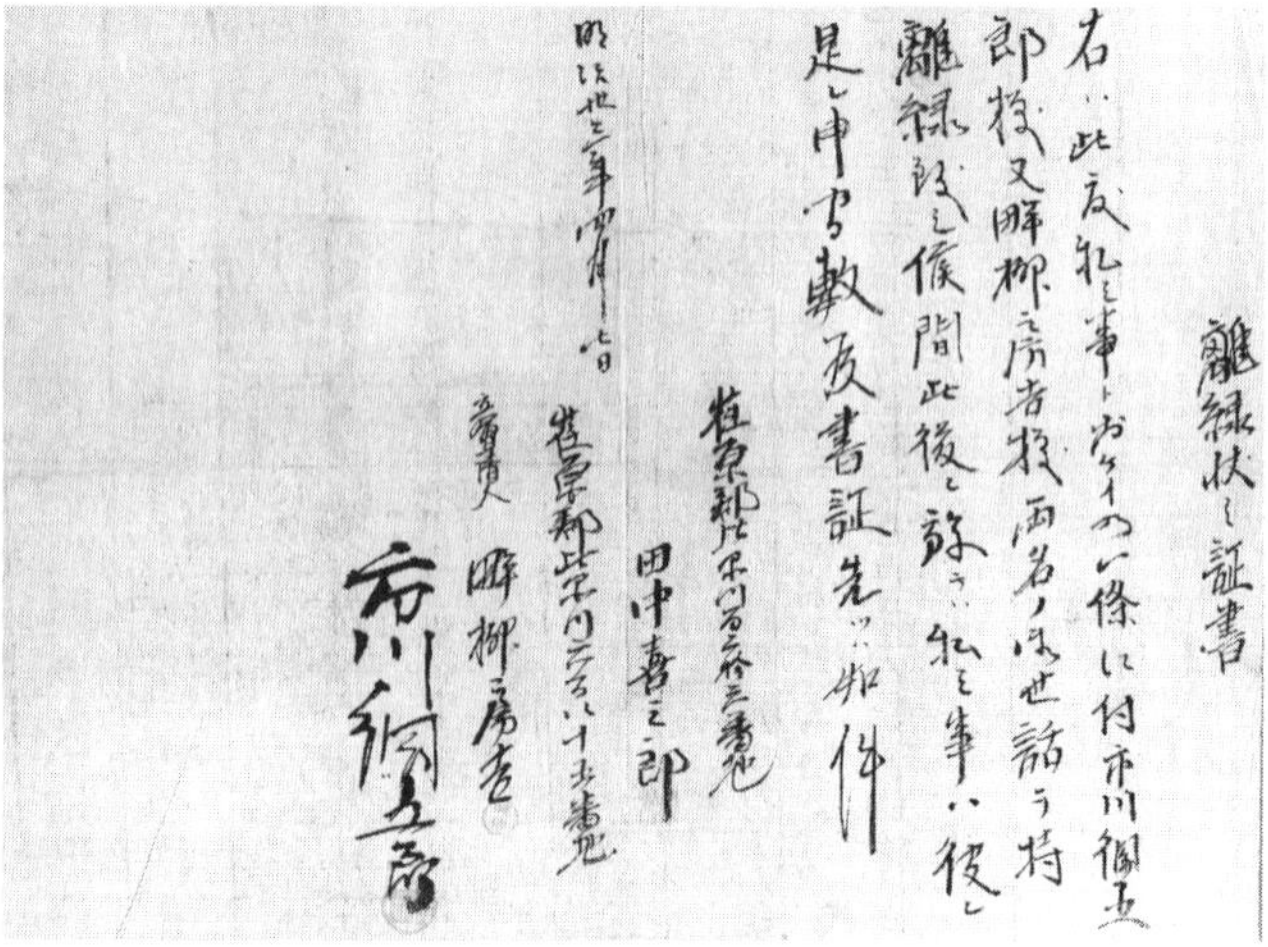

（二四・五×三四・二）

離縁状《りえんじょう》之《の》証書《しょうしょ》

右《みぎ》ハ此度《このたび》私《わた》シ事《こ》トおケイ乃《の》一条《いちじょう》に付《つき》、市川綱五郎様《さま》又《また》畔柳房吉様両名《りょうめい》ノ御《お》世《せ》話《わ》ヲ持《もつて》離縁致《いた》シ候間《そうろうあいだ》、此後《こののち》ニ於《おい》テハ私《わた》シ事《こと》ハ彼《か》レ是《こ》レ申《もうす》間《ま》敷《じく》候、書《しょ》証《しょう》先《ま》ツハ如件《くだんのごとし》

荏原郡北品川百二拾六番地

明治卅三年四月七日　田中喜三郎㊞

荏原郡北品川六百八十五番地

立会請人　畔柳房吉㊞

市川綱五郎㊞

（縁切寺満徳寺資料館収蔵・上田四郎コレクション）

右は、このたびわたしことおケイの一条につき、市川綱五郎様また畔柳房吉様両名のお世話をもって離縁いたし候あいだ、この後においてはわたしことはかれこれ申すまじく候。書証まずはくだんのごとし。

明治民法施行後の離縁状

一八九八（明治三一）年には、婚姻・離婚の規定を含む明治民法が施行された。離婚手続きも整い、離縁状の入る余地はなさそうであるが、なお離縁状の慣行が続いた。この離縁状には前年にケイから差出された返り一札があり、それには一銭の収入印紙が貼られ、離婚に関する契約証書として作成された。それによれば、夫婦仲はともかく、舅姑との折り合いが悪く、一旦離婚となる。夫婦両者間では内々に復縁の約束があったが、ケイがほかの男と関係して約束に違背する。結局、復縁話もご破算となり、趣意として（申し訳のため）二つのことを誓約している。すなわち、向こう五年間夫の住所地品川町の二里四方以内では決して世帯を持たないこと、また他男と見苦しき道行きなどをして喜三郎の目ざわりなどにならないことである。いずれにしても最終的に離婚の合意をして、この離縁状が授受されたのである。

最後の三くだり半

もっとも新しい離縁状は、つぎに掲げる一九一七（大正六）年のものである。切手（収入印紙）がないので追って貼ると書き、印をおしている。当時も届け出なき結婚があり、この場合は今日の内縁以上に離縁状慣行を残存させる社会的背景があった。なにより先夫のまとわりつきを避け、後夫に証《あか》しを立てるためであった。

大正の離縁状

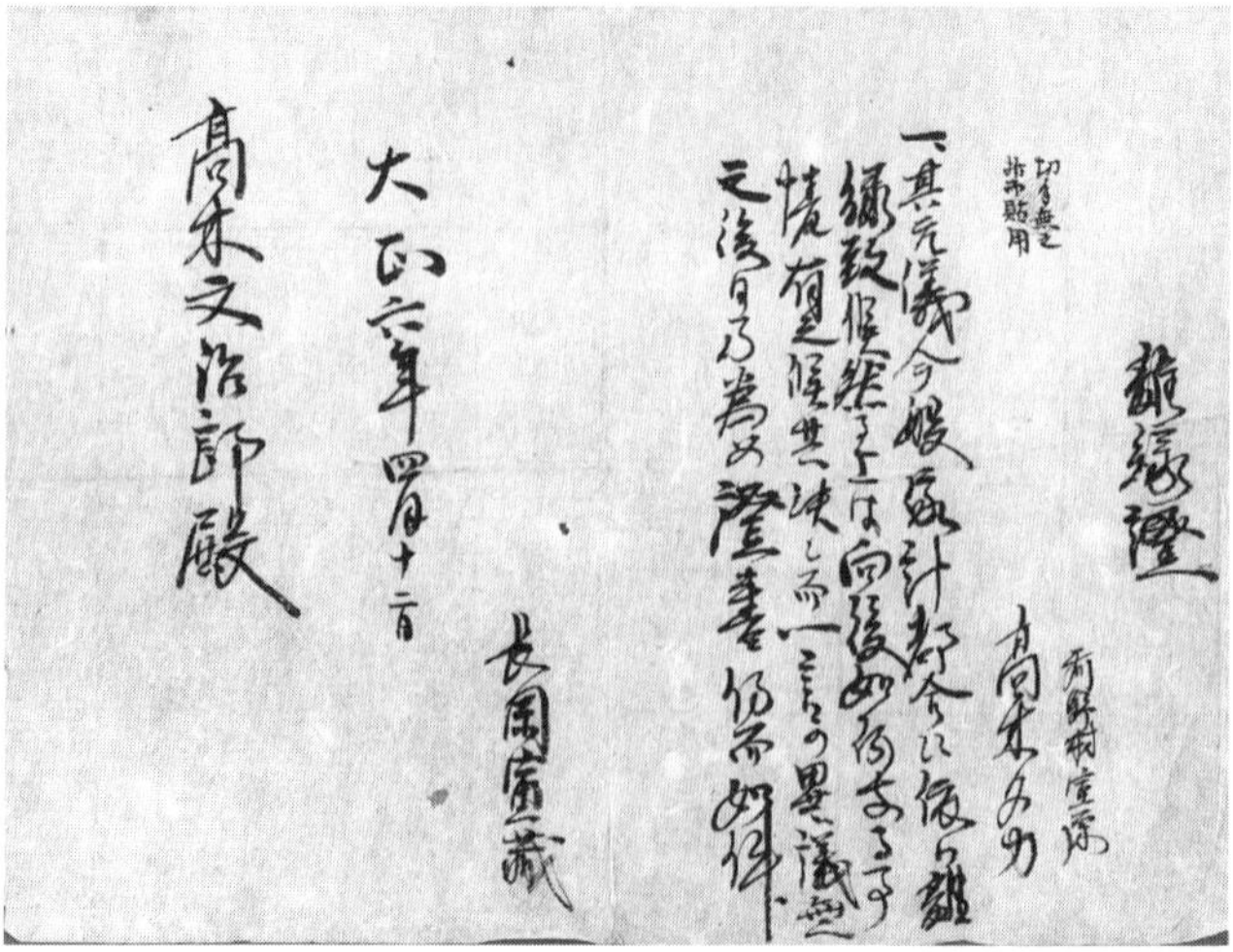

（二四・三×三四・三）

離《り》縁《えんの》証《しょう》

切手《きって》無之《これなく》
折而《おって》貼用《ちょうよう》㊞

茢野村室原

高木タカ

一其元《そこもと》儀《ぎ》今《こん》般《ぱん》家《か》計《けい》都《つ》合《ごう》に依《よ》り離
縁致《いたし》候《そうろう》、然《しか》る上《うえ》は向《こう》後《ご》如《い》何《か》なる事《じ》
情《しょう》有《これ》之《あり》候共《とも》、決《けっ》シ而《て》一言《いちごん》の異《い》議《ぎ》無《これ》
之《なし》、後《ご》日《じつ》乃《の》為《た》め証書《しょうしょ》仍《よっ》而《て》如件《くだんのごとし》

長岡寅蔵㊞

大正六年四月十二日

高木文治郎殿

（縁切寺満徳寺資料館収蔵・上田四郎コレクション）

そこもと儀、今般家計都合により離縁いたし候。しかるうえは向後いかなる事情これあり候とも、けっして一言の異議これなし。後日のため証書、よってくだんのごとし。

六　地域によってちがった三くだり半

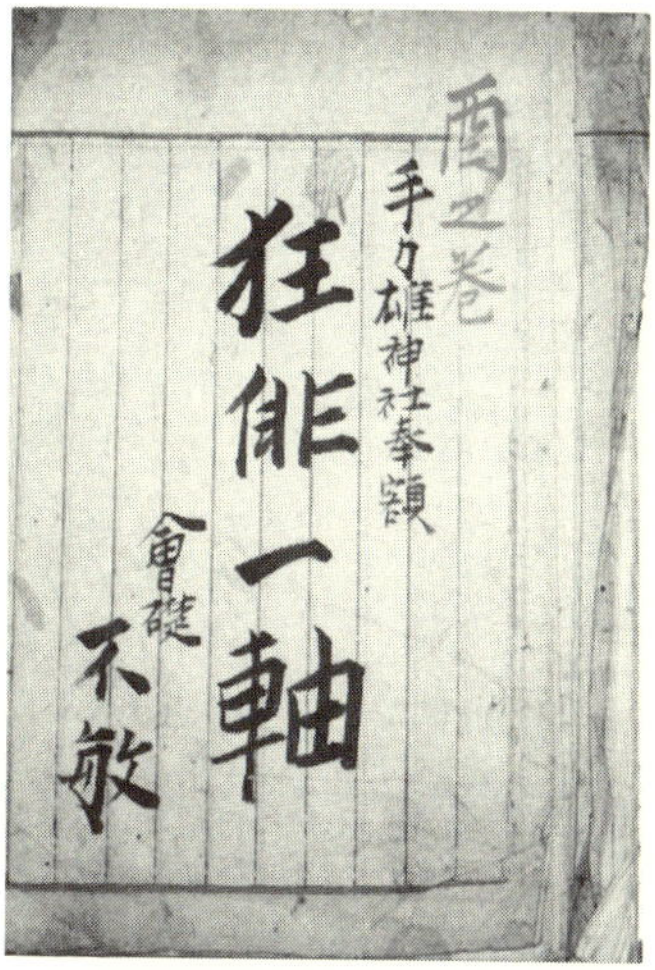

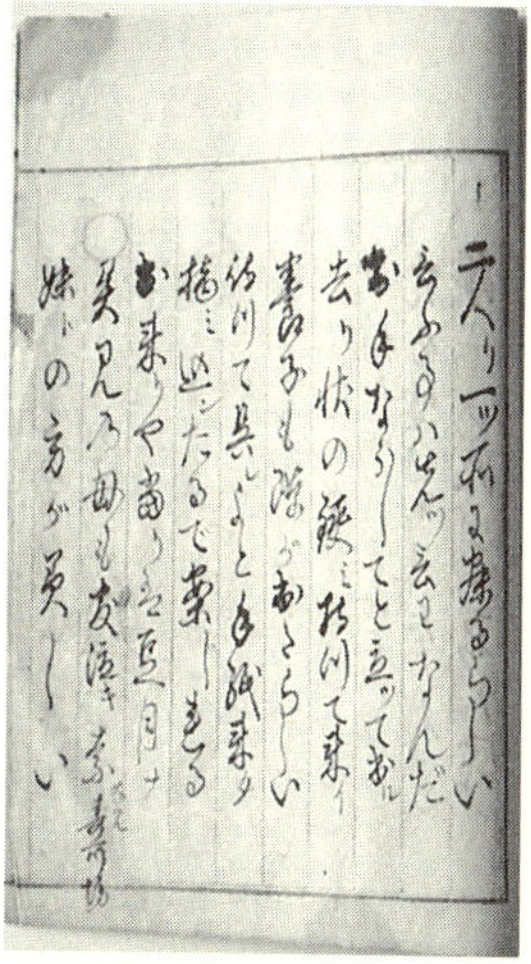

（岐阜県歴史資料館収蔵・横山家文書
『狂俳一軸』表紙と内容の一部）

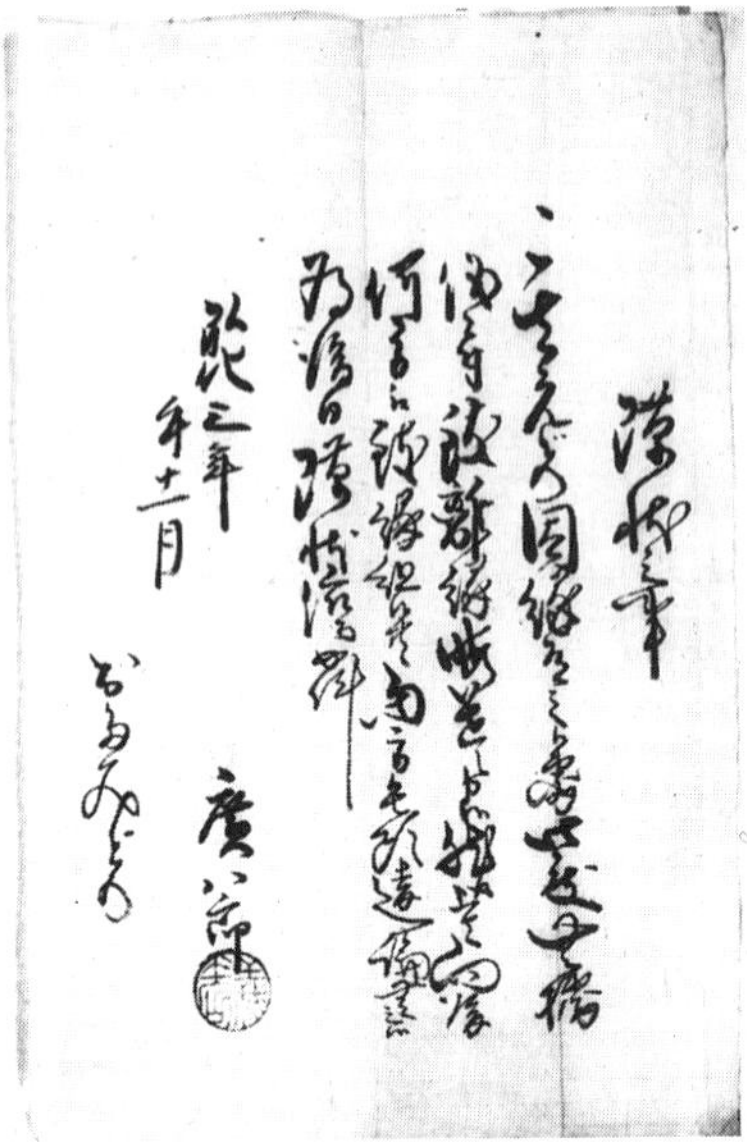
（二四・八×一六・四）

隙状《ひまじょう》之《の》事《こと》

一 其元《そこもと》どの因縁《いんねん》有之候《これありそうろう》処《ところ》、此度《このたび》無拠《よんどころなき》
儀《ぎ》ニ付《つき》、致離縁《りえんいたし》暇遣《いとまつかわ》し申《もうし》候、然《しか》ル上者《うえは》向後《こうご》
何方《いずかた》江《え》致縁組《えんぐみいたし》候共《とも》、当方《とうほう》毛頭《もうとう》違論無之《いろんこれなく》候、
為後日《ごじつのため》隙状依而如件《よってくだんのごとし》

弘化三年
午十一月　　広　八　郎㊞

おたみどの

（東京大学法学部法制史資料室所蔵・京阪文書）

そこもとどの、因縁これあり候ところ、このたびよんどころなき儀につき、離縁いたしいとまつかわし申し候。しかるうえは、向後いずかたへ縁組いたし候とも、当方もうとう違論これなく候。後日のため隙状、よってくだんのごとし。

離縁状の地域的特徴

離縁状が地域によってちがっているのは、情報伝達が全国的ではなかった時代にあって当然といえば当然である。地域的特徴の代表が離縁状の事書(表題)である。すでにふれたように、「暇状」は主として美濃国《みののくに》(岐阜県)以西の京阪を中心とする近畿地方で用いられたが、最近東北で暇状を発見し、関西文化が直接に東北へ(江戸を経由しないで)流入したことがわかった。

「隙状」は暇状と同じように美濃国以西で用いられた。右のものは地域を特定できないが、京阪地方のものであることは確実である。「因縁有之」の文言はやや特異である。ほかに表題としては、中部山岳地帯周辺で、やや広域に用いられた「手間状」があるが、下野国《しもつけのくに》(栃木県)の「縁切状」はかなり地域が限定されていた。

表題の「美濃以西」は広範囲にわたる地域性であるが、もっと限定された、現在の県域かそれよりも狭い範囲に限定された地域的特徴もみられる。美濃国(岐阜県)周辺での離縁状をハサミ・カミソリ等で切って、夫婦の縁を切ったという呪術的意味をもたせたものや、大坂地方の妊娠に関する記述を付記するものは離縁状の役割に関連する事例であるが、ほかはその地域独特な言い回し(文言)を使用する場合である。順次、紹介しよう。

切られた離縁状

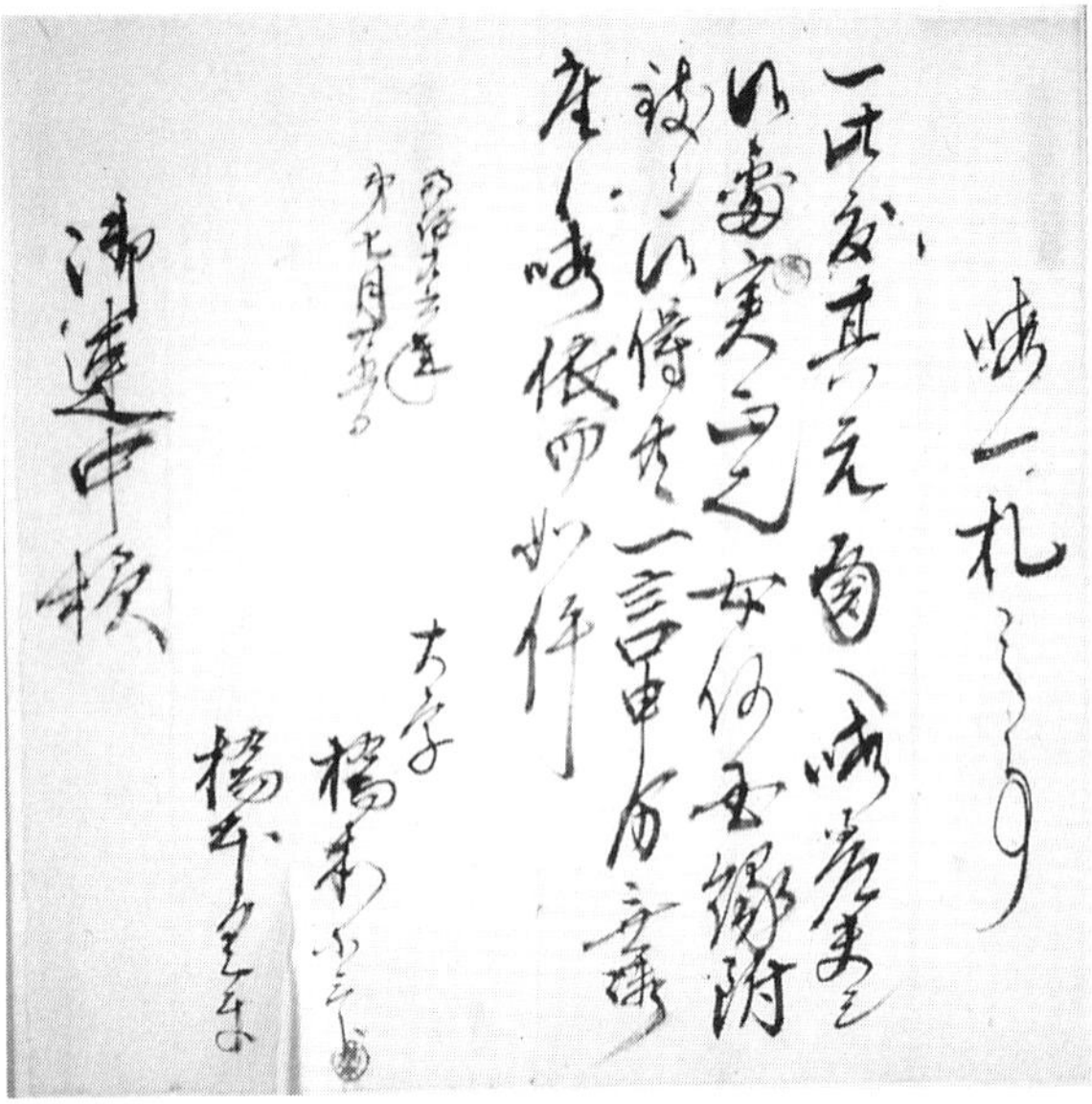
（二五・〇×二五・九）

一
暇一札之事《いとまいっさつのこと》
此《この》度《たび》其元《そこもと》殿《どの》へ暇《いとま》差《さし》吏（使）シ
候処《そうろうところ》実正也《じつしょうなり》、女何国《おんないずくに》縁附《えんづき》
致《いた》シ候《そうら》得《え》共《ども》、一言《いちごん》申分《もうしぶん》無御《ござな》
座《く》候、暇《いとま》依而《よって》如件《くだんのごとし》
明治廿六年　大字
第七月廿五日　橋本小三郎㊞
――（破）
橋本くま
御連中様

このたびそこもと殿へいとまさしつかわし候ところ実正なり。女いずくに縁づきいたし候えども、一言申し分ござなく候。いとま、よってくだんのごとし。

縁切俗信にもとづく離縁状

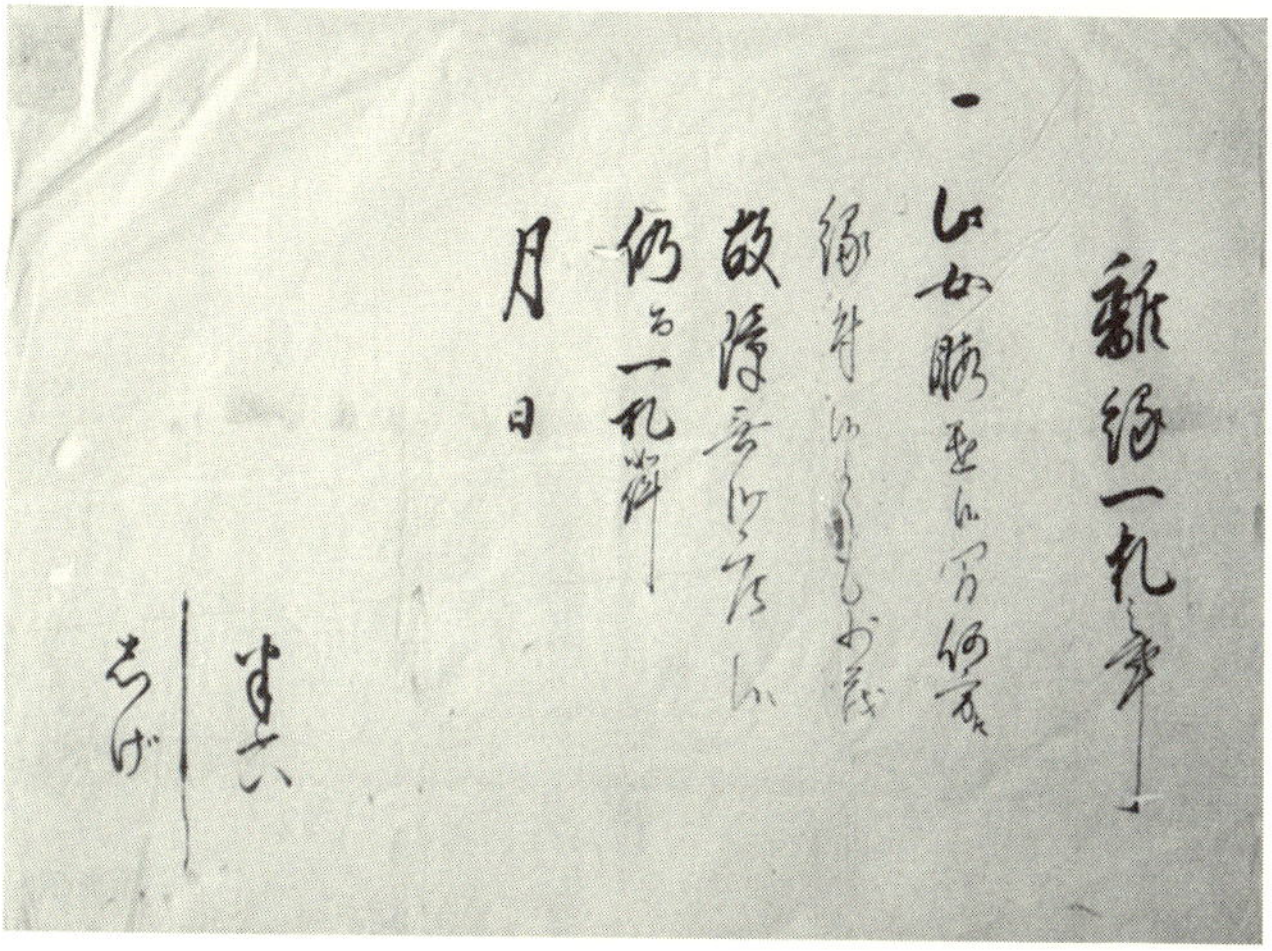

（二七・五×三九・〇）

離縁《りえん》一札《いっさつ》之事《のこと》

一　此女《このおんな》暇遣《いとまつかわし》候間《そうろうあいだ》、何方《いずかた》江《え》

縁《えん》付《づき》候とも、少《すこし》茂《も》

故《こ》障《しょう》無御座《ござなく》候、

仍而《よって》一札如件《くだんのごとし》

月　日　　半　六

——（墨）

し　げ

（岐阜県歴史資料館収蔵・阿子田家文書）

この女いとまつかわし候あいだ、いずかたへ縁づき候とも、少しも故障ござなく候。よって一札、くだんのごとし。

狂俳にあらわれた離縁状と縁切俗信

岐阜県下から見いだされる離縁状には、右に掲げた明治二六年のもののように、夫婦の名前を同列に書き、その間をハサミやカミソリで切ったもの＊（ここでは破っている）が散見される。離縁状をハサミで切るという特殊な行為は呪術的な俗信にもとづく「縁切り」儀礼であろう。実際には、年月日不詳の半六の離縁状のように、墨で線を引いたものもある。また、夫婦の名前を同列に書いたものがまれに見られるが、これは夫婦の名前の間に手刀を入れるか、ハサミで切るまねなどをして縁切り儀礼と同様な効果を期待したのかもしれない。

本章の扉に明治一七年五月の『狂俳一軸』の冊子を掲げた。狂俳というのは明治から大正昭和期にかけて濃尾地方に広く流行した雑俳の一種である。「去り状」に関する部分の前後を引用する。

二人《ふた》リ一ツ所に寝るらしい　↖去り状の鋏ミ持つて来イ
言ふ事ハ先ツ言わなんだ　養子も隙が出たらしい
お手ならしてと立ツて出ル↘　行つて呉レよと手紙来タ

このように狂俳に去状がよまれたことは、この地方で明治時代以降も離縁状慣行が続き、しかもハサミで切る縁切俗信も引き続き行われていた事実を物語る。

＊拙著『三くだり半と縁切寺』五九頁

妊娠添え書きつきの離縁状

（二四・五×三三・〇）

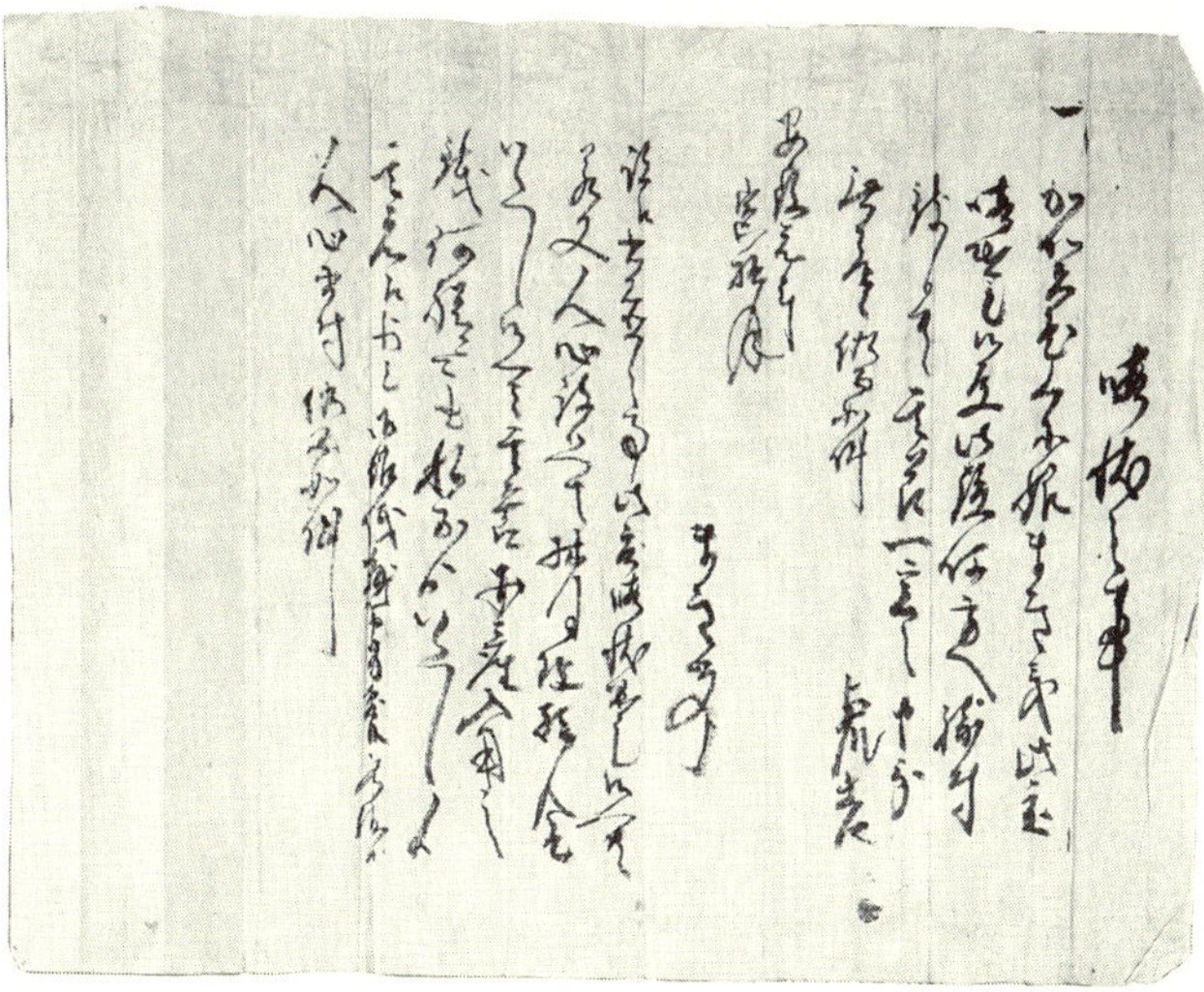

暇状之事《いとまじようのこと》

一加賀屋《かがや》くに娘《むすめ》まき義《ぎ》、此度《このたび》
暇《いとま》遣《つかわ》し候故《そうろうゆえ》、此後《このち》何方《いずかた》へ縁付《えんづき》
致《いたし》候共《とも》、其《その》節《せつ》一《いち》言《ごん》之《の》申《もうし》分《ぶん》
無御座《ござなく》候、仍而如件《よつてくだんのごとし》
虎　吉（爪印）

安政元年
寅極月

まきとの

跡《あと》江《え》書置《かきおき》之事《のこと》、此度暇状遣し候《そうら》へ共《ども》、
若《もし》又《また》人心《（妊娠）》致候《そうら》へ者《ば》林《（臨）》月改《あらため》、給金《きゆうきん》
いたし候へ者、其節安産《あんざん》入用《にゆうよう》之《の》
銭《ぜに》何程《いかほど》ニても私方《わたしかた》ゟ《より》いたし候、
其元《そこもと》江少《すこし》も御難儀《ごなんぎ》懸《かけ》申間敷《もうすまじく》候、為後日《ごじつのため》
人心《にんしん》書付《かきつけ》、仍而如件

（大阪人権博物館所蔵）

離婚婦と妊娠

この暇状は大阪市北区在住の上野氏旧蔵のものである。石井良助氏は、ご所蔵の『証訟録』(大阪における私法文書や訴訟文書の文例集)写本に、離縁状本文にそえて、「但、三ケ月之間、妊《にん》之《の》躰《てい》覚《おぼえ》候《そうら》えば、早々為相知可申候《そうそうあいしらせもうすべくそうろう》、案内無之《これなく》ば、構無之《かまえこれなく》候事」との但し書きを紹介されている。すなわち、大阪地方では、離婚後三か月以内に妊娠していることが判明したときには、母方から父方にその事実をただちに知らせるべきであり、そのときは父の方で責任を取る(石井氏は男女にかかわらず子を引き取るという)が、知らせて来なかったり、三か月を過ぎたら責任をもたないという慣習があったこと、しかもそのことを離縁状に記載したというのである。

また明治初年編纂の『全国民事慣例類集』には、摂津国西成郡《せっつのくににしなり》(大阪市)の慣行として右と同旨の内容が「但、離縁状ニ三箇月内ニ妊身《にんしん》ノ容体《ようたい》アラハ報知《ほうち》スヘク、右期限ヲ過レハ差構《さしかまえ》ナキ旨書添《むねかきそえ》ル事モアリ」と報告されている。

右の暇状には、「書置」として添え書き(但し書き)がなされ、もし妊娠していたら臨月を改めて(結婚中の妊娠か否かの確認)、夫の方で出産費用を差し出すことを明記している。これによって大阪地方では離縁状に妊娠に関する但し書きをそえて、離婚婦とその出生子に配慮したという事実を確認することができる。

【前頁の訓み下し】

加賀屋くに娘まき儀、このたびいとまつかわし候ゆえ、こののちいずかたへ縁づきいたし候とも、その節一言の申し分ござなく候。よってくだんのごとし。

あとへ書きおきのこと、このたびいとま状つかわし候へども、もしまた妊娠いたし候へば臨月あらため、給金いだし候へば、その節安産入用の銭いかほどにてもわたしかたよりいだし候。そこもとへ少しもご難儀かけ申すまじく候。後日のため妊娠書きつけ。よってくだんのごとし。

悪縁・縁定めの離縁状

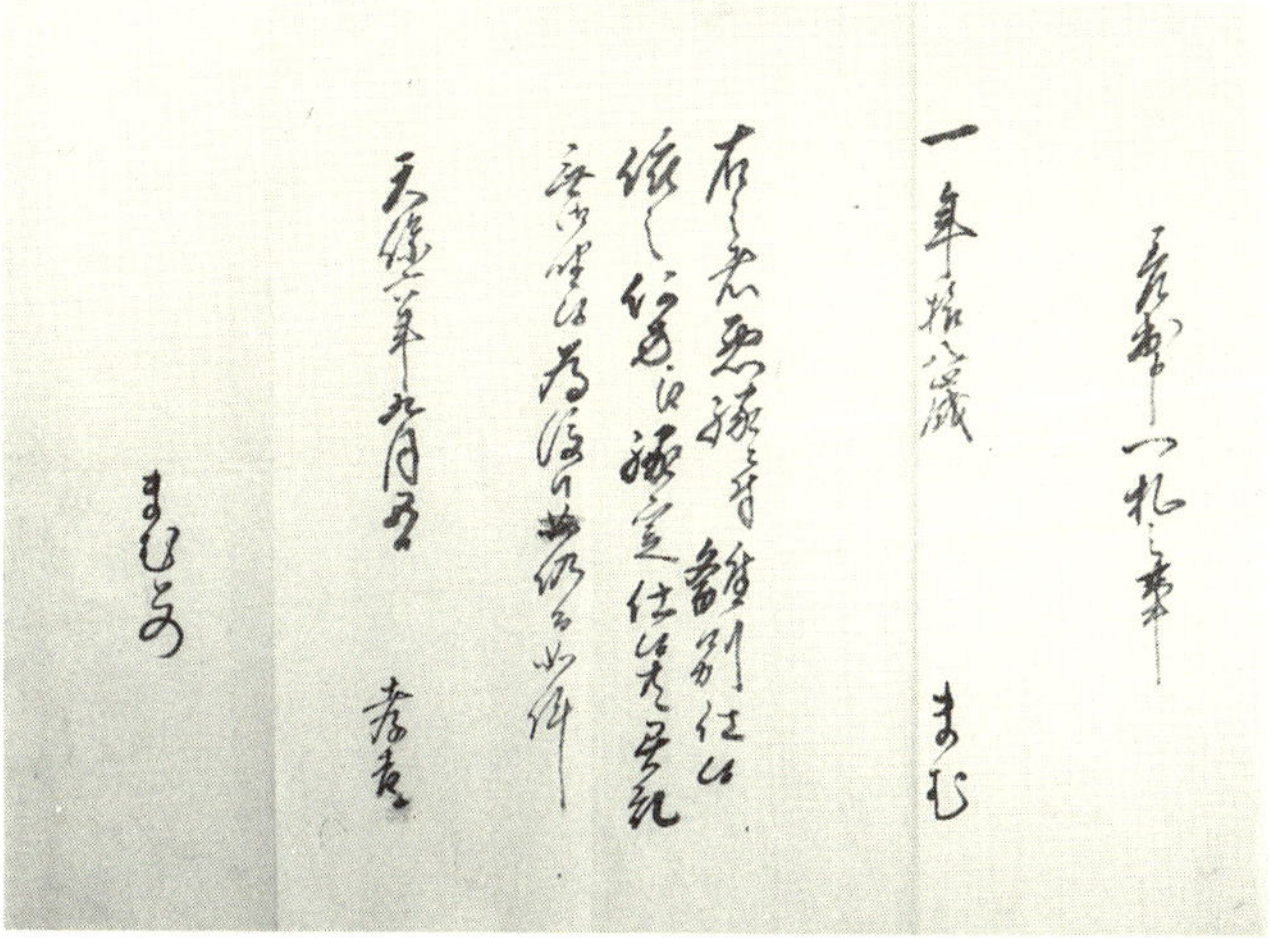

（二九・七×三八・二）

差出申《さしだしもうす》一札《いっさつ》之《の》事《こと》

一　年《とし》拾八《じゅうはっ》歳《さい》　　まむ

右之者《みぎのもの》、悪縁《あくえん》ニ付《つき》、離別《りべつ》仕候《つかまつりそうろう》、

依之《これにより》何方《いずかた》江《え》縁定《えんさだめ》仕候共《とも》、異（違）乱《らん》

無御座《ござなく》候、為後日《ごじつのため》仍而《よって》如件《くだんのごとし》

天保六年九月五日　　孝吉（爪印）

まむとの

（山形大学附属博物館所蔵・三浦文庫文書）

> 年十八歳　　まむ
> 右の者、悪縁につき離別つかまつり候。これによりいずかたへ縁定めつかまつり候とも、違乱ござなく候。後日のためよってくだんのごとし。

会者定離の離縁状

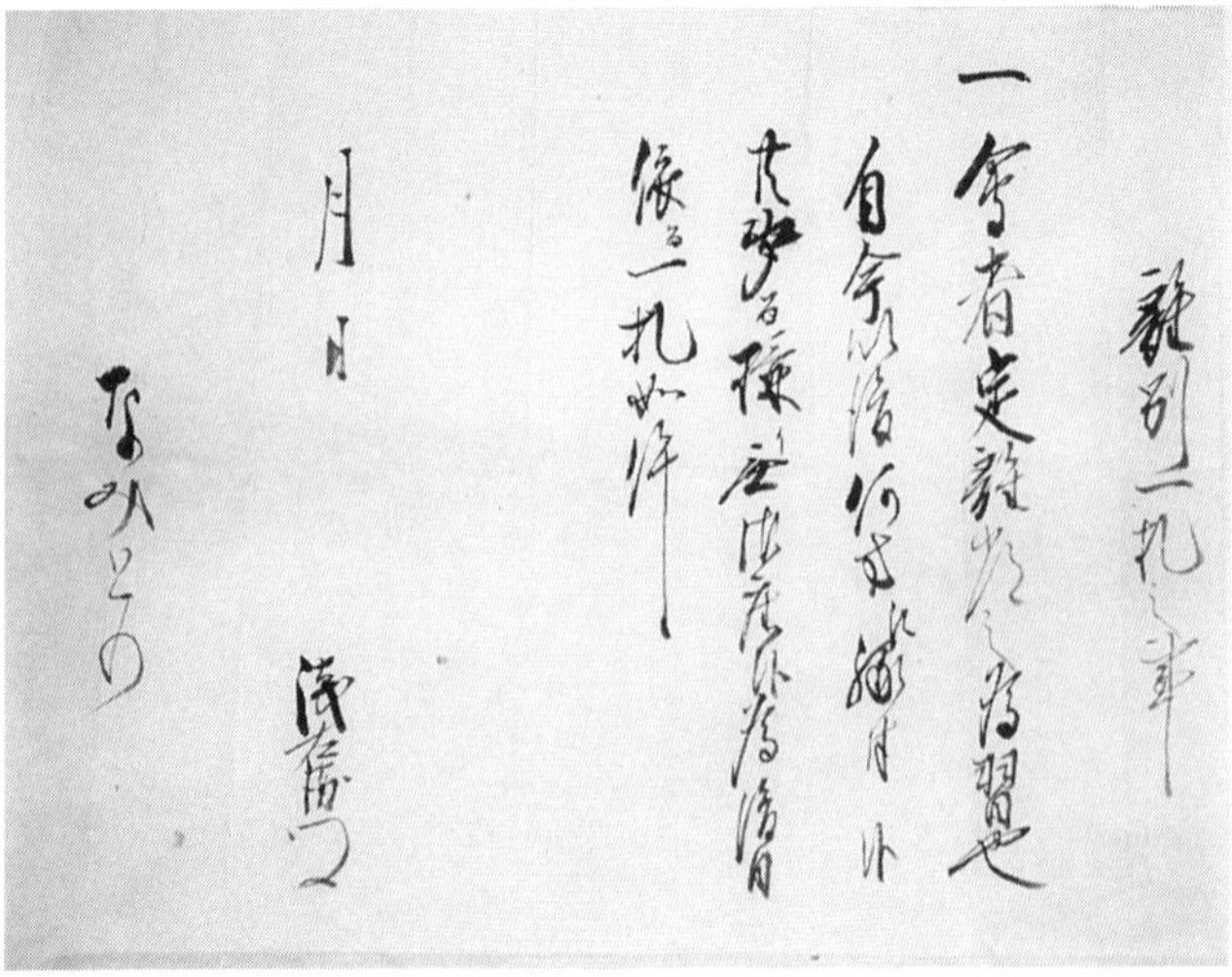

（二五・三×三〇・六）

離別《りべつ》一札《いっさつ》之事《のこと》

一　会《え》者《しゃ》定《じょう》離《り》常《つね》之《の》為習《ならいたる》也《なり》、
自《じ》今《こん》以《い》後《ご》何方《いずかた》江《え》縁《えん》付《づき》候《そうろう》
共《とも》、決而《けっして》構《かま》イ無御座《ござなく》候、為後日《ごじつのため》
依而《よって》一札如件《くだんのごとし》

月　日　　　浅右衛門（爪印）

なみとの

（明治大学刑事博物館所蔵）

会者定離、つねのならいたるなり。自今以後、いずかたへ縁づき候とも、けっして構いござなく候。後日のためよって一札、くだんのごとし。

悪縁を切、良縁と縁定め

「悪縁」を理由とする離縁状は、これまで七通見いだしているが、そのうち三通は羽前国《うぜんのくに》（山形県）のものである。右は米沢藩領置賜《おきたま》郡中津川《なかつがわ》村（西置賜郡飯豊町）で用いられた。のちに米沢藩の武士の離縁状を紹介するが、これも「悪縁ニ付」を理由としている。悪縁を切って、良い再婚相手と「縁定」することが米沢地方の離縁状の特徴である。なお、米沢と隣接する岩代国《いわしろのくに》信夫《しのぶ》郡泉村（福島県福島市）の離縁状の再婚許可文言にも「縁定」がみられる。現在の県域かそれより狭い範囲で通用した書式である。

会者定離（常離）

「会者定離」は「合わせものは離れもの」と同じ意味で、会う者は必ず別れる定めだということである。人生の無常を感じさせるが、とくに夫婦の一方に責めをおわせることなく、離縁状の離婚理由としてふさわしい文句である。したがって、博識の書き手ならば離縁状にこの文句を書くこともあり、実際に相模国《さがみのくに》（神奈川県）と近江国《おうみのくに》（滋賀県）から各一通見いだしている。ほかの七通は上野国《こうずけのくに》（群馬県）勢《せ》多《た》・新田《にった》両郡のものである。しかし、そのうち三通は会者定離を「常離」と誤って記述している。誤字ではあっても常に離れる方が庶民感情としてはぴったりする。

明日に再婚許可の離縁状

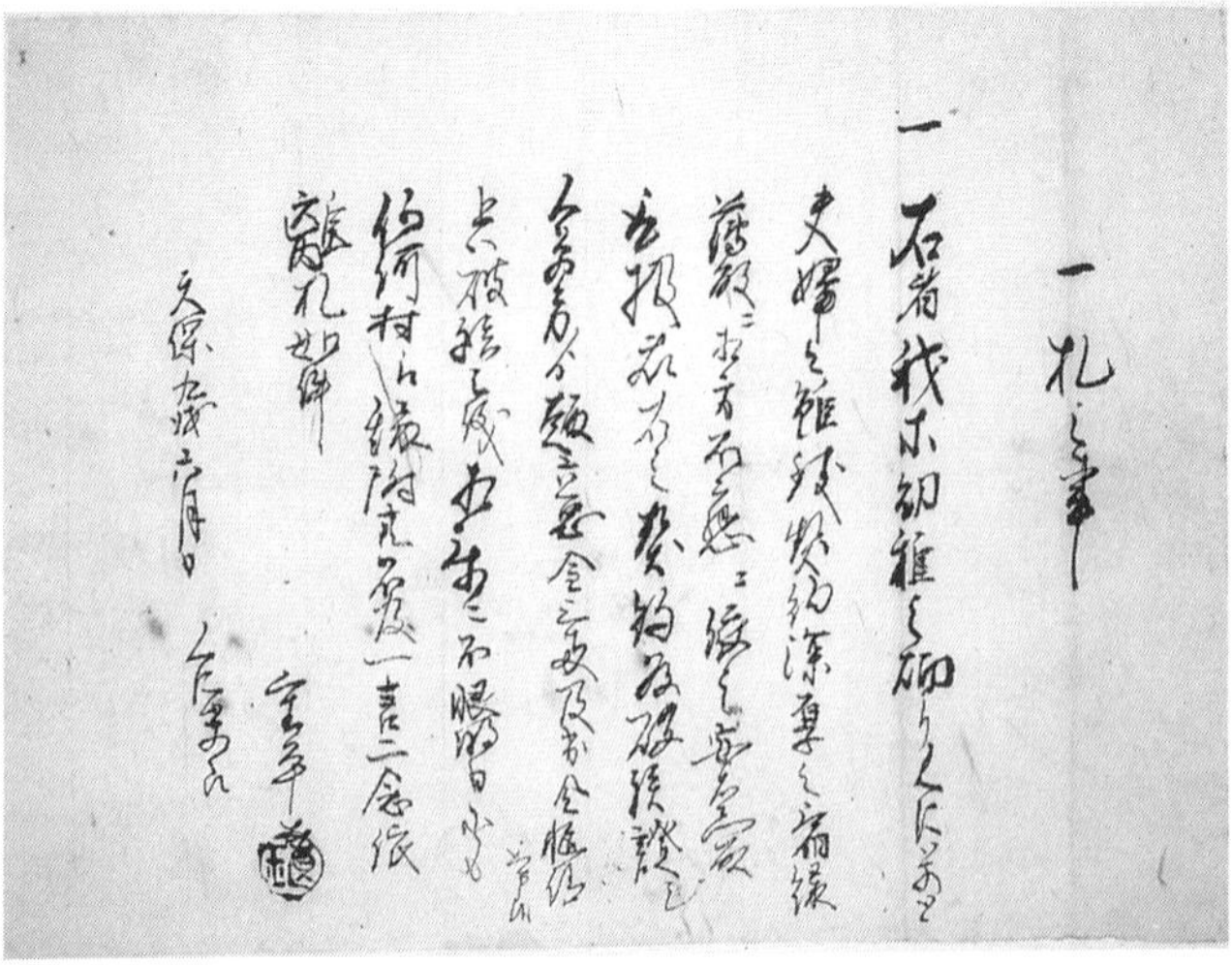

（二四・〇×三二・七）

一札《いっさつ》之《の》事《こと》

一　右《みぎ》者《は》我《われ》等《ら》幼《よう》稚《ち》之《の》砌《みぎ》り、くにとのと夫《ふう》婦《ふ》之《の》雖致契約《けいやくいたすといえども》、深《しん》厚《こう》之《の》宿《しゅく》縁《えん》薄《うすき》故《ゆえ》ニ、相《そう》方《ほう》不《ふ》応《おう》ニ依之《により》安右衛門殿取《とり》扱《あつかい》ヲ以《もって》、右《みぎ》之《の》契約為破談証《はだんのしょうとな》シ、（に脱）くとの方ゟ趣意金三両及出金慥請取申《かたよりしゅいきんさんりょうしゅっきんにおよびたしかにうけとりもうし》候上《うえ》ハ、破談之《の》儀《ぎ》相《そう》互《ご》ニ不恨《うらまず》、明日《あす》にも（ママ）何何村《むら》江《え》縁《えん》附《づく》共《とも》、不及一言二念《いちごんにねんにおよばず》、依《よって》離《り》札《さつ》如件《くだんのごとし》

天保九戌六月日　　重平太㊞

くにとの江

> 右はわれら幼稚のみぎり、くにどのと夫婦の契約いたすといえども、深厚の宿縁薄きゆえに、双方不応により安右衛門殿取り扱いをもって、右の契約破談の証となし、くにどのかたより、趣意金三両出金に及びたしかに請け取り申し候うえは、破談の儀相互に恨まず、明日にも何々村へ縁づくとも、一言二念におよばず。よって離札くだんのごとし。

鴛鴦の離縁状

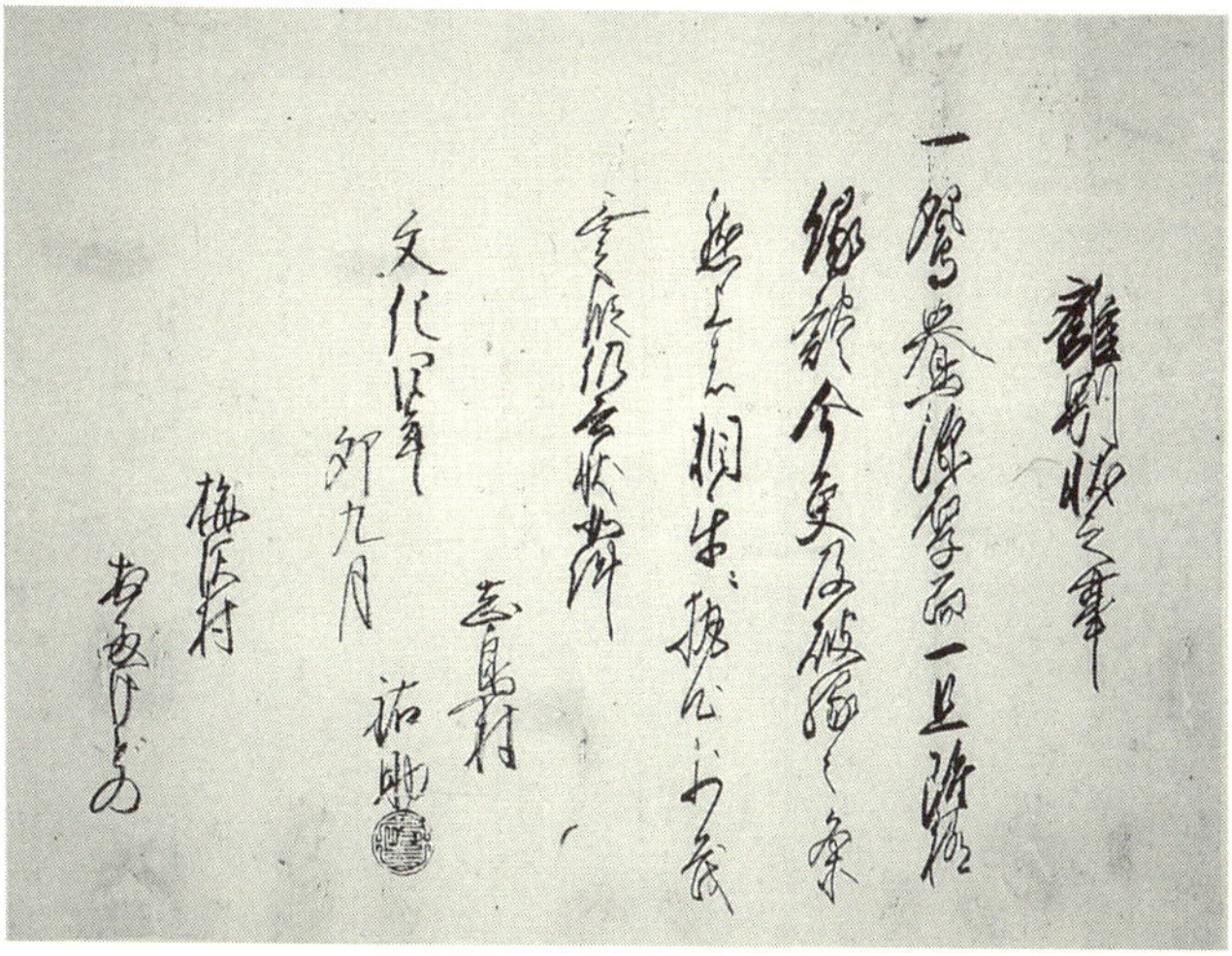

(二四・〇×三二・五)

離《り》別《べつ》状《じょう》之《の》事《こと》

一 鴛《えん》鴦《おう》深《しん》厚《こう》而《て》一《いっ》旦《たん》附《えん》極《だん》
縁《つけ》談《きめ》、今《いま》更《さら》及破縁之条《はえんにおよぶのじょう》、
然上《しかるうえ》者《は》相《そう》互《ご》ニ執《しゅう》心《しん》少《すこし》茂《も》
無之段《これなきだん》、仍去状如件《よってさりじょうくだんのごとし》

志鳥村

文化四年　　祐　助㊞

卯九月

梅沢村

おたけどの

鴛鴦深厚で、いったん縁談つけきめ、いまさら破縁におよぶの条。しかるうえは、相互に執心少しもこれなき段、よって去状くだんのごとし。

下野国の特徴――明日と鴛鴦――

下野国（栃木県）にはいくつかの地域的特徴がある。一つは表題「縁切状」であり、二つはこの足利郡名草村（足利市）の離縁状にみられる再婚許可文言のなかの「明日」の用語である。足利周辺と上野国邑楽《おうら》・新田両郡で用いられたもので、ほかの事例では「不復明日《またず》」・「明日より」などと書かれている。いずれにしても離婚後ただちに再婚できたのであり、現在女性は再婚まで六か月（民法改正要綱案では一〇〇日）待たなければならないのとは雲泥の差である。なお、右の離縁状は幼少の頃からの許嫁《いいなずけ》（婚約）解消の離縁状でもある。女方から趣意金を差出しているので、女の方から破談を求めたものである。三つは夫婦が仲よきことのたとえとされる「鴛鴦」を用いていることである。都賀《つが》郡内から二通見いだしているが、志鳥《しとり》村（栃木市）のものを引用した。もう一通は西水代《にしみずしろ》村（大平町）ので「鴛鴦之宿縁を結《むすび》、未《いま》た老之自（慈）愛薄《うすく》し而《て》」とある。右二通とも満徳寺離縁状の影響がみられる。

最北限（陸奥国）の離縁状と九州（肥前国）の離縁状

ここで取り上げたような離縁状の内容・機能に関係した地域性ではないが、わが国の最北限陸奥国《むつのくに》（青森県南津軽郡藤崎町）の離縁状と肥前国《ひぜんのくに》（長崎県）長崎出島のオランダ通詞（長崎の地役人で町人身分だが、後に幕臣として登用）の離縁状を引用しよう。

最北限の離縁状

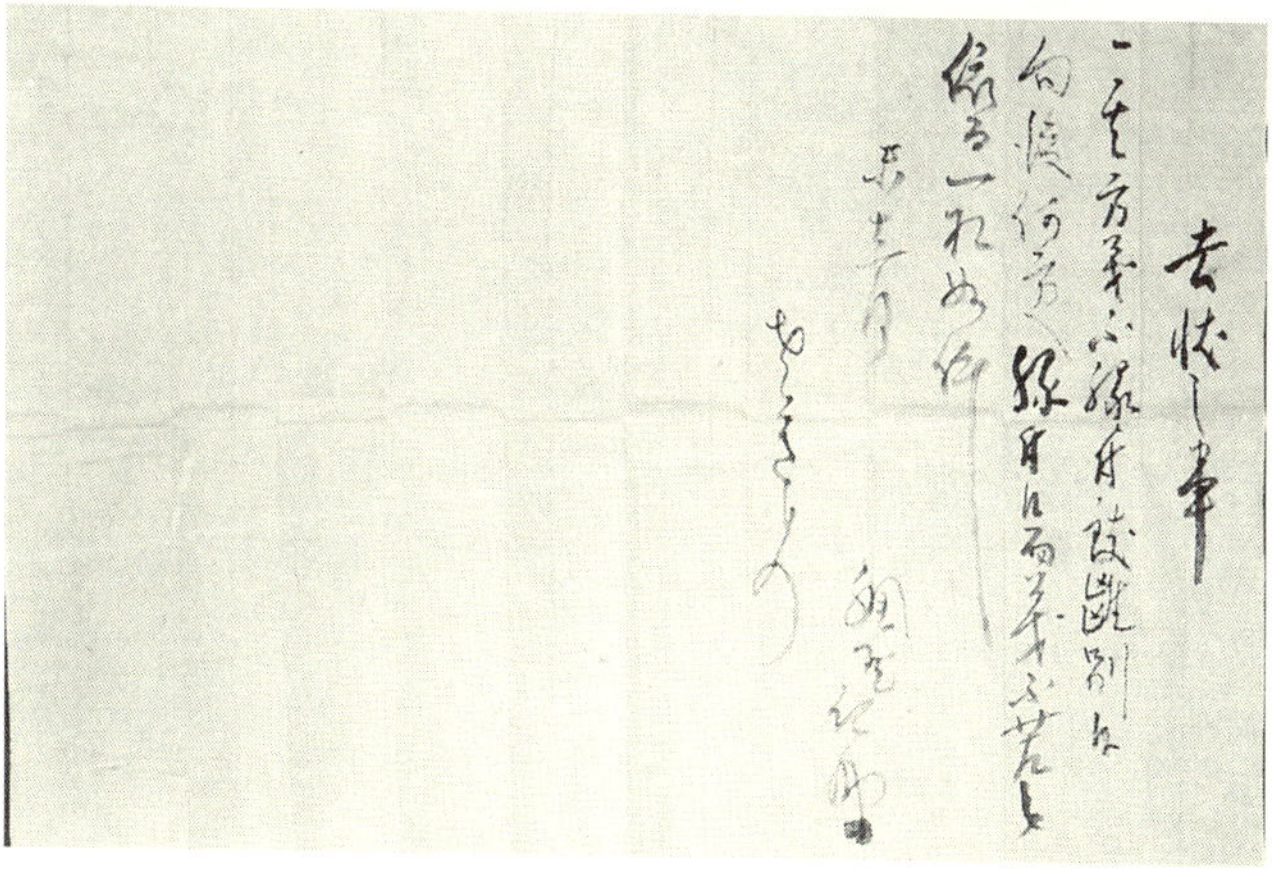

(二四・五×三五・〇)

去《さり》状《じよう》之《の》事《こと》

一 其方《そのほう》義《ぎ》、不縁《ふえん》ニ付《つき》、致離別《りべついたし》候《そうろう》、

向後《こうご》何方《いずかた》へ縁付《えんづき》候而《そうろうて》茂《も》不苦《くるしからざる》義《ぎ》、

依而《よって》一札《いっさつ》如件《くだんのごとし》

未十二月 網屋 仁 助(爪印)

さきとの

(福田誠一氏所蔵)

そのほう儀、不縁につき離別いたし候。向後いずかたへ縁づき候うても苦しからざる儀、よって一札、くだんのごとし。

オランダ通詞の離縁状

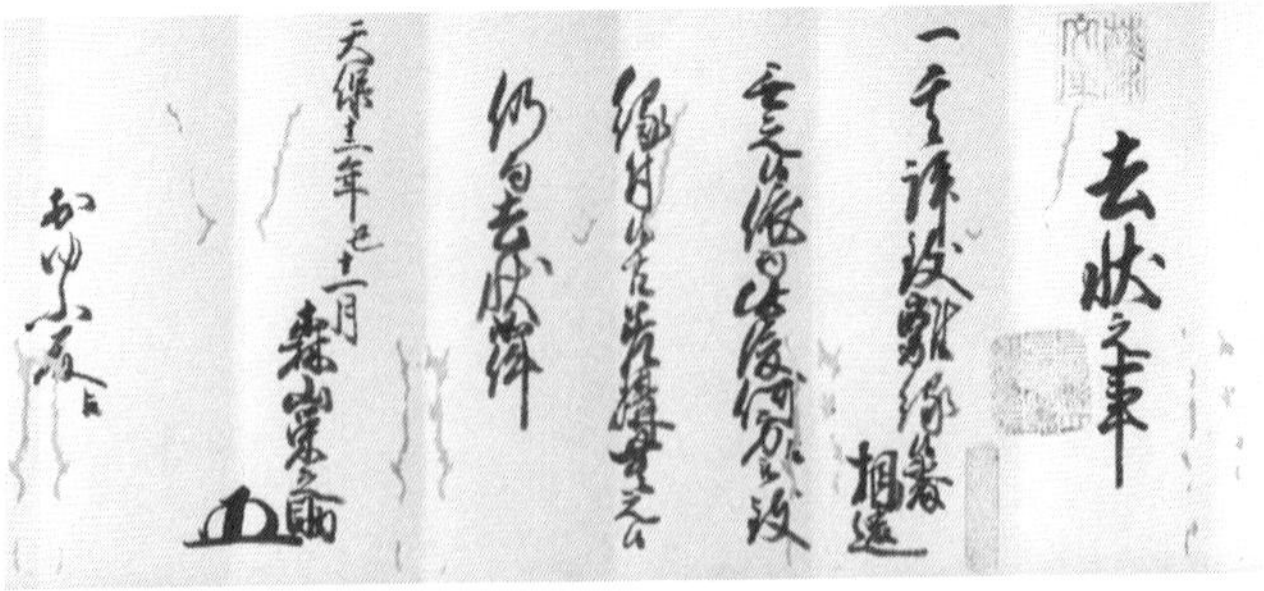

（一七・五×四九・〇）

去状《さりじょう》之事《のこと》

一其許《そこもと》致離縁《りえんいたし》候《そうろう》処《ところ》、相違《そうい》無之《これなく》候、依而《よって》此後《このち》何方《いずかた》江《え》被致《えんづき》縁付《いたされ》候共《とも》、差構《さしかまえ》無之候、仍而《よって》去状如件《くだんのごとし》

天保十二年丑十一月

森山栄之助（花押）

おゆふ殿江

（長崎県立長崎図書館所蔵）

そこもと離縁いたし候ところ、相違これなく候。よってこののち、いずかたへ縁づきいたされ候とも、さし構えこれなく候。よって去状、くだんのごとし。

七　三くだり半のいろいろ

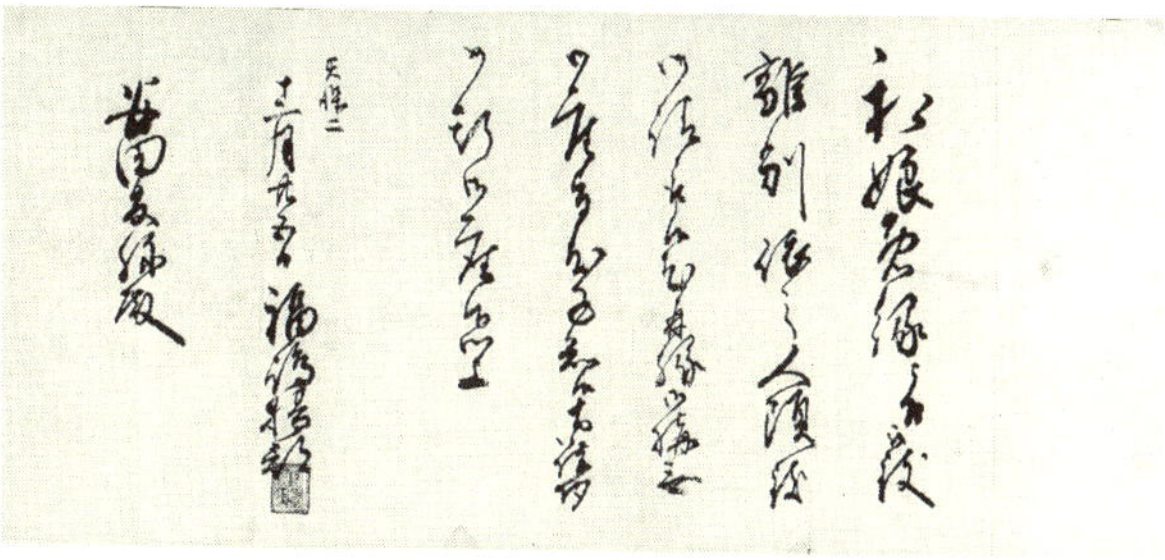

武士の離縁状返り一札
（山形大学附属博物館所蔵・安田家文書）

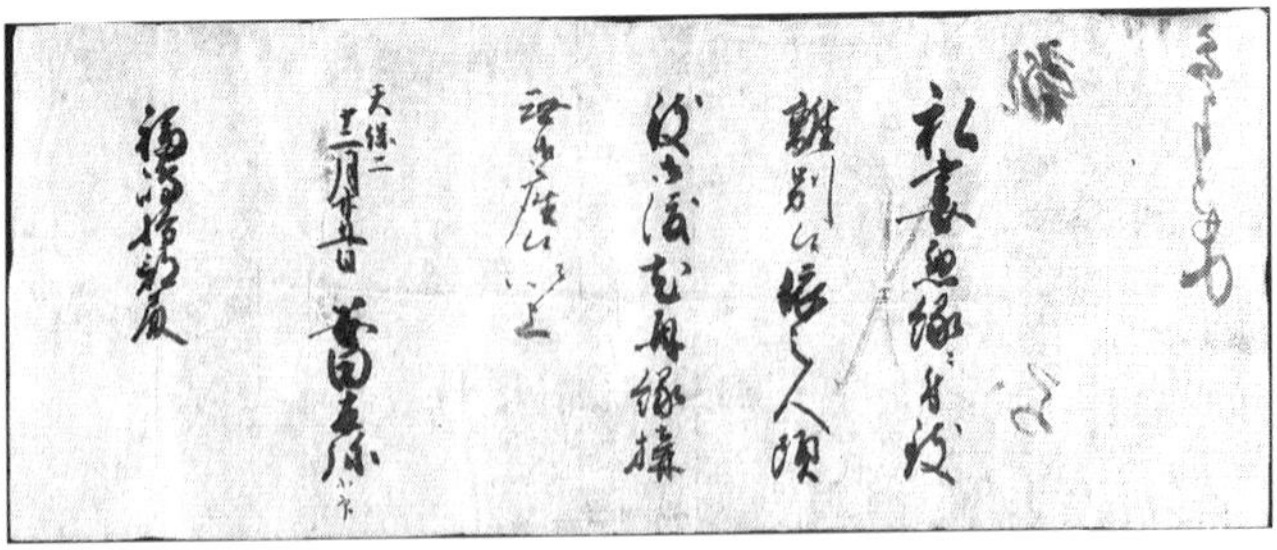
私妻悪縁ニ付致
離別候依之人頭
致御渡尤再縁構
無御座候以上
天保二
十二月廿五日　安田友弥
福嶋掃部殿

（一五・三×三九・五）

（状裏）
「三下り半
離　　別
〆」

私《わたし》妻《つま》悪《あく》縁《えん》ニ付《つき》、致《りべ》
離《つ》別《いたし》候《そうろう》、依之《これにより》人《じん》頭《とう》
致御《おわたし》渡《いたす》、尤《もっとも》再《さい》縁《えん》構《かまえ》
無御座《ござなく》候、以上《いじょう》

天保二
十二月廿五日　安田友弥小印

福嶋掃部殿

（所蔵者は前頁と同じ）

わたし妻悪縁につき、離別いたし候。これにより人頭お渡しいたす。もっとも再縁構えござなく候。以上。

【前頁の分】

私《わたし》娘《むすめ》悪縁ニ付《つき》、被致《りべっ》
離別《いたされ》、依之《これにより》人頭致《おう》
御請取候《けとりいたしそうろう》、尤《もっとも》再縁《さいえん》御構《おかまえ》無《ご》
御座旨致承知《ざなきむねしょうちいたし》候、右御挨拶《みぎごあいさつ》
如斯御座《かくのごとくにござ》候、以上《いじょう》

天保二
十二月廿五日　福嶋掃部印

安田友弥殿

わたし娘悪縁につき、離別いたされ、これにより人頭お請け取りいたし候。もっとも再縁お構えござなき旨承知いたし候。右ご挨拶かくの如くにござ候。以上。

武士の離縁状

離縁状、俗に三くだり半といえば、これまでみてきたように江戸時代の庶民離婚の代名詞である。これに対して武士の離婚にあっては、正式には夫婦両家の当主から「双方熟談の上」なされた旨を記載した離縁届を差し出すことが必要であった。そして、夫から妻への離縁状の授受は要件ではなかったとされていた。かつて武士の離縁状の記述を神坂次郎氏の『元禄御畳奉行の日記』で尾張藩の例について瞥見したことはあった。その後、氏家幹人・太田素子両氏の著書に紹介された御家人および土佐藩士の離縁状授受に関する記録があり、武士も離縁状を授受した事実を知ったが、武士の離縁状そのものは未発見であった。ところが、最近、正真正銘、右の米沢藩上級武士の離縁状とその返り一札（受取書）を見いだした。これにはほかに関連文書四通があり、武士の離縁の様相がわかって貴重である。

文書の旧蔵者安田家は上杉米沢藩の家臣で、会津時代には二七〇〇石、米沢入部で八三三石余、一六六四年の寛文《かんぶん》半知で四一六石余となったが、代々上級家臣である侍組九六家に属し、城下主水町に住んだ。夫安田友弥の妻実家福島掃部は五〇〇石で、膳部町に居を構えていた。

この文書は安田家に残存したもので、三行半にしたためられた離縁状本紙は夫から妻方に渡したので原物はなく、写しを取り置いた。離縁の承諾書である返り一札は逆に本物なのである。両者をよくみると筆跡が同一であるが、ほかの文書の筆跡から夫安田友弥本人が両方とも書いたことが判明した。離縁状を妻方に渡し、その承諾には同時に持参した返り一札を示し、印のみを押してもらったもののようである。なお、離縁したので「人頭」を渡す、請け取るとある。庶民の間に行われた人別送り（送籍手続き）を「人頭」と称して行った地域もみられるのである。

離縁届の手続き

武士の離縁には、このように離縁状の授受が行われた藩のあったことがわかったが、いずれにせよ、この後には正式な離縁届が必要であった。本事例がその手続きを明確に教えてくれる。

安田友弥は、離縁状交付の日に、侍組のひとり二〇〇石取りの須田多仲に書状をしたためた。内容は、これまで夫婦の仲をなにかと心配していただきご面倒をかけたが、「何分《なにぶん》末々《すえずえ》之《の》見切《みきり》無御座《ござなく》、悪縁《あくえん》無是非《ぜひなき》次第《しだい》」と思い、離縁したことをあしからず了承していただきたいと願ったものである。また同時にこれとは異なる書状で須田多仲に「以手紙得御意候《てがみをもってぎょいをえそうろう》、然者《しかれば》私《わたし》妻《つま》悪縁《あくえん》ニ付今日《つききょう》致離別《りべついたし》候、此段《このだん》組頭《くみがしら》江《え》多仲様《さま》乍御苦労《ごくろうながら》御届被下度《おとどけくだされたく》致御頼《おたのみいたし》候」と、組頭への正式な届出を依頼している。

またこれら離縁関係文書は一括して袋に入れて保管されたが、その袋の裏には、「為知《しらせ》ハ両 隣《りようどなり》・近類斗《きんるいばかり》、組頭江《くみがしらえ》者《は》組合《くみあい》之《の》内《うち》を以《もつて》届《とどけ》相頼《あいたのみ》、為知《しらせ》旁《かたがた》廻状《かいじょう》相廻《あいまわ》ス事《こと》、離別状《りべつじょう》ハ平生《へいせい》之《の》状箱入《じょうばこいれ》ニメ《して》（カ）、旨札ハ様字《さまのじ》、中《なか》ハ殿《との》字《のじ》、小印相《しょういんあい》 認《したたむる》 事《こと》」すなわち、離縁の知らせは両隣と近類に限定し、組頭への離縁届は組合内から届けることのほか、組合内には廻状を廻してすませたとある。安田友弥は、この当時広居出雲組に属し、組は組頭を含め一五名で構成されていた。離別状は状箱に入れられ、表書きは様の字、中の本紙は殿の字に使い分け、小印を用いたという。

この離縁からほぼ一年がたった一八三三（天保四）年二月に五〇八石取りの新津右近妹と「縁定仕《えんさだめつかまつりたく》 度」という結婚願、この場合は再縁願ということになるが、これを組頭に出して再婚した。すでに述べたように、離縁状の理由に「悪縁ニ付」を用い、結婚を「縁定」と称することは米沢地方周辺の特徴である。

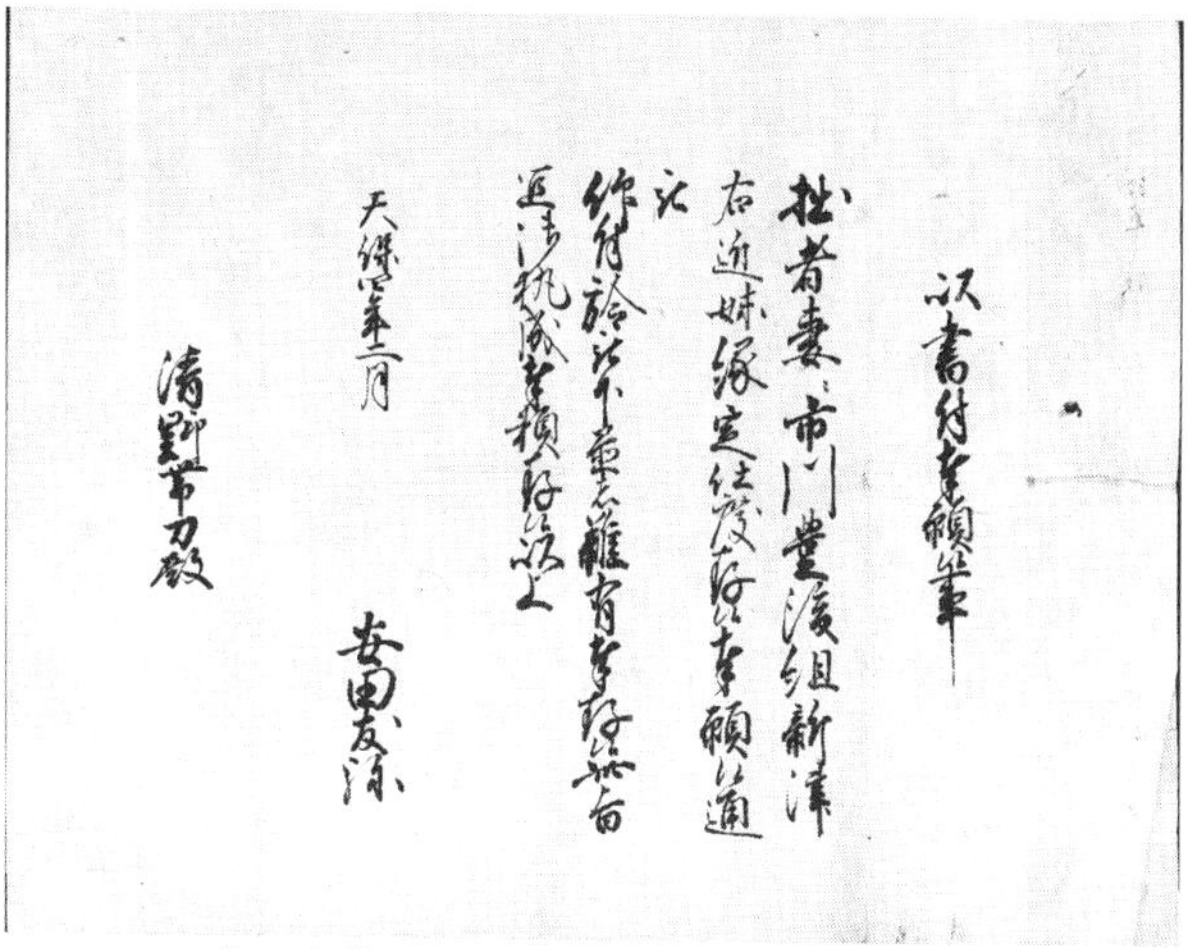

安田友弥の再縁願（所蔵者は129頁と同じ）

折り紙の離縁状

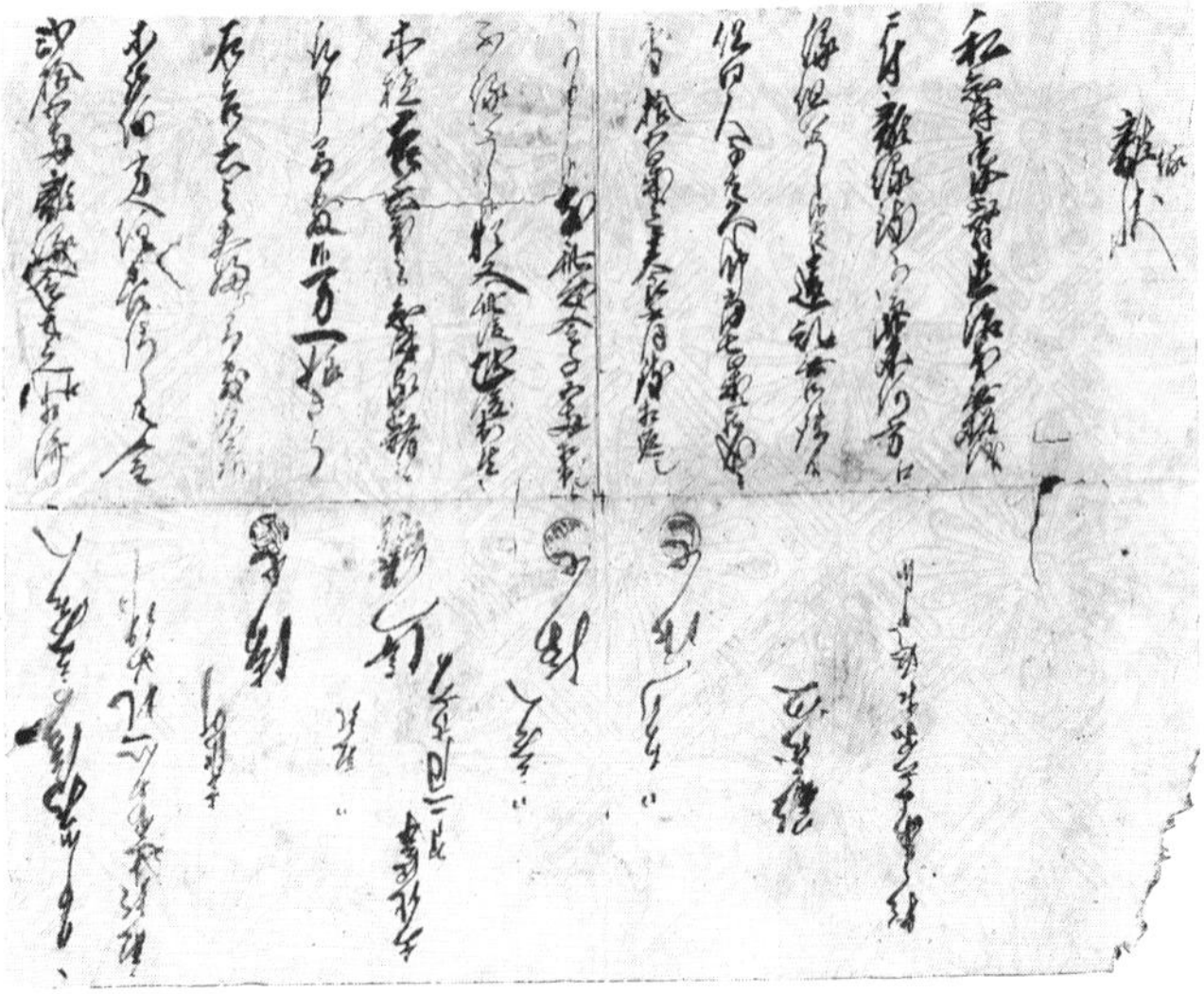

（三〇・七×三九・〇）

離《り》縁《えん》状《じょう》

私《わたし》聟《むこ》家《か》督《とく》直治義《ぎ》、無拠《よんどころなき》儀《ぎ》
ニ付《つき》、離《り》縁《えん》致《いたし》候《そうろう》、仍而《よって》此末《このすえ》何方《いずかた》江《え》
縁組《えんぐみ》いたし候共《とも》、違乱《いらん》無御座《ござなく》候、
但《ただし》同人《どうにん》子共《こども》久之助当七歳《とうしちさい》ニ罷成《まかりなり》候
処《ところ》、拾五《じゅうご》歳迄《まで》養育《よういく》致、相返《あいかえ》シ
可申《もうすべく》候、尤此度《もっともこのたび》金子《きんす》五両相出《りょうあいいだ》シ
不縁《ふえん》いたし候、猶又此後《なおまたこのち》越後出生之《しゅつしょうの》
木挽《こびき》吉六義者《は》、聟家督ニ
取《とり》申間敷《もうすまじく》候、万《まん》一《いち》娘《むすめ》きう
右《みぎ》吉六与《と》夫婦《ふうふ》ケ間敷《がましく》欠落《かけおち》
等《とう》致《いたし》何方《いずかた》へ住居《すまい》仕《つかまつり》候共、金《きん》
弐《に》拾《じゅう》五両離縁金其元《そこもと》江相済《あいすみ》
可申候、為後日《ごじつのため》立合《たちあい》人《にん》
親類《しんるい》連印《れんいん》於以《をもって》一札《いっさつ》如件《くだんのごとし》

文化四年

卯ノ二月廿六日

上戸沢村 清七㊞

同 親類 衛門治㊞

同立合人 孫七㊞

同右同断 銀七㊞

郡蔵殿

猶々参上六品相返シ申候

（白石市教育委員会所蔵）

これは仙台藩南境、磐城国《いわきのくに》刈田《かった》郡小原村（宮城県白石市）の上戸沢番所で検断・御《ご》判肝入役《はんきもいり》を勤めた木村家の襖の下張り文書で、さまざまに注目される点がある。

まず第一に、いわゆる「折紙」形式の離縁状であり、管見のかぎり、「折紙」の離縁状の初出で、唯一のものであること。本来「折紙」は刀剣・書画の鑑定書に用いられたもので、今日でも「折紙つき」は正真正銘保証付きの意味で用いられるが、ここでも離縁状の真性の証《あか》し（金銭問題がありを意図したものであろう。

第二に、差出人が夫ではなく、妻の父であること、すなわち、婿養子直治を離縁する旨を妻の父（養父）が書いて交付している点である。離縁状は婿の場合であっても夫（婿）が書いて妻に渡すのが通例であるが、離縁後は婿が婚家を出るわけで、さきに妻方差出し離縁状を掲げたが（三八頁）、妻本人が差出人のものはない。

第三に、この離婚の真の原因。それは家付き娘であるきうが越後《えちご》（新潟県）生まれの木挽吉六と不義を働いたことにあった。したがって、五両の趣意金を出して離縁が了承されたが、かりに将来、不義の相手である吉六と夫婦になるときには、さらに二五両が離縁金として支払われることまで約束されている。おそらく吉六との再婚の可能性が高く、そのことが前提とされてのことであろう。

なお、七歳の男子は一五歳まで妻方で養育して婿方に引き渡すことも約束された。

【前頁の訓み下し】

わたし聟家督直治儀、よんどころなき儀につき、離縁いたし候。よってこの末いずかたへ縁組いたし候とも、違乱ござなく候。ただし同人子ども久之助、当七歳にまかりなり候ところ、十五歳まで養育いたし、あい返し申すべく候。もっともこのたび、金子五両あい出し不縁いたし候。なおまたこののち越後出生の木挽吉六儀は、聟家督にとり申すまじく候。万一娘きう、右吉六と夫婦がましく欠落ち等いたし、いずかたへ住まいつかまつり候とも、金二十五両離縁金そこもとへあい済み申すべく候。後日のため立合人・親類、連印をもって一札、くだんのごとし。

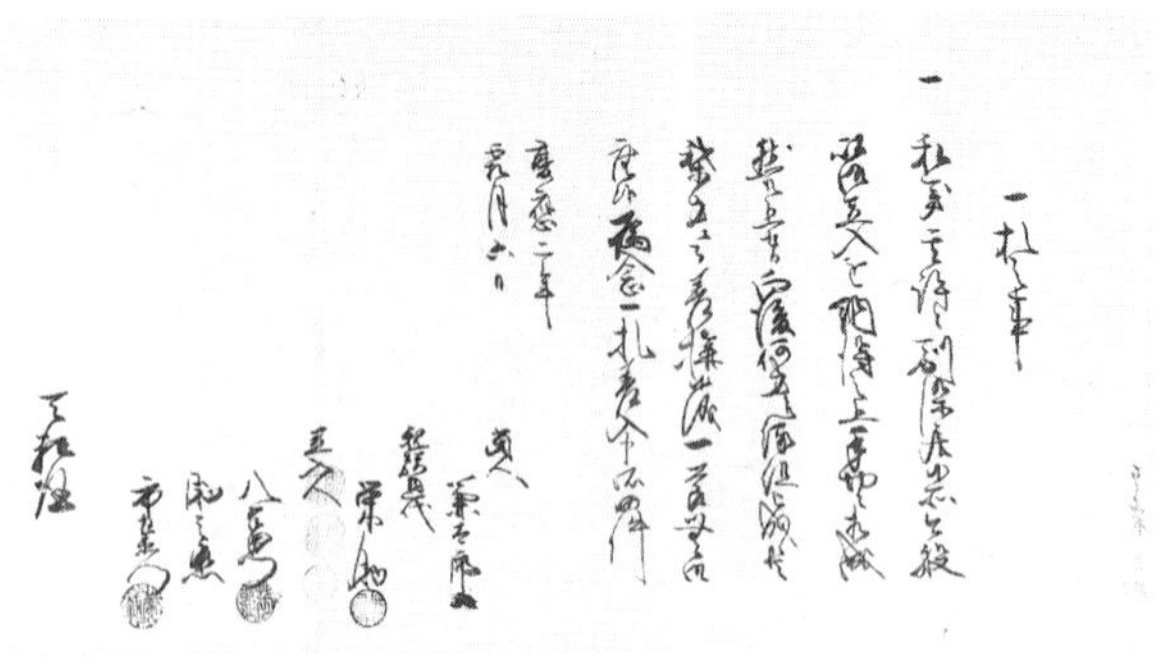

（二八・〇×五六・五）
（鎌倉市中央図書館所蔵・小丸家旧蔵東慶寺縁切文書）

(端裏)「てる一件書面」

一《いっ》札《さつ》之《の》事《こと》

一 私《わたし》義《ぎ》、其許《そこもと》与《と》馴染《なじみ》居候所《おりそうろうところ》、今般《こんぱん》以御立入《おたちいりをもって》を納得《なっとく》之上《のうえ》手切《てぎれ》ニ相成《あいなり》然《しか》ル上者《うえは》向後《こうご》何方江《いずかたえ》縁組《えんぐみ》被成《なられ》候共《とも》、我等方《われらがた》ニ而《て》差構《さしかまえ》候儀《ぎ》一節《いっせつ》無御座《ござな》候《く》、為念《ねんのため》一札差入申《さしいれもうす》所、如件《くだんのごとし》

慶応二年　当人
霜月六日　兼太郎(爪印)

親類惣代
栄　助㊞

立入人
八左衛門㊞
助之丞
市左衛門㊞

てる殿

わたし儀、そこもと馴染みおり候ところ、今般お立入りをもって納得のうえ手切れにあいなり、しかるうえは向後いずかたへ縁組なられ候とも、われらかたにてさし構え候儀いっせつござなく候。念のため一札差し入れ申すところくだんのごとし。

妾の離縁状

この離縁状と返り一札は妾のものである。なぜなら「馴染居候」ところ、この度「手切」になるというのが、妾の離縁状の常套文句《じょうとうもんく》だからである。その上で、旧蔵者の小丸俊雄氏はこれを縁切寺東慶寺文書であるという。そうならば、東慶寺でももう一つの縁切寺満徳寺と同じように妾の駆け込みを受容したことになる。その正否を証する文書は見当たらないが、端裏に「てる一件書面」とあることなどを勘案し、これを東慶寺縁切文書（ただし拠所等不明）とする。

なお、ほかにも妾の離縁状と思われるものが散見されるが、上野国《こうずけのくに》（群馬県）辰八月のものでは、その表題は「手切一札之事」とし、本文冒頭は「一おしかどの、なれやゑ（馴合）候処」である。また山城国《やましろのくに》相楽郡《そうらく》千童子村《せんどうじ》（京都府相楽郡木津町）の一八二三（文政六）年二月朔日の庄七から柳（り、う）にあてた「暇状之事」には「不思議之縁《ふしぎのえん》ニ而《て》厚馴染候《そうら》得共《えども》」とあり、柳も妾だったと思われる。

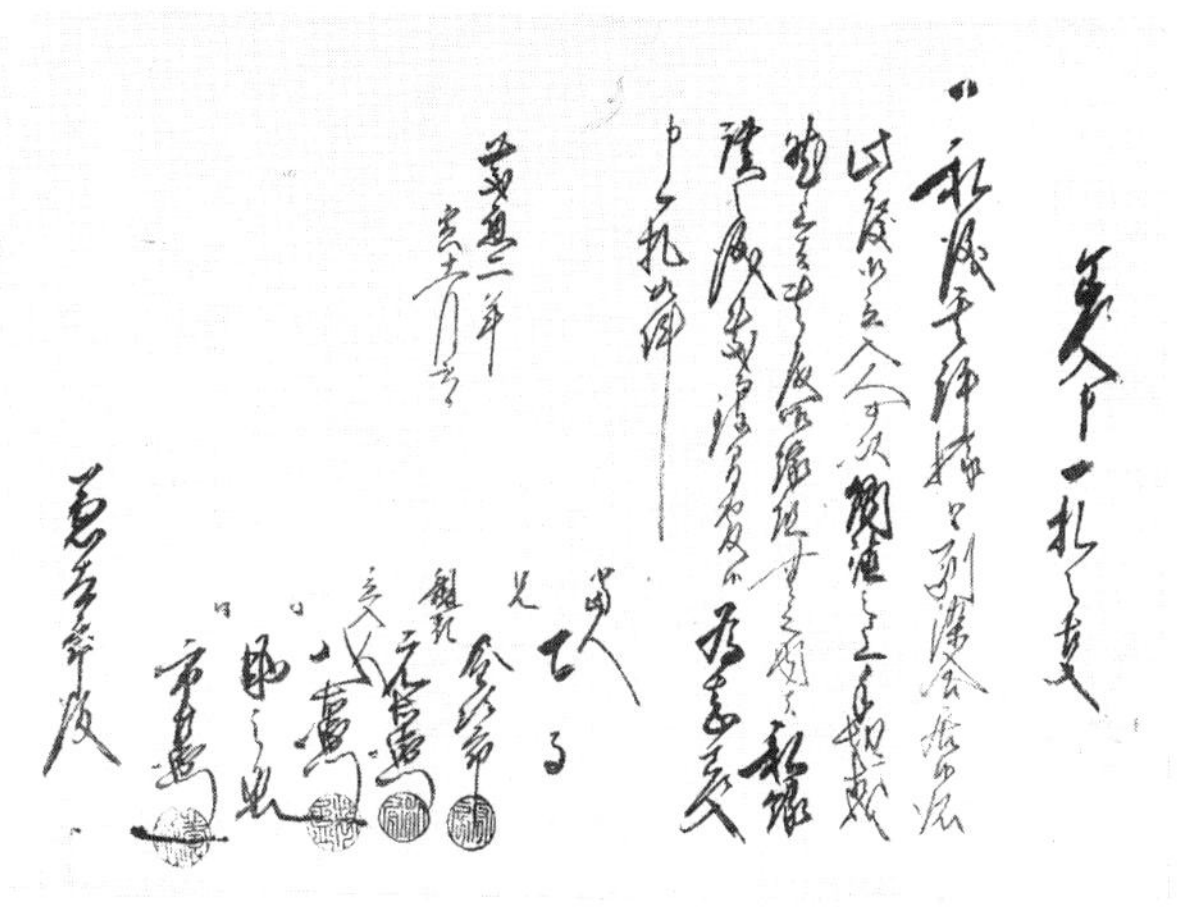

前頁離縁状の返り一札（所蔵者は同じ）

婿養子の離縁状

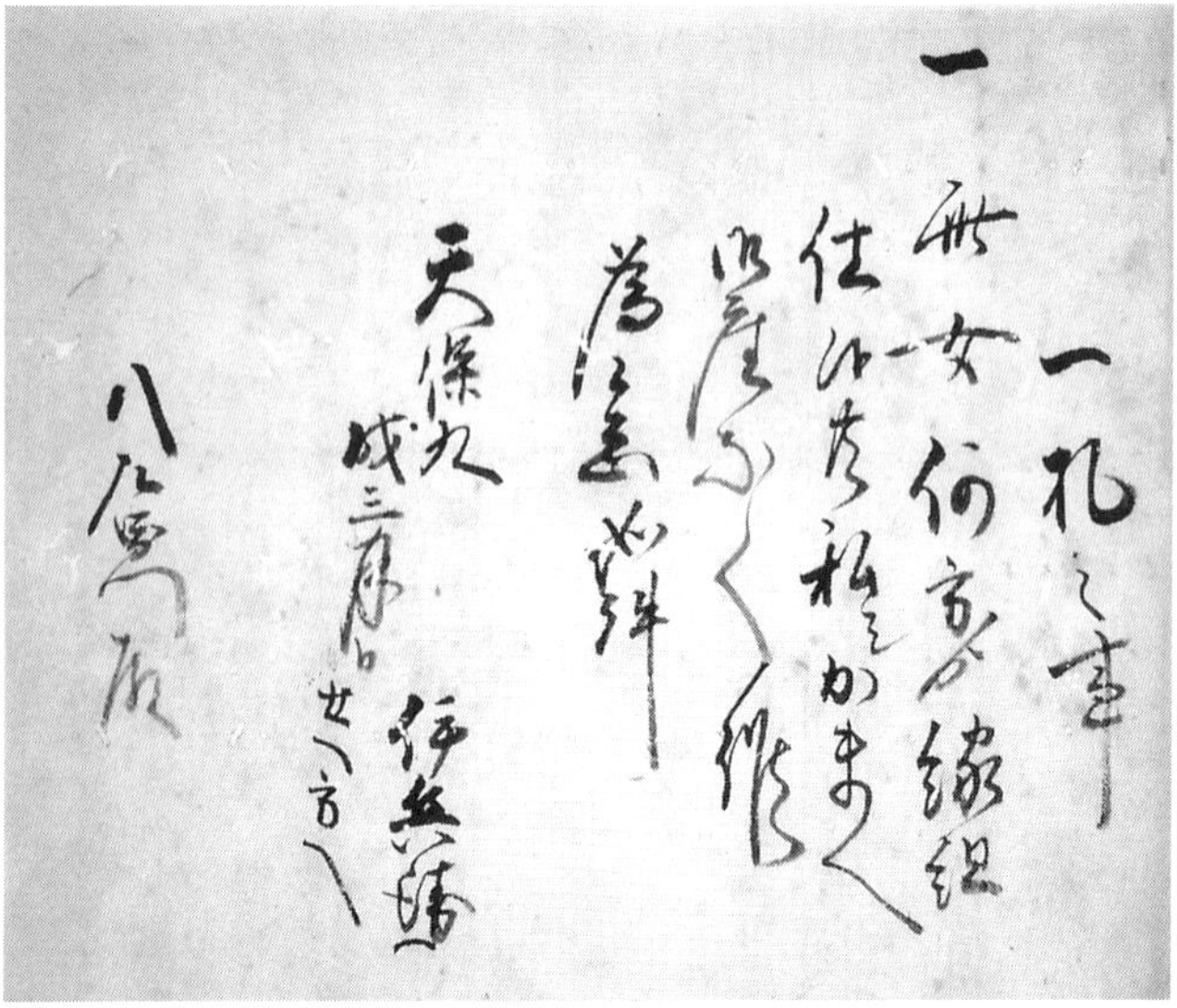

(一二三・五×二八・九)

一
一《いっ》札《さつ》之《の》事《こと》
此《この》女《おんな》何《いず》方《かた》ゟ《より》縁《えん》組《ぐみ》
仕候《つかまつりそうろう》共《とも》、私《わた》シかまへ
御《ご》座《ざ》なく候、
為念《ねんのため》如件《くだんのごとし》
天保九
戌三月日　せへ方へ
伊兵衛(爪印)
八左衛門殿

(縁切寺満徳寺資料館所蔵)

この女、いずかたより縁組つかまつり候とも、わたし構えござなく候。念のためくだんのごとし。

婿（聟）養子の離縁状

江戸時代では、婿にはほとんど聟の字を使っているが、本書では、引用・釈文以外、常用漢字である婿の字で統一した。

さて、婿養子関係は養父（妻の父）にその離縁権があった。養父から婿へ差出された「折紙」の離縁状はそれを端的に物語っている。養親子関係を解消することは同時に、その家女（家付き娘）である妻と婿とが離縁することである。そこで、夫である婿から妻あての離縁状を授受することが必要であった。なかには養親子関係の解消には応じても、妻との離縁を承諾しない婿養子の例などもみられ、離縁状を受理しない養父は「不念《ふねん》」として譴責《けんせき》されたのである。ところで、婿は離縁状を妻に渡すと、古川柳の「去状を書くと入聟おん出され」にみられるように結婚生活の場であった妻の家から「おん出され」たのである。

これに対して妻はそのまま家に残る。離婚後妻が再婚する場合にはまた婿を迎えることが多かったから、婿は家女である妻がどこから再度婿を迎えても構わないという意味で、右の上野国（群馬県）伊兵衛の離縁状のように「何方ら」と書くのである。「何方ら」とあれば、必ず婿の離縁状であるが、婿であっても通常の「何方江」と書く場合もあった。なお、八左衛門はせへの父（もしくは親族）であろう。

はじめの離縁状

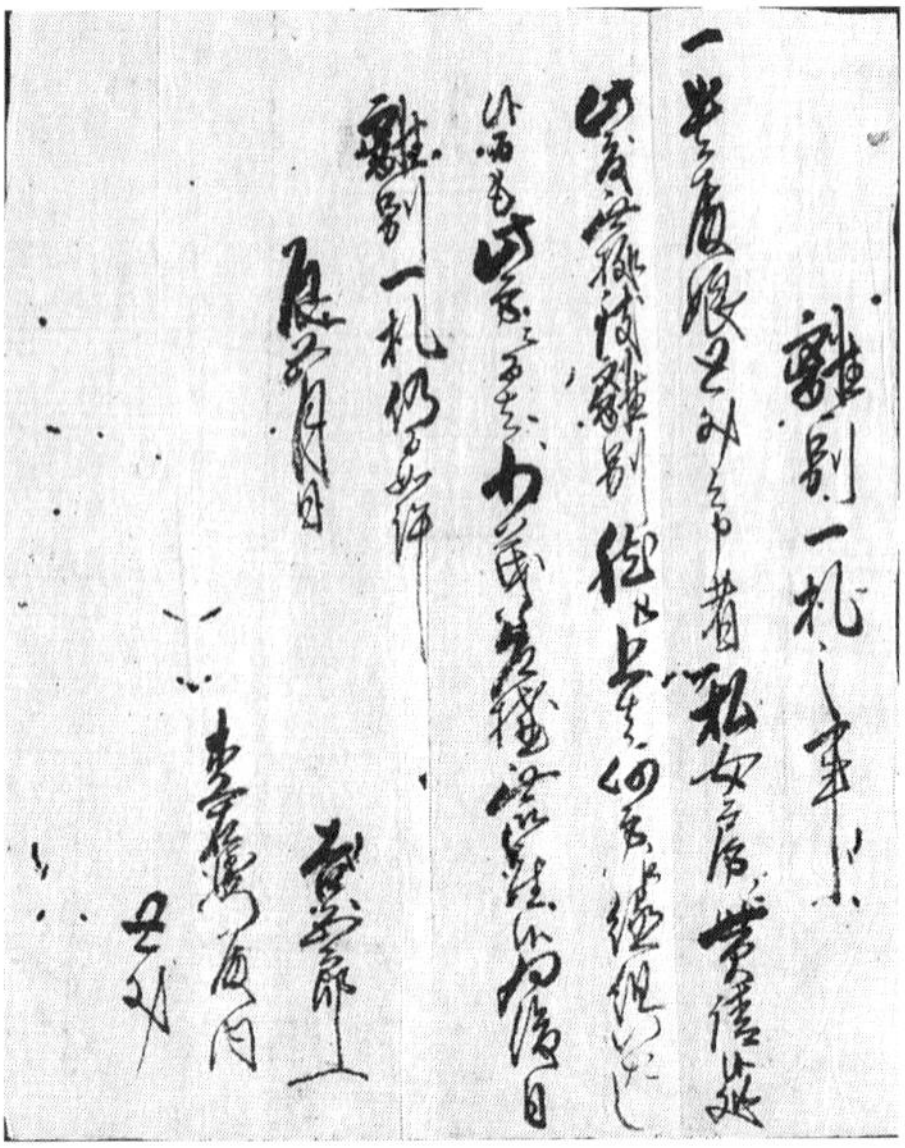

(二四・一×二〇・六)

離別一札《りべついっさつ》之事《のこと》

一 貴殿娘《きでんむすめ》とみ与申者《ともうすもの》、私女房《わたしにようぼう》ニ貰請候処《もらいうけそうろうところ》、
此度無拠致離別《このたびよんどころなくりべついたし》、然《しか》ル上者《うえは》何方江《いずかたえ》縁組《えんぐみ》いたし
候而《そうろうて》も此方《このほう》ニ而者《ては》少茂差構無御座《すこしもさしかまえござなく》候、為後日《ごじつのため》
離別一札仍而如件《よってくだんのごとし》

辰五月日　　吉五郎(爪印)

杢右衛門殿内
とみ

貴殿娘とみと申す者、わたし女房にもらいうけ候ところ、このたびよんどころなく離別いたし、しかるうえはいずかたへ縁組いたし候うても、このほうにては少しもさしかまえござなく候。後日のため離別一札、よってくだんのごとし。

二度目の離縁状

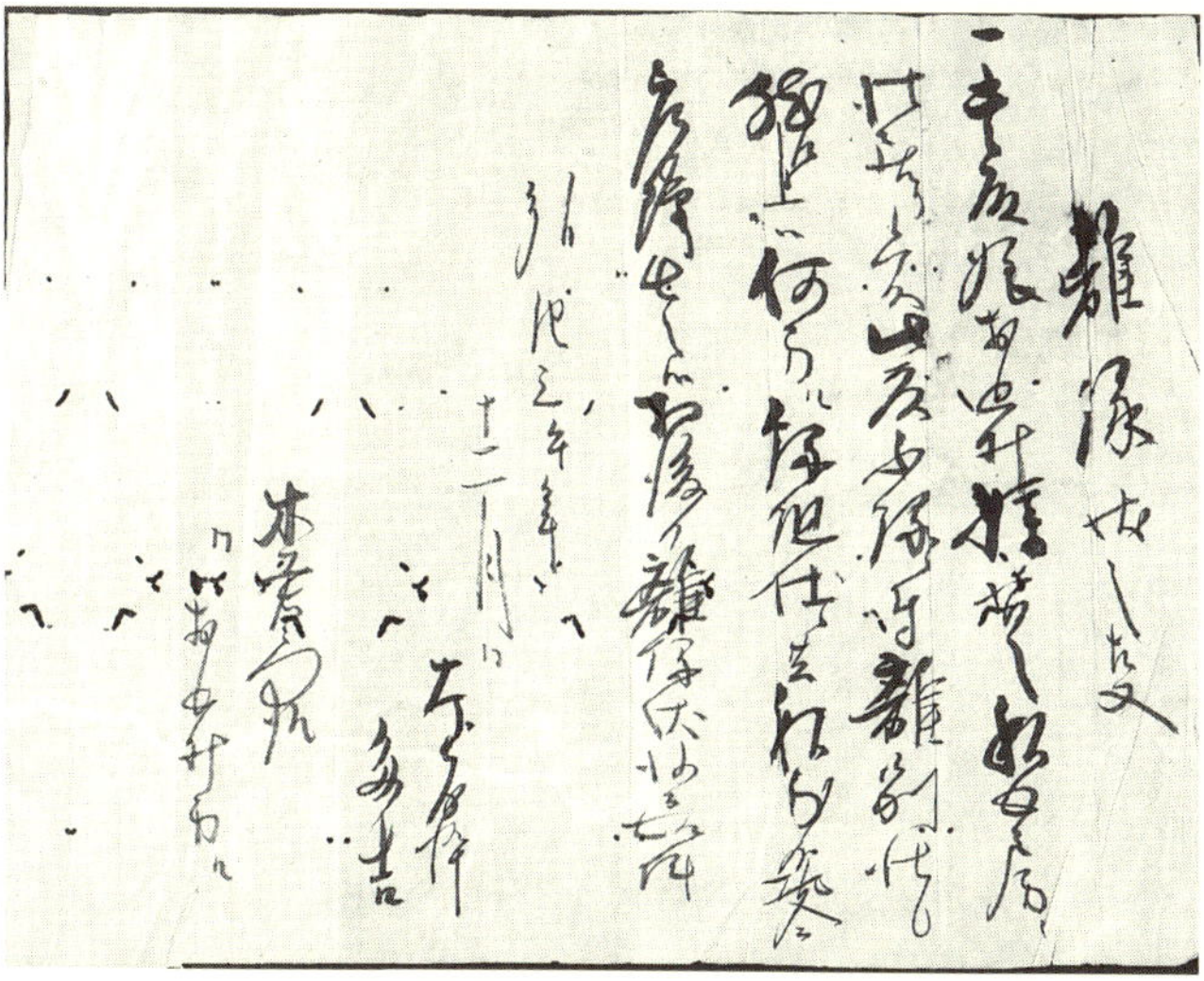

（二二・〇×二九・五）

離縁状《りえんじょう》之事《のこと》

一 貴殿《きでん》娘《むすめ》おとみ、媒《なかだち》有之《これあり》、私《わたし》女房《にようぼう》ニ
仕《つかまつり》居《お》り候所《そうろうところ》、此度《このたび》不縁《ふえん》ニ付《つき》、離別《りべつ》仕候、
然《しか》ル上《うえ》ハ、何方江《いずかたえ》縁組《えんぐみ》仕候共《とも》、私方ゟ《かたより》決而《けっして》
差障《さしさわ》り無之《これなく》候、為後日《ごじつのため》離縁状仍而《よって》如件《くだんのごとし》

弘化三午年
十二月日

太郎右衛門悴
多　吉

杢右衛門様
同　おとみ方江

貴殿娘おとみ、なかだちこれあり、わたし女房につかまつりおり候ところ、このたび不縁につき、離別つかまつり候。しかるうえは、いずかたへ縁組つかまつり候とも、わたしかたよりけっしてさしさわりこれなく候。後日のため離縁状、よってくだんのごとし。

七行のかかあ

「三度去られし十行半の嬶《かかあ》」というのがある。一〇行半とは、三行半の三倍、つまり三くだり半の離縁状を三度もらった女房のことである。間男をくりかえした淫奔な女に相違なかろうが、「貞女立てたし間男したし」という言いまわしが女の本音を表わすところもあるとすれば、このような女はまさにそれを十二分に備えた女といえ、男にとっては魅力ある女ということになるかもしれない。

同一人が三度離縁をくりかえし、三通の離縁状を所持したという例はいまだみつけていないが、二度の離縁で、二通の離縁状をもつ女の例は一三例ある。離縁状を見いだすことが容易でないことを考えれば、少なくない数字といえる。このことは当時離婚にマイナスイメージがなく、再婚の受け皿がいつでも用意されていたから、いやな夫のもとを簡単に飛び出して実家へ帰る「妻の飛び出し離婚」が多く、二婚、三婚をくりかえしたことを立証するものといえよう。

上野国（群馬県）のもので、とみは杢右衛門方と明記されているので、同一人である。この辰五月は、一八四六（弘化三）年の三年前のことと想像される。この後とみはまた結婚したと思われるが、三婚で落ち着くことができたのであろうか。

姑去りの離縁状

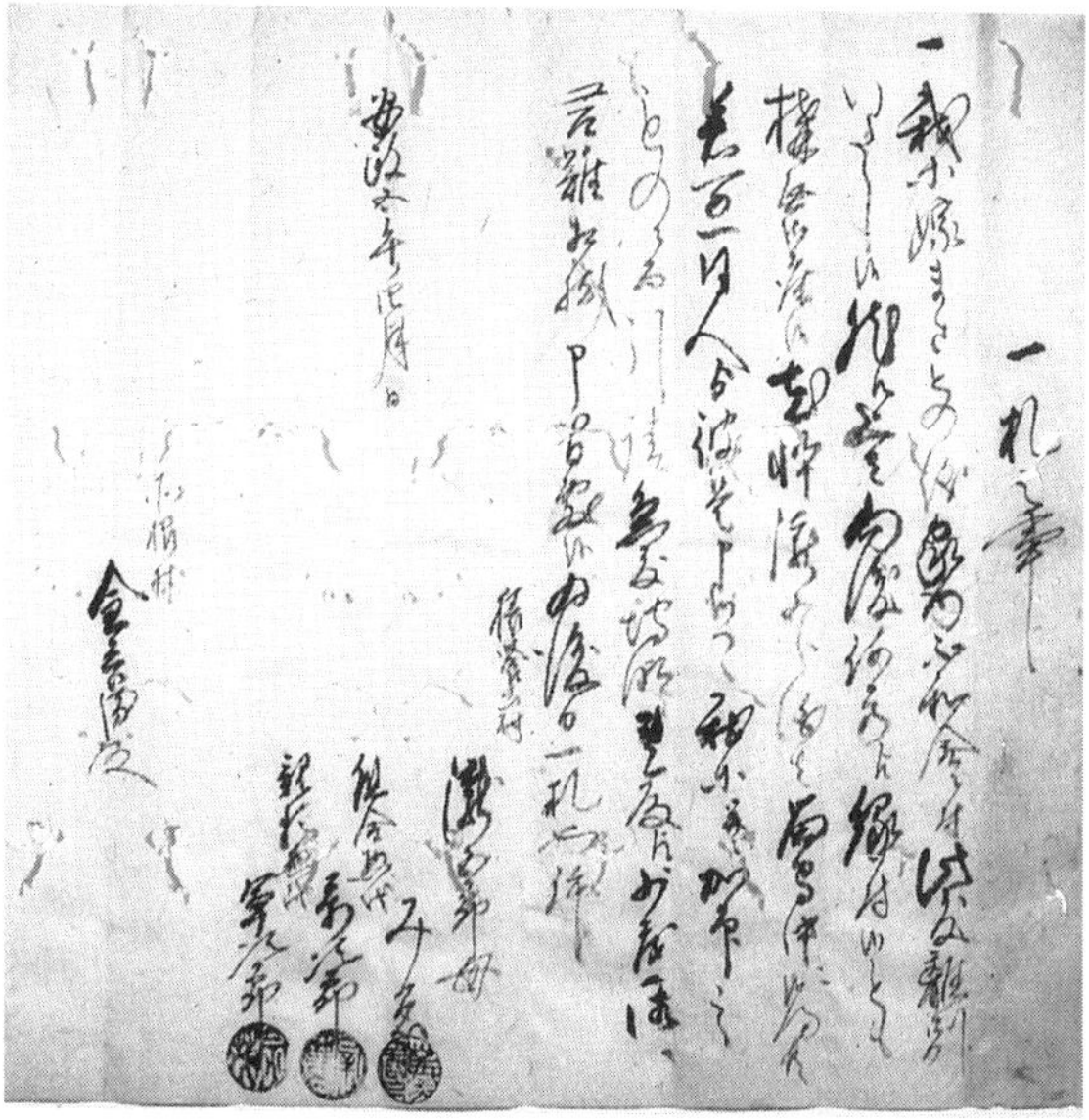

（二六・八×三一・二）

一《いっ》札《さつ》之《の》事《こと》

一我等《われら》嫁《よめ》まさとの儀《ぎ》、家内不和合《かないふわごう》ニ付《つき》、此度《このたび》離別《りべつ》
いたし候《そうろう》、然《しか》ル上《うえ》者《は》向後《こうご》何方《いずかた》江《え》縁付《えんづき》候とも
構無御座《かまえござなく》候、尤《もっとも》悴《せがれ》滝五郎儀《ぎ》者《は》留守中《るすちゅう》ニ候得共《そうらえども》、
若万一《もしまんいち》同人《どうにん》ゟ《より》彼是《かれこれ》申候《もうしそうら》ハヽ、我等并《ならび》ニ加印《かいん》之《の》
ものニ而《て》引請《ひきうけ》、急度《きっと》埒明《らちあけ》、貴殿《きでん》江少《すこし》茂《も》御《ご》
苦難《くなん》相掛《あいかけ》申間敷《もうすまじく》候、為後日《ごじつのため》一札如件《くだんのごとし》

安政五午ノ四月日

猿喰土村
滝五郎母
みゑ㊞

組合惣代
万次郎㊞

親類惣代
軍次郎㊞

北根村
金兵衛殿

（埼玉県立文書館保管・宇野家文書）

われら嫁まさどの儀、家内不和合につき、このたび離別いたし候。しかるうえは、向後いずかたへ縁づき候とも構えござなく候。もっとも悴滝五郎儀は留守中に候えども、もし万一同人よりかれこれ申し候はば、われらならびに加印のものにて引き請け、きっと埒あけ、貴殿へ少しもご苦難あいかけ申すまじく候。後日のため一札くだんのごとし。

「姑去り」と「舅去り」

当時の庶民離婚は、もともと実質的には「熟談離婚」であり、ここでの熟談（協議）は、結婚の締結から離婚にいたる過程で夫婦双方の家の間で行われたのであるから、その介入・調整の労をとった仲人・親類あるいは夫婦両人の両親などの意思を無視して、夫が恣意的に妻を離婚することはできなかった。ときには夫本人の意思を無視して、その親が離縁状を妻方へ渡すことすらみられる。

夫が死亡したり勘当されたときに、舅《しゅうと》は嫁を離縁する権利があったといい、これを「舅去り」という。これは夫の家の当主である舅が一方的に嫁を追い出すこととして理解されてきたが、妻方を慮ってこれを実家に帰すをよしとする世間体（社会通念）によったもので、実例では夫の家出により妻方の請求をうけて離縁している。

右の武蔵国榛沢郡《むさしのくにはんざわ》猿喰土村《さるがいと》（埼玉県大里郡花園町）の例では、忰（夫）にかわってその母（姑《しゅうとめ》）が離縁状を差し出しているので、これを「姑去り」という。忰は死亡や勘当ではなく「留守中」とある。家出したわけでもなさそうであるが、忰の留守中に、その母が親類・組合と連署加印して離婚したのである。夫婦仲はともかく嫁と姑の仲が悪く、文字通りの「家内不和合」で、夫の意思が無視されて離婚されたのかもしれない。

代筆の離縁状

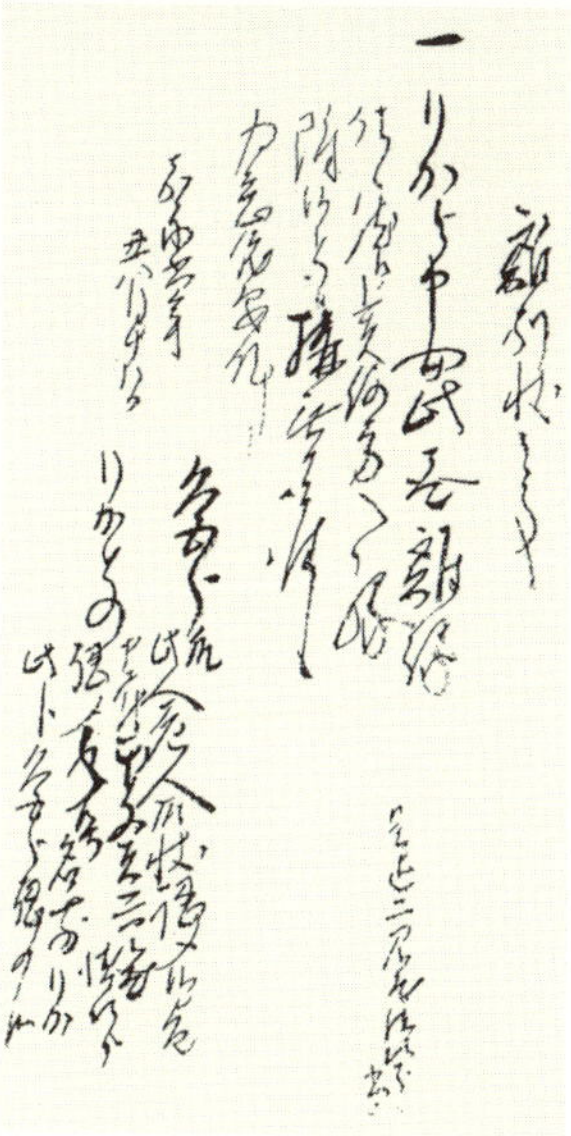

離別状《りべつじょう》之事《のこと》
一りか与《と》申女《もうすおんな》、此度《このたび》離縁《りえん》
仕候《つかまつりそうろう》、然《しか》ル上者《うえは》何方《いずかた》へ縁《えん》
附《づき》候とも構《かまえ》無御座《ござなく》候、
為念依而如件《ねんのためよってくだんのごとし》
久五郎爪
嘉永六年
丑八月十八日
りかとの

是迄《これまで》二見屋清次郎
書也《かくなり》

此人《このひと》老人《ろうじん》故《ゆえ》状認《したた》（兼脱）メ候旨《むね》
申《もうす》ニ付《つき》、本文《ほんぶん》者《は》二見屋清次郎
認《したた》メ、年号《ねんごう》・名前《なまえ》・りか
此分《このぶん》久五郎認《したた》メ候

（渡辺寿美保氏所蔵『三右衛門日記』嘉永六年八月十八日条）

りかと申す女、このたび離縁つかまつり候。しかるうえはいずかたへ縁づき候とも、かまえござなく候。念のため、よってくだんのごとし。

離縁状の書き手――代筆――

年次不詳の上野国緑野《みどの》郡岡之郷《おかのごう》（群馬県藤岡市）の離縁状書式には「親子兄弟たりとも外人《がいじん》（本人以外の者）之事 認《したたむ》べからず」との注記があるが、離縁状は自筆で書くものとされていた。しかし、実際には文字を書けない無筆の人もいたにちがいないので、やむをえないときには代筆による以外に方法はなかったはずである。

最近、実例を見いだした。上野国那波《なわ》郡福島《ふくしま》村（群馬県佐波郡玉村町）の渡辺三右衛門が一八四二（天保一三）年一二月二八日から一八六九（明治二）年まで二八年間書きついだ、いわゆる『三右衛門日記』の記述である。そのなかに書き写された離縁状のなかの二通は代筆である。右に掲げた久五郎の場合、代筆の理由は本人の高齢で「認メ候（兼脱）」とある。そこで本文は扱人に書いてもらい、年号月日と夫と妻の名前だけは本人が自筆でしたため爪印を押した。離縁の成立の日時と「自署爪印」である。一八五二（嘉永五）年四月六日の夫伝次郎から妻とう宛の離縁状は「伝次郎無筆ニ付、当人ゟ頼《たのみ》ヲ受《うけ》」て、親類八百松が「代筆代印」している。

なお、離縁状のなかの文字や文言（内容）に間違いがあれば書き直させ、離縁状と趣意金受取書の名前が一字違っていた例でも、本来は書き直させるのであるが、宿本陣の主人立ち会いであるからそのまま受理したとの記述もみられる。

八　縁切寺の三くだり半

満徳寺は尾島町がかつての寺域を縁切寺満徳寺遺跡公園とし、資料館と復元本堂などがある。東慶寺は尼寺廃絶後、男僧の寺として現在に至る。

（一五八頁の囲み参照）

↑満徳寺の復元本堂と駆け込み門
（縁切寺満徳寺資料館提供）

縁切寺は二か寺のみ——東慶寺と満徳寺——

妻が駆け込んで一定期間在寺すれば離婚の効果を生じた尼寺で駆込寺（駆入寺）ともいうが、その目的が夫との離婚に限定されたので、当時から「縁切寺」と称した。縁切寺は男子禁制のアジール（避難所）であったが、幕府はしだいに寺院アジールの特権を禁止した。幕府黙許の縁切寺は相模国《さがみのくに》（神奈川県）鎌倉の東慶寺（臨済宗）と上野国《こうずけのくに》勢多《せた》郡新田庄徳川郷《にったのしょうとくがわごう》（群馬県新田郡尾島町）の満徳寺（時宗《じしゅう》）の二か寺に限られた。両寺における縁切りの特権が、夫婦の離婚というきわめて私法的な性質を有するに過ぎなかったために、かろうじて残存した。一七六二（宝暦一二）年の満徳寺関係文書中に寺社奉行用人の言葉として、「縁切り」は「古来より寺法」によると明記されている。この特権は徳川家康の孫娘千姫にかかわる由緒による。東慶寺は千姫が助命をかなえた天秀尼（豊臣秀頼の息女）の入寺にあたって家康が特別許可を与え、満徳寺は千姫自身が入寺し、離婚後本多家へ再嫁した例によって、両寺とも縁切寺法の特権が確認されたと伝えられている。

縁切寺の離婚——寺法離縁と内済離縁——

縁切寺の離婚には、在寺三年（東慶寺二四か月・満徳寺二五か月）で夫から離縁状を強制的に差し出させる「寺法離縁《じほうりえん》」と、寺の仲介・説得によって双方の示談で離婚を成立させ、妻は入寺せずただちに親元へ引き取らせる「内済離縁《ないさいりえん》」がある。縁切寺法の具体的手続きなどについてはふれないので、他の拙著などを参照していただくとして、ここでは夫妻間で授受された離縁状そのものについての実例と、それぞれの寺における離縁状の機能・効果について述べよう。

満徳寺離縁状

のちに述べるように東慶寺での離縁状は、寺法と内済でその形式・内容が異なる。しかし、満徳寺の場合は、寺法と内済のいかんを問わず「深厚《しんこう》之《の》宿縁《しゆくえん》浅薄《せんぱく》之《の》事《こと》不有私《わたくしにあらず》、後日《ごじつ》雖他江嫁《たえかすといえども》一言《いちごん》違乱《いらん》無之《これなし》、仍而如件《よってくだんのごとし》」という内容の離縁状を授受したのである。満徳寺へ駆け込んだ女は、いつでもこの特異な文言の離縁状を受領したので、これを「満徳寺離縁状」という。

これまでに見いだされた満徳寺離縁状の実物は二通のみである。一通は下野国《しもつけのくに》足利《あしかが》郡名草《なぐさ》村（栃木県足利市）のきくの事例である。きくは庄蔵と長年月なかよく暮らしたが、一九年目にふと村内の国治郎と浮気をしてしまう。夫婦間がうまくゆかず、あげくは夫庄蔵をふって、国治郎と再婚するが、一年ほどたってよく考えたら、やはり長年連れ添った前の夫がよかったからと復縁（現夫との離婚）を願って、満徳寺へ駆け込んできたのである。前夫は復縁を承知せず、現夫との離婚のみ達成した。

満徳寺離縁状

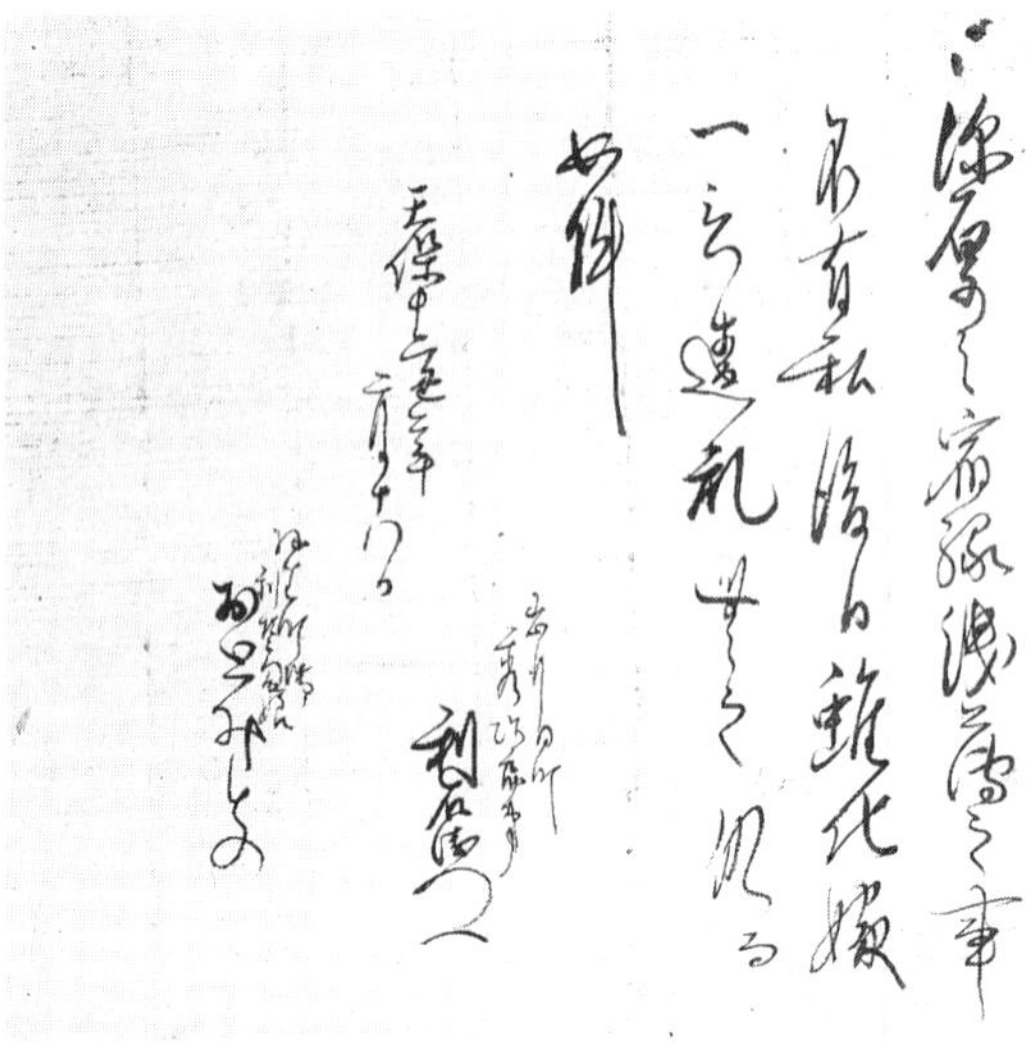

（二三・五×二九・三）

一　深《しん》厚《こう》之《の》宿《しゅく》縁《えん》洩（浅）薄《ぱく》之《の》事《こと》
不有私《わたくしにあらず》、後《ご》日《じつ》雖他嫁《たへかすといえども》、
一《いち》言《ごん》違《い》乱《らん》無之《これなし》、仍而《よって》
如件《くだんのごとし》

忍行田町
秀次郎弟
天保十二丑年　利右衛門（爪印）
二月十八日
羽生町場
利左（右カ）衛門殿娘
おとみとの

（縁切寺満徳寺資料館収蔵・川越家所蔵満徳寺文書）

深厚の宿縁浅薄のこと、わたくしにあらず。後日他へ嫁すといえども、一言違乱これなし。よってくだんのごとし。

満徳寺離縁状の実物

もう一通は右に掲げた武蔵国埼玉郡忍行田町《むさしのくにさいたまおしぎょうだ》（埼玉郡行田市）から羽生町《はにゅう》（羽生市）にあてたものである。関連文書（断簡）が見つかり、婚礼は二年前の亥年四月であったこと、秀次郎の弟は利右衛門後家かよ（その娘がとみ）方へ婿養子になり、利右衛門と改名したことがわかった。具体的原因はわからないが、「家内兎角不熟ニ而《かないとかくふじゅくて》、度々（婿が）家出」し、離縁したいという。近所の者や扱人らが立ち入って、異見を加えたり、熟縁の世話をするものの和談は成立しない。婿方から離縁請求しているにもかかわらず、とみが満徳寺へ駆け込んだのはどのような理由によるのか断簡からは理解できない。おそらく持参金か離縁趣意金（慰謝料）、つまり金銭をめぐっての争いがあり、私的な和談から公的な寺法にすがったのではなかろうか。

満徳寺離縁状の前半の部分「深厚之宿縁浅薄之事、不有私」は、深く厚かるべき前世の宿縁（因縁）がたまたま浅く薄かったから、離縁になった、それは「不有私」つまり、私の恨みとか利害によるものでなく、人知の及ばないことであった、という意味である。縁が無ければ結婚しなかったのだが、縁あって結婚したものの縁が薄く離婚することになったというわけである。結局、夫妻のいずれにも責任を嫁《か》さないこと、とりわけ妻には責任がないことの表明である。

満徳寺離縁状の模倣と流布

夫妻のいずれにも責任を嫁《か》さず、とくに妻に責任がないことを表明した内容が、離縁状として最適と考えられたので、周辺地域に模倣され、流布したのである。これが離婚理由に多かったことについてはすでに述べた。

これまでにも、その前半「深厚之宿縁浅薄」を模倣したものをいくつか紹介したが（三三・一〇八頁）、とくに「深厚之宿縁薄及離別事、不私」（八八頁）はほぼ同一といってもよいほどである。下の離縁状は、下総国豊田《しもうさのくにとよだ》郡粟野《あわの》新《しん》田《でん》村（茨城県結城郡八千代町）のもので、満徳寺から地図上で直線六〇キロメートルの遠隔地で、かなり広範に流布したことがわかる。前半だけでなく、後半部分がこれほど酷似している例はほかにない。

一宿《しゅく》縁《えん》薄《うすく》、心《しん》底《てい》存《ぞん》念《ねん》
不相叶《あいかなわず》、離《り》別《べつ》いたし、
他雖嫁《たへかすといえども》、一切《いっさい》違乱無之《いらんこれなし》、
仍去状如件《よってさりじょうくだんのごとし》

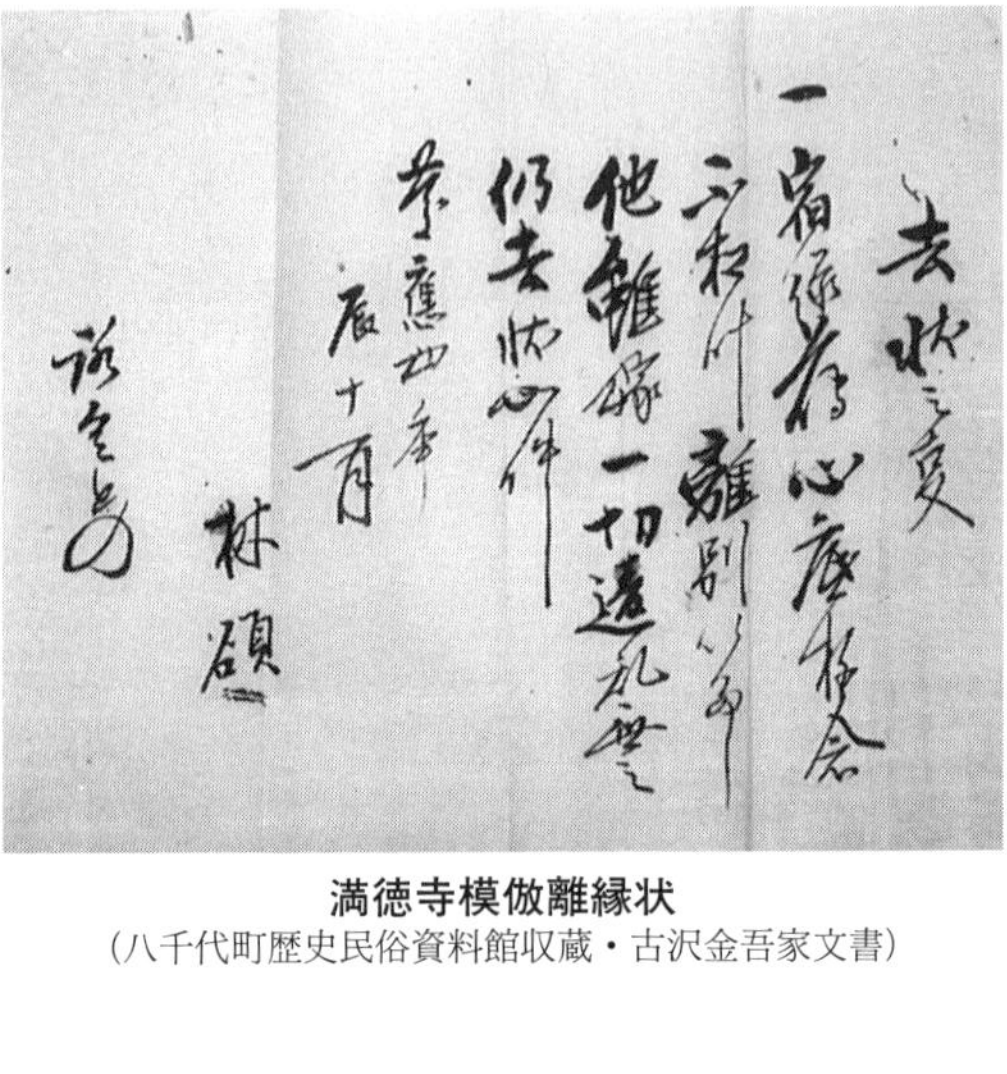

満徳寺模倣離縁状
（八千代町歴史民俗資料館収蔵・古沢金吾家文書）

東慶寺の内済離縁状 1

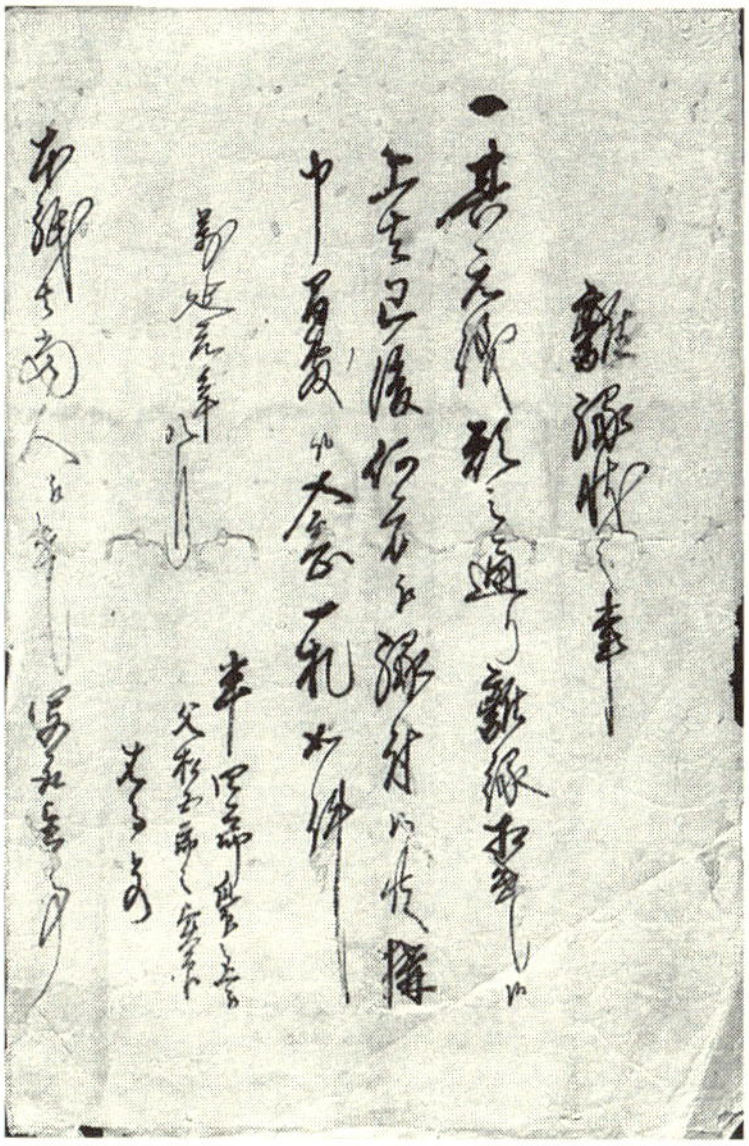

（二四・〇×一六・三）

離縁状《りえんじよう》之事《のこと》

一其元《そこもと》儀《ぎ》願《ねがい》之通《のとお》り離縁《りえん》相遣《あいつかわ》し候《そうろう》
上者《うえは》、已後《いご》何方《いずかた》江《え》縁付《えんづき》候共《とも》、構《かまえ》
申間敷《もうすまじく》候、入念《にゆうねん》一札《いつさつ》如件《くだんのごとし》

半四郎爪印之上江
父松五郎之実印

万延元年
八月　はるとの

本紙者当人江遣し写取置事

（東慶寺所蔵）

そこもと儀、願いのとおり離縁あいつかわし候うえは、已後いずかたへ縁づき候とも、かまえ申すまじく候。入念一札、くだんのごとし。

東慶寺の内済離縁状2

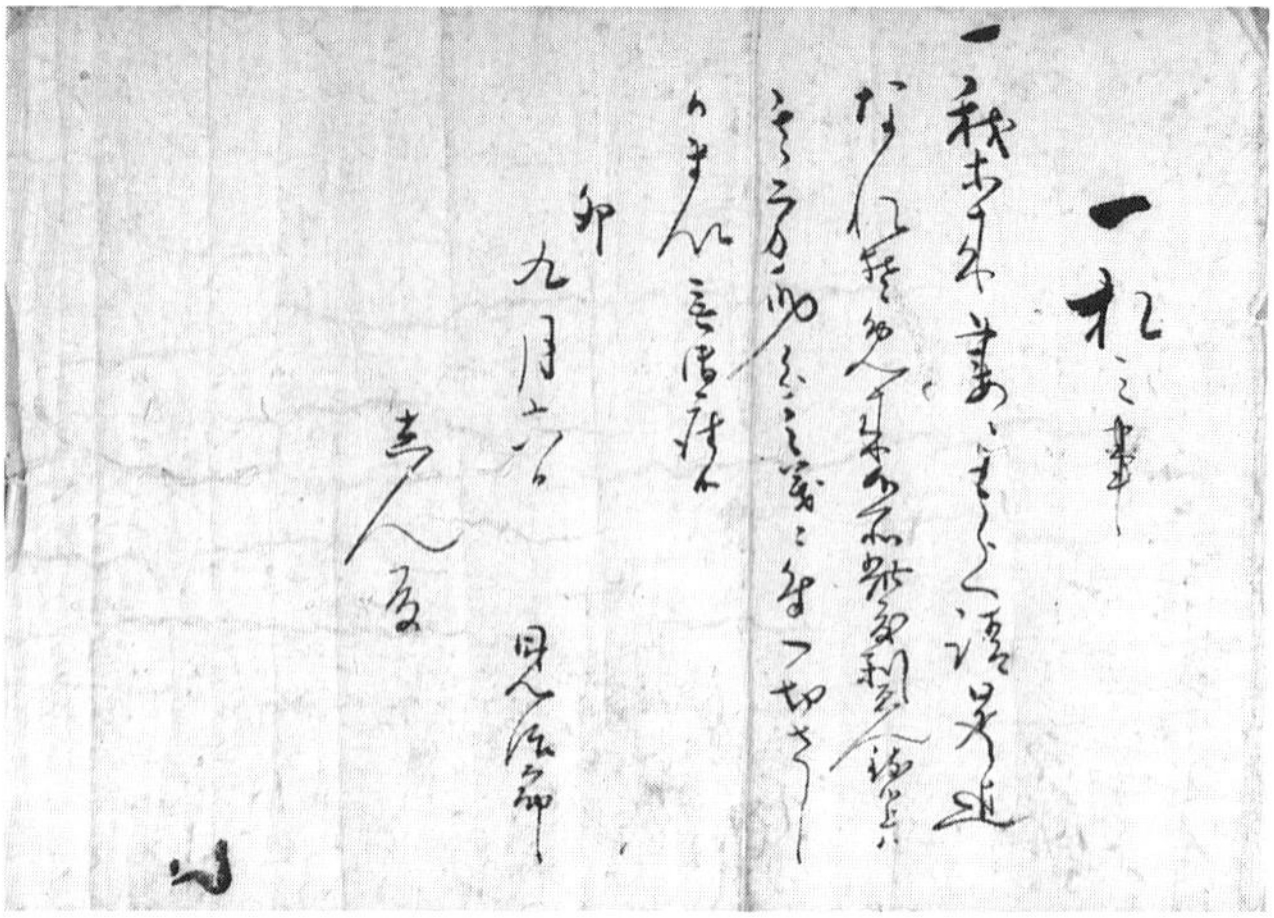

（二三・五×三八・〇）

一札《いっさつ》之《の》事《こと》

一 我《われ》等《ら》成妻ニ《つまになし》もらへ請《うけ》、是《これ》迄《まで》
なれそめ来候所《きたりそうろうところ》、此度利《このたびり》ゑん致《いたし》候上《うえ》ハ、
其《その》方《ほう》身《み》分《ぶん》之《の》義《ぎ》ニ付《つき》、一切《いっさい》さし
かまい無御座《ござなく》候

卯

九月六日　　見治郎　印

しん殿

（東慶寺所蔵）

われら妻になしもらい請け、これまでなれそめきたり候ところ、このたび離縁いたし候うえは、そのほう身分の儀につき、いっさいさしかまいござなく候。

内済離縁状は写

内済離縁状については最も短い例としてすでに一通掲げた（六九頁）。１には、本紙は妻当人へ遣わし、寺では写しを取ったと明記されている。武蔵国橘樹《たちばな》郡小机《こづくえ》村（神奈川県横浜市）半四郎妻はるが東慶寺に駆け込んだのは、一八六〇（万延元）年八月一〇日であった。ただちに同郡下菅田《しもすげた》村（横浜市）のはる父留七と夫の父松五郎へ呼出状が出され、出頭した夫婦双方へ寺からの説得があり、門前の御用宿の仲介により、夫方から趣意金四両が差し出されて、内済（示談）が成立する（妻の駆け込み〈請求〉にもかかわらず夫方から趣意金が出された理由は不明）。済口証文と引取状が出され、はるが引き取られたのは八月一八日であった。離婚まで正味九日である。

内済離縁状は写しであったから、その用紙にはかならずしも上質の白紙を用いることはなかった。２には左隅の真横に「上」とあり、これは別件で「上包」として使われたもので、本来反故にされるべきものを用いて写しをとったことを明白に物語っている。なお、卯年は一八五五（安政二）年である。しんは岩本大隅守内加藤平十郎姪とあるのみで、江戸での住居などは不明である。駆け込みは前月二八日、引取状が出されて下山したのは九月八日であった。駆け込みから、ほぼ一〇日で離婚が成立したのである。

下に掲げた内済離縁状の前半は「其許《そこもと》任望《のぞみにまかせ》離縁いたし候」とあり、また、端裏に「写」と書かれ、印章もたんに「印」と書いただけで、当然本物ではない。

ところで、寺に残存する縁切寺法に関するさまざまな書式をのせた『御寺法』という冊子があって、そのなかに内済離縁状の書式もあり、離婚文言の離婚理由として、妻の「望ニ付」がのせられている。妻の駆け込み（望）によって離婚するわけであるから、まさに縁切寺にふさわしい離婚理由である。1の例は同じ意味の「願之通り」、下は「任望」である。

東慶寺の寺法離縁状

寺法離縁状は、いわゆる「出役（寺役人の夫方への出張）」後、夫が出す離縁状で、この後に妻は在寺三年（実際は二四か月）を余儀なくされるのに対して、夫はすぐに再婚できる。寺法離縁状の特徴は、まず寺法による離縁であることが明記され、三行半ではなく、夫のほか家主・五人組が連署加印し、名主が奥書して、松ケ岡御所様御役所、つまり東慶寺宛になっていることである。

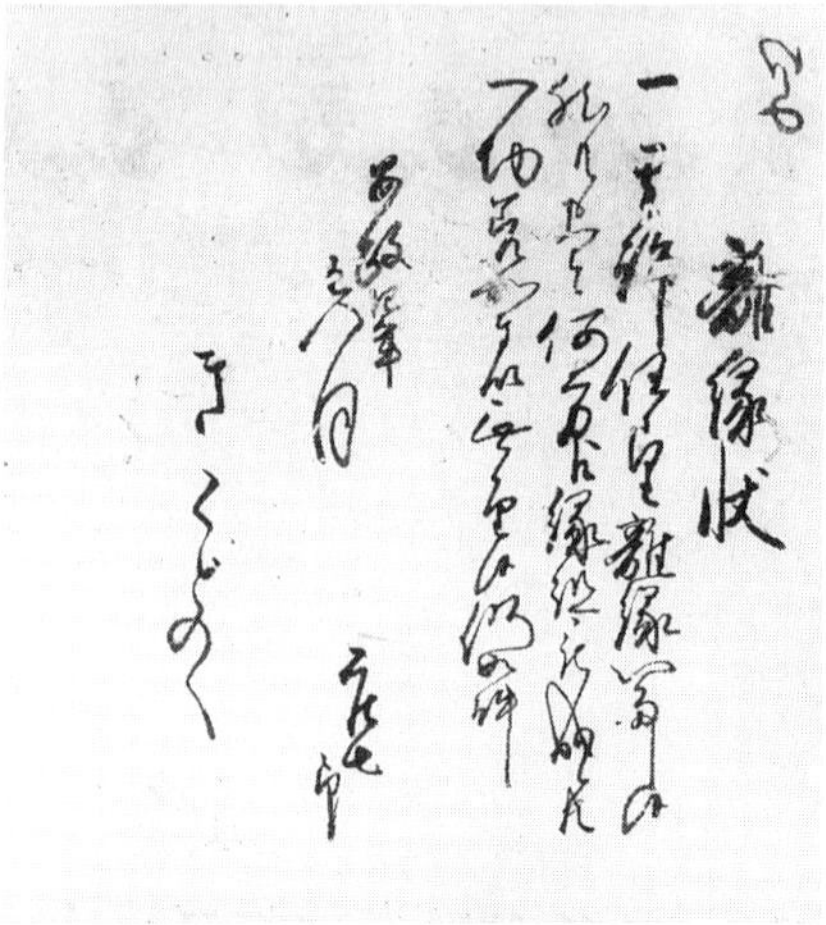

（きくは、江戸神田橋本町の長五郎妹である）

内済離縁状写（所蔵者は次頁と同じ）

東慶寺の寺法離縁状 1

（三三・二×四五・八）

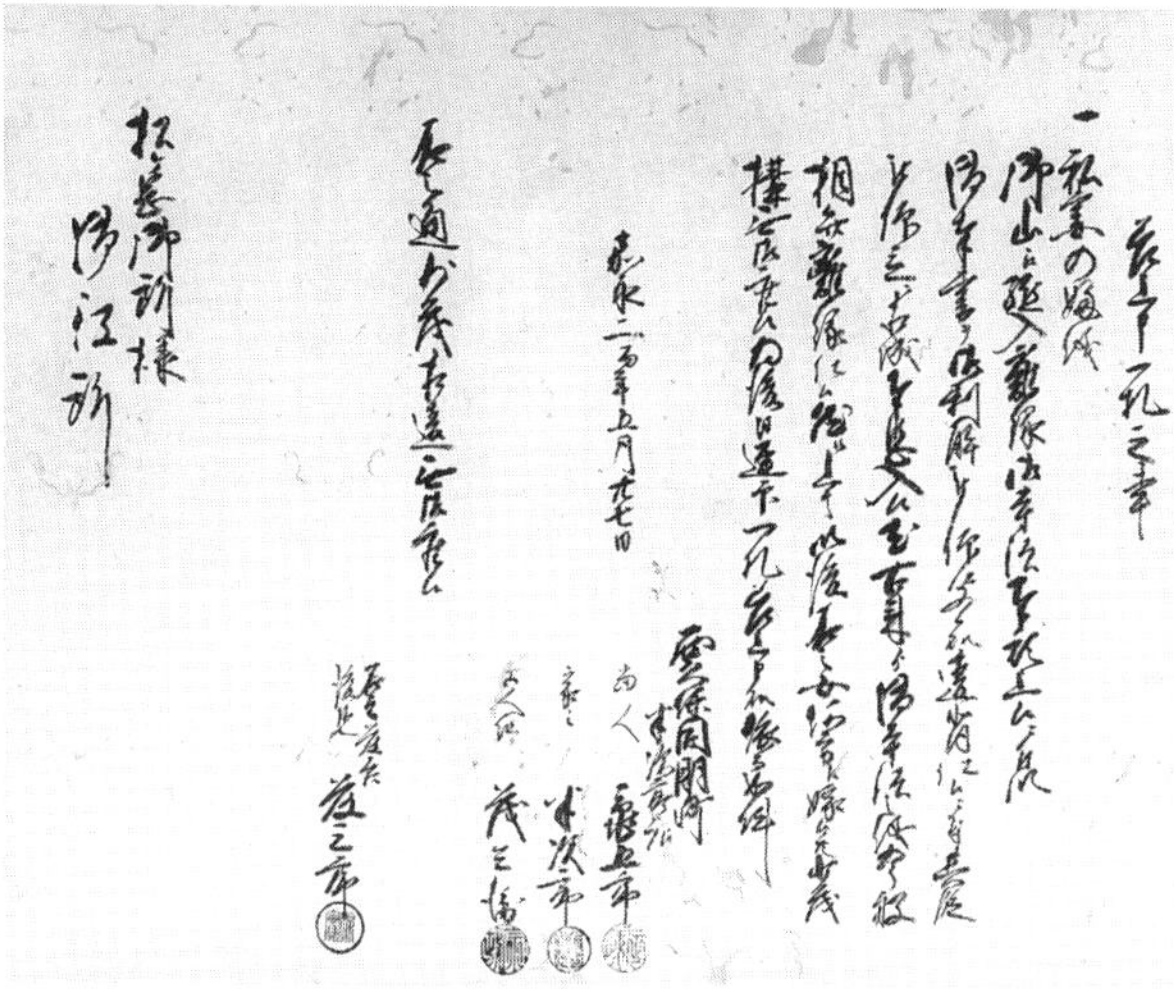

差上申《さしあげもうす》　一札之事《いっさつのこと》

一私《わたし》　妻《つま》のふ儀《ぎ》

御山江《ござんえ》駈入《かけいり》、離縁《りえん》御寺法《ごじほう》奉　願　上候《ねがいあげたてまつりそうろう》ニ付《つき》、以《ごほ》

御奉書《うしょ》ヲ《をもって》御利解《ごりかい》被仰聞候《おおせきけられ》処《ところ》、違背《いはい》　仕《つかまつり》　候ニ付、其段《そのだん》

被仰立《おおせたてられ》ニ相成《あいなり》奉　恐　入候《おそれいりたてまつり》、尤《もっとも》古来ゟ《こらいより》御寺法之儀今般《こんぱん》

相弁《あいべんじ》　離縁《りえん》仕候、然《しか》ル上者《うえは》以後《いご》右之女《みぎおんな》　何方江《いずかたえ》嫁《か》候共《とも》、少茂《すこしも》

構《かまえ》　無御座《ござなく》候、為後日《ごじつのため》連印《れんいん》一札差上《さしあげ》申処、依而《よって》如件《くだんのごとし》

西久保同朋町

半次郎店

当　人　亀　五　郎㊞

家　主　半　次　郎㊞

五人組　茂　兵　衛㊞

嘉永二酉年五月廿七日

右之通少茂相違無御座候

名主藤吉

後　見　藤　三　郎㊞

松ケ岡御所様

御　役　所

（鎌倉市中央図書館所蔵・小丸家旧蔵東慶寺縁切文書）

寺法離縁ののぶ

西《にし》久《く》保《ぼ》同朋《どうほう》町（東京都港区虎ノ門）半次郎店《だな》亀五郎妻のぶが東慶寺に駆け込んだのは、一八四九（嘉永二）年四月のことであったろうか。妻方の関係者は相模国高座《こうざ》郡萩園《はぎその》村（茅ヶ崎市）の甥喜左衛門であった。再三の交渉にもかかわらず、内済にはならなかった。そこで、妻方から「御出役御願」を申請し、寺役人が夫のもとに出張するが、やはり離縁成立にならず、ついに寺社奉行に「仰立」になる。寺社奉行所に呼び出されて説得された夫妻双方は、五月二四日つぎのような「取極《とりきめ》」の上、示談となる。すなわち、①金二朱と木綿一反、古夜具・布団は夫方へ返還のこと、②夫亀五郎居宅近辺一〇丁（約一キロメートル）四方にのぶは縁組しないこと、③夫から寺宛の離縁状を差し上げること、である。そして三日後に右の寺法離縁状が鎌倉まで届けられ、のぶは二四か月の在寺生活に入ったのである。

満徳寺も東慶寺も、いまどきのこと、ホームページがあり、パソコンの画面上でその概要が学べる。ホームページ・アドレスを紹介しておこう。なお左のアドレスでなくとも、例えば満徳寺の場合、尾島町ほかのホームページからもリンクできる。

満徳寺　http://www8.wind.ne.jp/mantokuji/

東慶寺　http://www.tokeiji.com/ か www.mmjp.or.jp/Tokeiji-temple/top.html/

【前頁の訓み下し】

わたし妻のぶ儀、御山へ駈け入り、離縁御寺法願い上げたてまつり候につき、御奉書をもってご理解おおせ聞けられ候ところ、違背つかまつり候につき、その段おおせ立てられにあいなり恐れ入りたてまつり候。もっとも古来より御寺法の儀今般あい弁じ離縁つかまつり候。しかるうえは以後、右の女いずかたへ嫁し候とも、少しもかまえござなく候。後日のため連印、一札さし上げ申すところ、よってくだんのごとし。

東慶寺の寺法離縁状 2

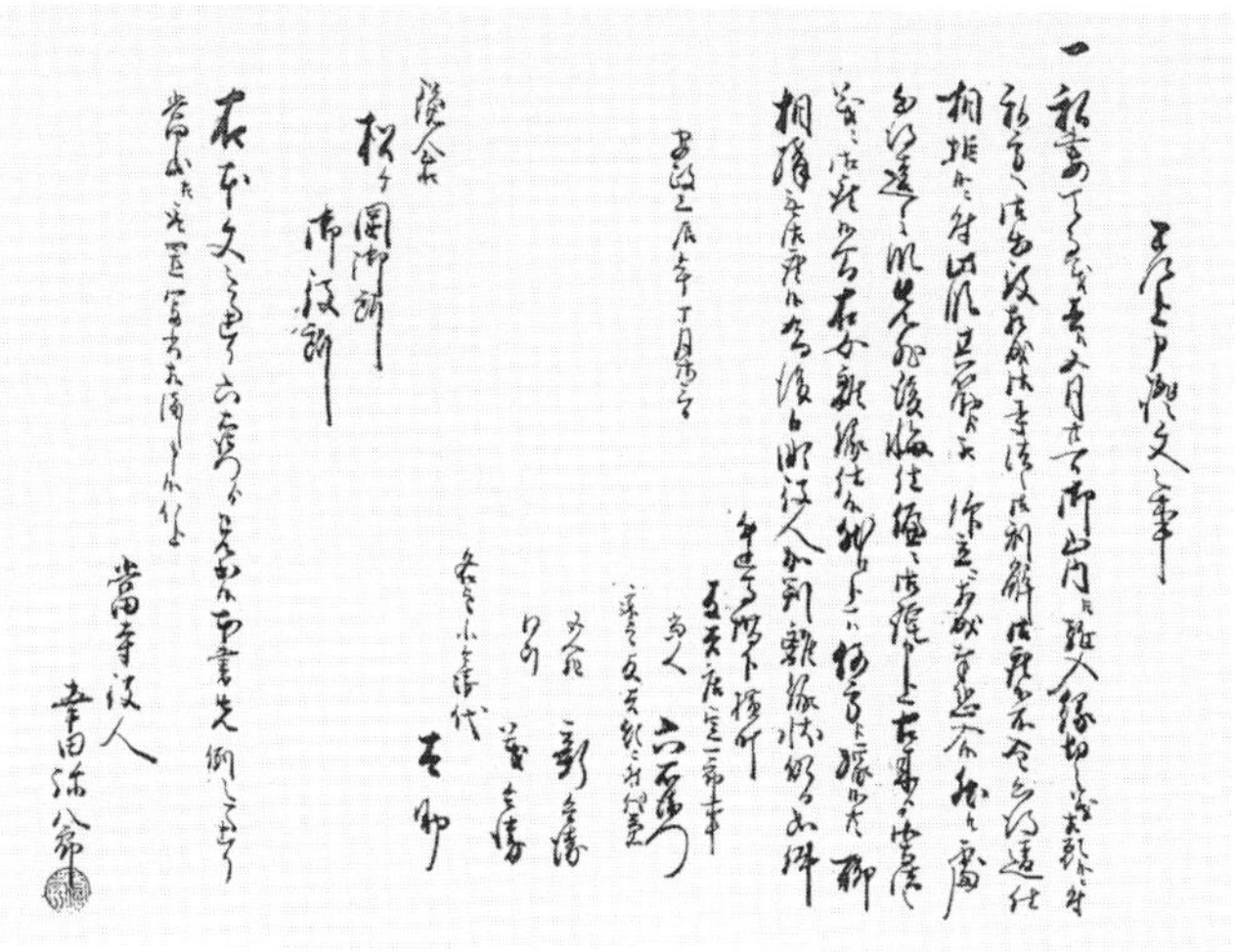

差上申証文之事

一私妻《わたしつま》てる義《ぎ》、去《さ》ル五月廿一日御山内江駈入《ごさんないえかけいり》、縁切之義相願候《えんきりのぎあいねがいそうろう》ニ付《つき》
私方《わたしかた》へ御出役相成《ごしゅつやくあいなり》、御寺法之御利解御座《ごじほうのごりかいござ》候所《ところ》、全《まったく》心得違仕《こころえちがいつかまつり》、
相拒《あいこばみ》候ニ付、此段其筋《このだんそのすじ》江被仰立《おおせたてられ》ニ相成奉恐入《あいなりおそれいり》候、然《しか》ル処《ところ》
心得違之段先非後悔《せんぴこうかい》仕、偏《ひとえ》ニ御詫申上《おわびもうしあげ》、古来ゟ《こらいより》御寺法之
義ニ御座《ござ》候間《あいだ》、右女離縁《みぎのおんなりえん》仕候、然ル上ハ何方《いずかた》江嫁《か》候共、聊《いささか》
相構無御座《あいかまえござなく》候、為後日《ごじつのため》町役人加判《ちょうやくにんかはん》離縁状仍而如件《りえんじょうよってくだんのごとし》

安政三辰年十月廿三日

牛込馬場下横町
友吉店定一郎事
当人　六右衛門
家主友吉煩ニ付代兼
五人組　新兵衛
同断　義兵衛
名主小兵衛代　太助

鎌倉
松ケ岡御所
御役所

右本文之通り六右衛門ゟ差出候、本書先例之通り
当山江取置、写書相渡し申候、以上

当寺役人
幸田弥八郎㊞

（堀内伸二氏所蔵）

信州の駆け込み女てる

てるは信濃国筑摩《しなののくにちくま》郡堀之内《ほりのうち》村（長野県塩尻市）名主金左衛門娘であった。てるの生家は当時七〇〜八〇石の持高で、屋敷内に蔵が五棟もある豪農で、「雀おどり」とよばれる棟飾りが特徴の「本棟造り」の屋敷が今に残り、国の重要文化財に指定されている。村内の六右衛門からの強い結婚の申し出で結婚するが、しばらくして江戸へ出、一八四八（嘉永元）年牛込馬場下横町（東京都新宿区）友吉店に住む。ここの名主小兵衛が夏目漱石の父である。一度は信州にもどるが、離縁をきりだされた夫六右衛門はてるを「手込《てごめ》ニいたし馬ニ乗《の》セくゝり付《つけ》」て再び江戸へ引きもどす。いろいろのことがあって（詳細は略す）、一八五六（安政三）年五月二一日てるは東慶寺に駆け込む。内済にならず、出役、夫の町奉行への訴え、夫違背後の寺社奉行からの召喚、その後に寺法離縁となる。妻の実家の金だけが目当ての性悪な夫に対して、ご大家の世間知らずのお嬢さんといったカップルの結末である。

二四か月在寺して離婚が成立したてるは、寺役人の発行する寺法離縁状写し（離婚証明書）をもらって下山した。右証文は、寺宛の寺法離縁状の「写書」を女に渡すことが、先例であったことをはじめて明らかにした文書である。

【前頁の訓み下し】

わたし妻てる儀、さる五月二十一日御山内へ駈け入り、縁切りの儀あい願い候につき、わたし方へご出役あいなり、御寺法のご理解ござ候ところ、まったく心得違いつかまつり、あい拒み候につき、この段その筋へおおせ立てられにあいなり、恐れ入りたてまつり候。しかるところ、心得違いの段先非後悔つかまつり、ひとえにお詫び申し上げ、古来より御寺法の儀にござ候あいだ、右の女離縁つかまつり候。しかるうえはいずかたへ嫁し候とも、いささかあい構えござなく候。後日のため、町役人加判離縁状、よってくだんのごとし。

九　泣いて笑って三くだり半

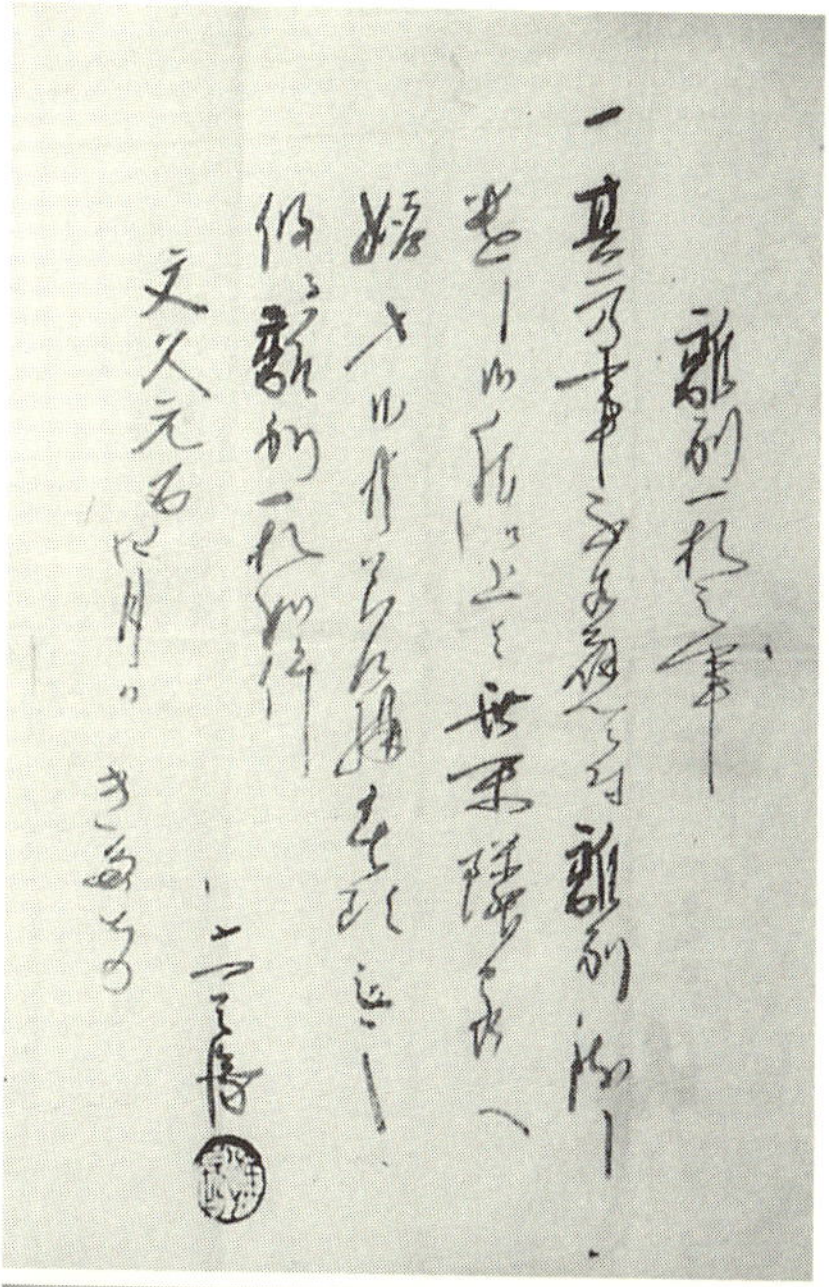

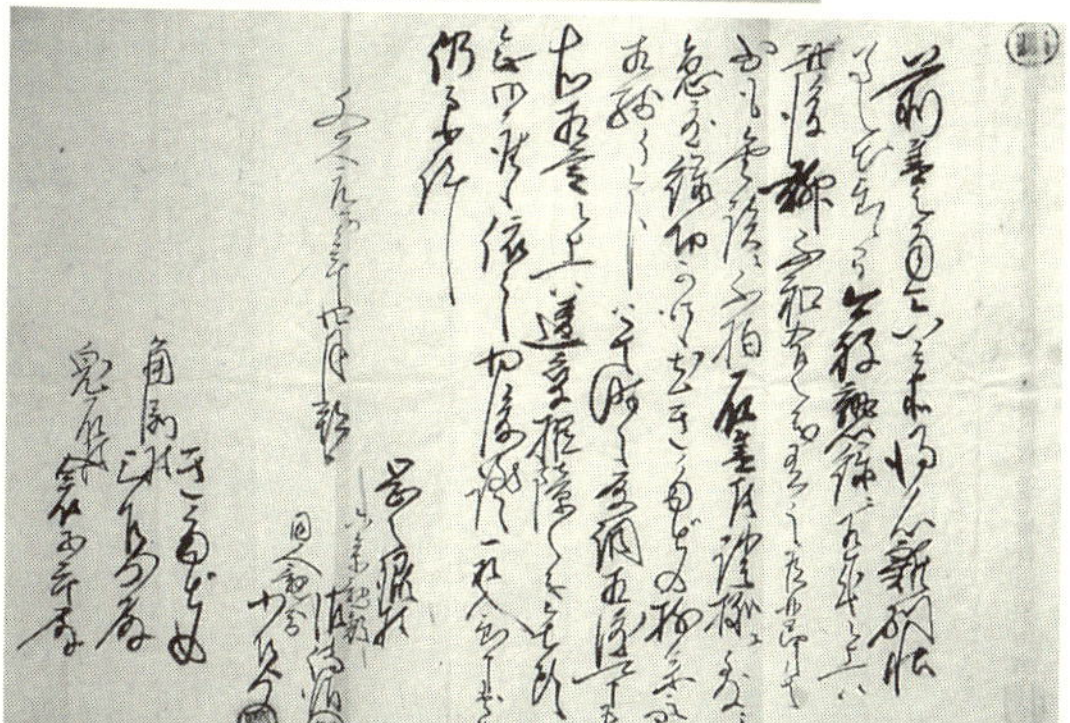

先渡し離縁状（上）と糊付け文書（下）（本文一六五・一六六頁参照）

悲喜こもごもの三くだり半

一章の扉（一一頁）に掲げた「我等勝手ニ付」を理由とする離縁状は、ときどきテレビに出演している。一〇年以上も前の四月五日に、テレビ昼のワイドショーの「きょうは何の日」のコーナーにも登場した。この日がさきに紹介した歌謡曲「妻恋道中」の「好いた女房に三下り半を投げて長脇差永の旅」の主人公、ご存じ荒神《こうじん》山《やま》の決闘で有名な吉良《きら》の仁吉《にきち》の死んだ日だという。

仁吉といえば、神戸《かんべ》の長吉と義兄弟の盃をかわしていたが、その長吉に荒神山の開帳の盆割りをめぐって安濃《あのう》の徳次郎から果し状がつきつけられてきた。実は仁吉は安濃徳の妹を妻としていたので、兄弟分の義理から妻を離縁して、長吉に清水次郎長一家とともに加勢するが、鉄砲傷がもとで命を落とす。とはいえ、二九人で四三〇人を相手に戦った男気と、神戸の長吉との義理に殉じたことで有名である。

写真でもわかるがこの離縁状の四行目の無之の「之」の右にシミがある。出演の女性ゲストはこれを女の涙といったが、仁吉夫婦は仲睦まじかったようであるから、夫のホンネは別れたくないのに、やむをえず泣く泣く離縁状を渡し、受け取る妻もまた同じ気持ちで涙にくれたであろう。しかし、この離婚事例は特殊な状況下でのできごとで普通はどうであったろうか。

三くだり半を読みなおす

ここで、もう一度三くだり半のおさらいをしておこう。この歌の「三下り半を投げて……」のせいばかりではなかろうが、江戸の離婚、三くだり半からすぐに想像されるのは、夫が自分の意のままに、妻を一方的に離縁できたのに対して、妻はそのたたきつけられた離縁状を持って、泣く泣く実家へ帰ったというイメージである。つまり、夫による「追い出し離婚」で、妻方からは離婚を求めることができなかったというのが従来の考えであった。しかし、ここ十数年来、私はこれに読み変えを迫り、庶民離婚の実態は、さまざまであって、妻の「飛び出し離婚」もかなりあり、多くは夫妻(両家)間の協議をともなう「熟談離婚」であったことをくりかえし述べてきたし、本書でもすでにふれた。

そして、三くだり半に離婚理由が書かれたものでは、「我等勝手ニ付」の理由がもっとも多かった。これについて、夫は「勝手気ままに」妻を離婚したと、従来は解釈していたが、「勝手」をするのは悪いことなのであるから、ここでは夫は「自分が悪かった」と、詫びているのである。少なくとも、離婚は「私の都合によるもので、あなたのせいではない」と、つまり妻には責任がないことを夫の側から表明したものと理解しなければならない。

男の痩せ我慢——タテマエとホンネ——

離婚の原因が主として妻の方にあった場合など、ホンネの部分では妻に言いたいことがたくさんあったかも知れないが、三くだり半に「俺が悪かった」と、夫が非を認める文句を書いたのはなぜだろうか。当時は「男尊女卑」「夫権優位」といわれているが、これはタテマエに過ぎなかった。しかし、タテマエにもせよ、強者である男（夫）は女（妻）をいたわらなければならなかった。自分に責任があると積極的に公言するのは、強い人間にしてはじめてできること。だから、夫に「俺が悪かった」と言わせたのは、実際のところ、「痩《や》せ我慢」に過ぎないが、それで男の面目が保たれたといえるのである。

そもそも三くだり半の内容は、いまの退職願などと同様に、まったくのタテマエであった。かりに妻に落ち度があるときでも、離婚原因などは離縁状に書かないのをよしとし、これが離婚の礼儀であり、妻への配慮だった。離縁状は離婚したという文句とだれと再婚しても構わないという文句が、短く抽象的な言葉で書かれたに過ぎないので、離縁状からだけで、当時の庶民離婚の実態を把握することはできないし、むしろ誤解をまねくもととなる。関連文書からみると、「男尊女卑」どころか、かえって「女は強かった」という印象すらうける場合がある。

先渡し離縁状――妻の意思――

いわゆる夫「専権離婚」ではなく、「熟談離婚」であったというのが私の説であるが、そこではなにより妻（方）の意思が重要である。一つは「返り一札」にみる妻（方）の「離婚の承諾」意思である。夫も離縁状を渡した証拠がないと処罰されたので、夫は離縁状を渡し、それを受け取った妻から返り一札をとった。本書では離縁状と返り一札とがセットになった事例をかなり紹介した。

同様に妻の意思が重要な意味をもったものに「先渡し離縁状」がある。ここでの妻の意思は「離婚の請求」のために働いた。たとえば、離婚もやむなしと思われるほどの不埒《ふらち》な夫が、なお結婚継続を懇願するときなど、重ねて不埒あれば離婚と、あらかじめ離縁状を差し出させて、離婚権を妻方で留保したのである。私はこの種の離縁状を「先渡し離縁状」という。一八六一（文久元）年上野国《こうずけのくに》緑野《みどの》郡岡之郷（群馬県藤岡市）の先渡し離縁状の離縁状部分のみを引用する（一六一頁写真上、離縁状部分の寸法は二八・七×二一・〇）。

離別《りべつ》一札《いっさつ》之事《のこと》

一其方事《そのほうこと》、不相応《ふそうおう》ニ付《つき》、離別《りべつ》致《いた》し
遣《つかわ》し候《そうろう》、然《しか》ル上者《うえは》此末《このすえ》隣家《りんか》へ
嫁《よめ》入《いり》候《そうろう》共《とも》、差《さし》構《かまえ》毛《もう》頭《とう》無之《これなし》、
仍《よっ》而《て》離別一札如件《くだんのごとし》

文久元酉四月日　六兵衛㊞

きたとの

そのほうこと、不相応につき離別いたしつかわし候。しかるうえはこの末隣家へ嫁入り候とも、さしかまえ毛頭これなし。よって離別一札、くだんのごとし。

これは岡之郷周辺で用いられた特殊な「隣家へ嫁入り」の書式に則って書かれている。離縁状には「前書之通」以下の別紙が糊付けされてあり、その継ぎ目の裏に夫の親類・親分の印が押されている（一六二頁写真下参照）。夫の不埒から離婚、離縁状も書かれて、すでに妻方では持参財産の一部を引き取った。

しかし、関係者の調整もあって、熟談の上帰縁することになった。離婚原因は不明であるが、夫に有責行為があったに相違ない。ついては今後夫に不埒あり、不和合のときは、妻は実家に戻ってくればよかった。「右書付（離縁状）」を証拠として、離縁できたのである。

先渡し離縁状は、男が将来結婚生活を破綻させるような可能性が高いとき、妻方の請求で夫から受け取った（奪い取った）ものである。右のようにいったん離縁状が出されるほど不行跡《ふぎょうせき》な夫ならば、つぎの別れ話を後腐れなくするには、好都合なシステムである。このように当時は紛争をあらかじめ予防するとともに、紛争が起きたときにこれを円満に解決する方途を用意していたのである。したがって、娘の結婚相手が前途不安な男のときは、結婚にあたってあらかじめこの「先渡し離縁状」*を書かせた例さえある。

＊拙稿「家族の絆」五三頁。

先渡し離縁状預かり書

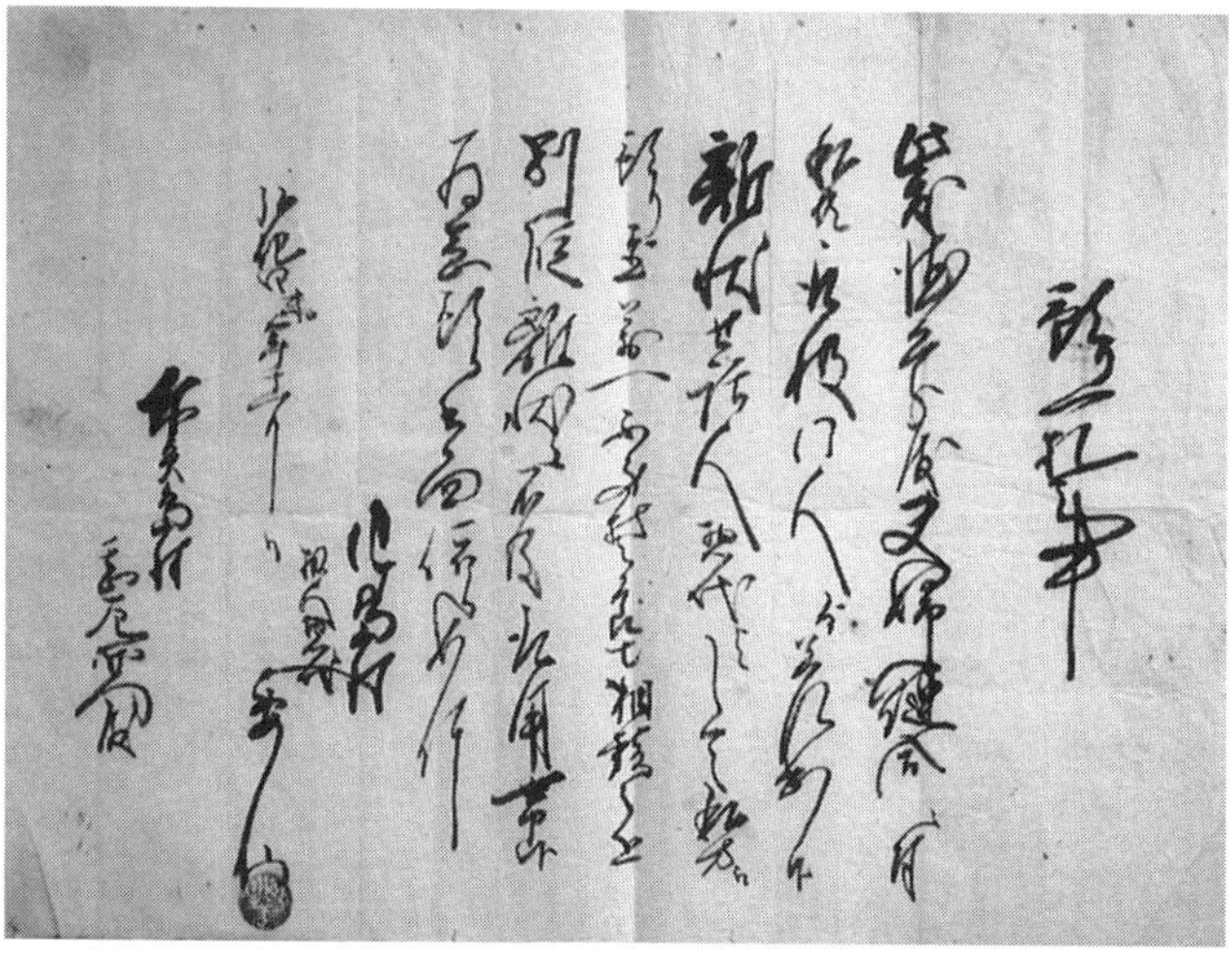

（二五・二×三三・六）

預《あずか》り一札《いっさつ》之事《のこと》

此度《このたび》徳二郎殿《どの》夫婦《ふうふ》縺合《もつれあい》ニ付《つき》、
私《わたし》共《ども》取《とり》扱《あつかい》、同人《どうにん》ゟ《より》差《さし》出《だし》候《そうろう》
離《り》状《じょう》、世《せ》話《わ》人《にん》惣《そう》代《だい》与《と》して私方江《かたえ》
預り置《おき》、万一《まんいち》不身持《ふみもち》之節者《のせつは》相談《そうだん》之上《のうえ》
別段《べつだん》離状ニ不及《およばず》、取用可申《とりもちいもうすべく》候、
為念《ねんのため》預り書面《しょめん》、依而《よって》如件《くだんのごとし》

内ケ島村
扱人惣代
弘化四未年十一月日　要　助㊞

東矢島村
勘左衛門殿

（縁切寺満徳寺資料館所蔵）

このたび徳二郎殿夫婦もつれ合いにつき、わたしども取り扱い、同人よりさし出し候離縁状、世話人惣代としてわたし方へ預かりおき、万一不身持の節は相談のうえ、別段離状に及ばず、取り用い申すべく候。念のため預かり書面、よってくだんのごとし。

離婚の相談相手

夫婦が離婚を考えたとき、だれにも相談せず自分（たち）だけで決意して実行にうつすことはありえない。そもそも結婚に親類・仲人らが介入しており、これらの人にまず相談することになるからである。

そして、離婚話がこじれたときにはより権威ある人にその仲介を依頼することになる。右の文書は一八四七（弘化四）年の「先渡し離縁状預かり書」である。このケースでは離婚の取り扱いに世話人（扱人）が立ち入り、復縁することになるが、夫徳二郎の不身持ちがやまないときには離婚とする先渡し離縁状が出された。そしてそれを扱人惣代が預かったのである。つづいて離婚ということになれば、すでに離縁状が預けられているのであるから、「別段離状（離縁状）ニ不及」、さきの離縁状にもとづいて扱人が離婚を成就させてくれることになる。内ケ島・東矢島はともに上野国新田《にった》郡（群馬県太田市）内の村である。

大惣代渡辺三右衛門

代筆の離縁状で『三右衛門日記』にふれたが（一四六頁）、渡辺三右衛門は一八四六（弘化三）年上野国那波《なわ》郡玉村宿寄場組合大惣代に就任した人物で、周辺に聞こえた有力者であり、近寄り難い存在のはずだが、実は無類の世話好きであった。

『日記』にあらわれた離縁取り扱いの様子をいくつか紹介しよう。一八四九（嘉永二）年二月武蔵国《むさしのくに》賀美《かみ》郡黛《まゆずみ》村（埼玉県児玉郡上里町）常太郎女房のでんが家出して「貴殿宅江罷出《きでんたくえまかりいで》、（夫との）離縁ニ相成度《あいなりたく》、頼入《たのみいり》候」つまり離縁の掛け合い（交渉）を頼んで三右衛門宅にきた。三右衛門は「早速御沙汰《さっそくごさた》」、夫婦双方の関係者に連絡して、示談交渉の結果、妻方から趣意金（慰謝料）五両差し出すことで決着する。三右衛門は夫婦双方から離縁書付を出させ、「外ニ離別状茂《も》取ル」と夫からの離縁状を受け取って預かった。日記には引用されていないが、そのときの離縁状が渡辺家に伝えられている。

　ここで注目されるのは、まず、三右衛門の屋敷が駆け込みの場になっていることである。『日記』には、このほかにも駆け込みの事例が散見されるが、幕府権力を背景にした縁切寺のほかに、このような社会的権威のある場所が事実上の強制力をもって離婚を成立させていたのである。

趣意金（慰謝料）のこと

　つぎに離縁を請求したでんから趣意金五両を出していることである。趣意金についても『日記』にそれを授受した記事がみられる。

　さきにふれた（一四六頁）親類八百松が代筆代印した一八五二（嘉永五）年四月の

上野国群馬郡楽間村《らくま》（高崎市）伝次郎・とう夫婦の場合をみよう。とうもまた三右衛門宅に「頼入」ったとあり、ここでも三右衛門は「早々伝次郎江御沙汰《そうそうえごさた》」の上、交渉を始めている。もともと夫婦の相談で離縁し、とうは玉村宿に奉公に出るつもりであった。ついては当人の希望にまかせることにして、三右衛門の世話で金三両が夫に渡された。とうの方の意向にそって離縁したので（女からの離縁請求）、とうが趣意金を出したのである。なお、とう人別送り状は早速三右衛門方へ遣わされることになっているので、三右衛門家の人別に書き加えられたのである。ここまでの面倒はなかなかみられないが、積極的に関与する世話好き三右衛門の面目躍如である。

一八五八（安政五）年五月同国那波郡長沼村（伊勢崎市）嘉十郎・ミセの趣意金二両は高額である。ミセは飯売下女であったものを嘉十郎がほれて落籍《ひか》せたようである。おそらくかなりのすったもんだの末に結婚したものであろう。にもかかわらず、夫に嫌気がさしたミセの方で離縁を求めたようである。この趣意金は身受け代金に充当する金額だったと思われる。別れたものの夫への趣意金に行き詰まり、ミセは結局、例幣使道《れいへいしどう》の下野国合戦場宿《しもつけのくにかっせんば》（栃木県下都賀郡都賀町）でまた飯売下女奉公に出ることになる。身売りをしてでも亭主と別れたい女がいたのである。

逃げてきてつまるものかと里の母

離婚と金銭は切りはなせない問題である。これまで趣意金についてみたが、結婚に際して持参金が授受されることがあり、これが離婚のときにどう取り扱われたのかも離婚の重要な要素である。幕府法では妻が持参金を持ってきたとき、妻が離婚を請求すれば、持参金は放棄しなければならず、夫が離婚請求のときは持参金は返還されるというのが原則である。また趣意金も離婚請求者が差し出すことから、これを私は「離婚請求者支払い義務の原則」といっている。

したがって、右の川柳の意味はこうなる。娘が亭主と別れたいといって実家へ逃げかえってきた。もう一緒には暮らせないという。母もたしかにダメ亭主のようだから別れてもいいし、別れた方がいいと思う。でもおまえの方から逃げてきては（離婚を請求したのでは）持参金を放棄しなければならず（取り戻せず）、それでは損になり、つまらないから、どうせ別れるなら、あいつ（亭主）の方から別れるといわせて持参金を取り戻して帰って来いといっているのである。また「去り得えるものかとお金（人名・持参金をかける）にくいこと」は持参金を使い果たし、離婚するにも離婚できない夫の悲哀を詠んでいる。だから、妻は「持参金の放棄」か「趣意金の支払い」によって、夫に離婚を請求することができたのである。

たくましい女たち

三右衛門の『日記』に登場する女たちを二人ほど紹介しよう。福島村《ふくじま》（玉村町）のたきは三右衛門の世話で菊五郎を婿に迎えたが、「私義農間ニ香具師渡世《わたしぎのうかんやしとせい》」と、農間に香具師渡世を営んだ。香具師は一度商いに出たらかなりの日時を商いに費やし帰宅しないものであるが、それでは夫が不便だろうとたきは時々は帰宅しているうちに、鍋五郎と馴合・密通のうえ、密通相手との再婚を目論んで母なみと一緒に縁切寺満徳寺へ駆け込んだ。* この一件は満徳寺（寺法）と村方（村法）との争いに発展、さらに領主の地頭にも知られるところとなり、大変な難事件になった。三右衛門はじめ多くの関係者が母娘ふたり、とくに香具師たきのしたたかさや世間が広く積極的でかつ狡智な行動に翻弄された。

一八四三（天保一四）年一一月滝新田村《たきしんでん》（高崎市）新兵衛女房とよは、実家へ帰らず、夫と姑に詫びを申して復縁したいと切望する。しかし、夫は離婚の意向である。世話人が何度説得してもとよは得心しない。結婚生活も一七年に及ぶことから、離婚ならば趣意金（慰謝料）ということになり、当初五両の申し出に対して離婚を承諾せず、結局、一〇両と着類・小道具・夜具・長持ちを受領することで離婚成立にいたる。趣意金を倍増させたが、はたしてとよはほくそ笑んだろうか。

＊高橋敏・論文一八七～二三〇頁。

男の美学でもある三くだり半

いろいろな三くだり半をみてきたが、そこからみえるものは離婚の多様性である。これまで考えられていたほど女性が夫に隷属していたわけではなく、忍従する妻というより、勝手気ままで、奔放な妻たちが少なくなかったようで、かなりしたたかで、たくましいのも当時の女の姿といえよう。結婚は一度ではすまず、再三数度に及び、家のなかでは舅姑をもしのぎ、ややもすれば婿を追い出しかねず、また夫の家を出奔することも平然と行ったと『磐城誌料　歳時民俗記』は報告している。

三くだり半のそれから後はほとんど明らかにできないが、三くだり半を「再婚免状」というように、幸せな再婚が期待された。事実、縁切寺に駆け込んだ後に幸せな再婚を勝ちとった妻もいた。東慶寺では我孫子のたい、満徳寺ではふさである。

最後に夫が妻のために書いた離縁状を紹介しよう。小六は名主の家に生まれるが、後に幕臣内山家の養子となり、内山小六教寛と称した。かれは下総国《しもうさのくに》豊田《とよだ》郡粟野《あわの》新田《しんでん》村（茨城県結城郡八千代町）名主古沢家からたきを娶《めと》ったが、天狗党争乱の出陣にあたり、左の離縁状で身重のたきを離縁した。これは妻たきに争乱の累《るい》が及ばないように、妻のためにしたためられたのであり、大石内蔵助や一揆の頭取も事を前にして離縁状を渡している。これが江戸の男の美学であり、ロマンであった。

妻のための離縁状

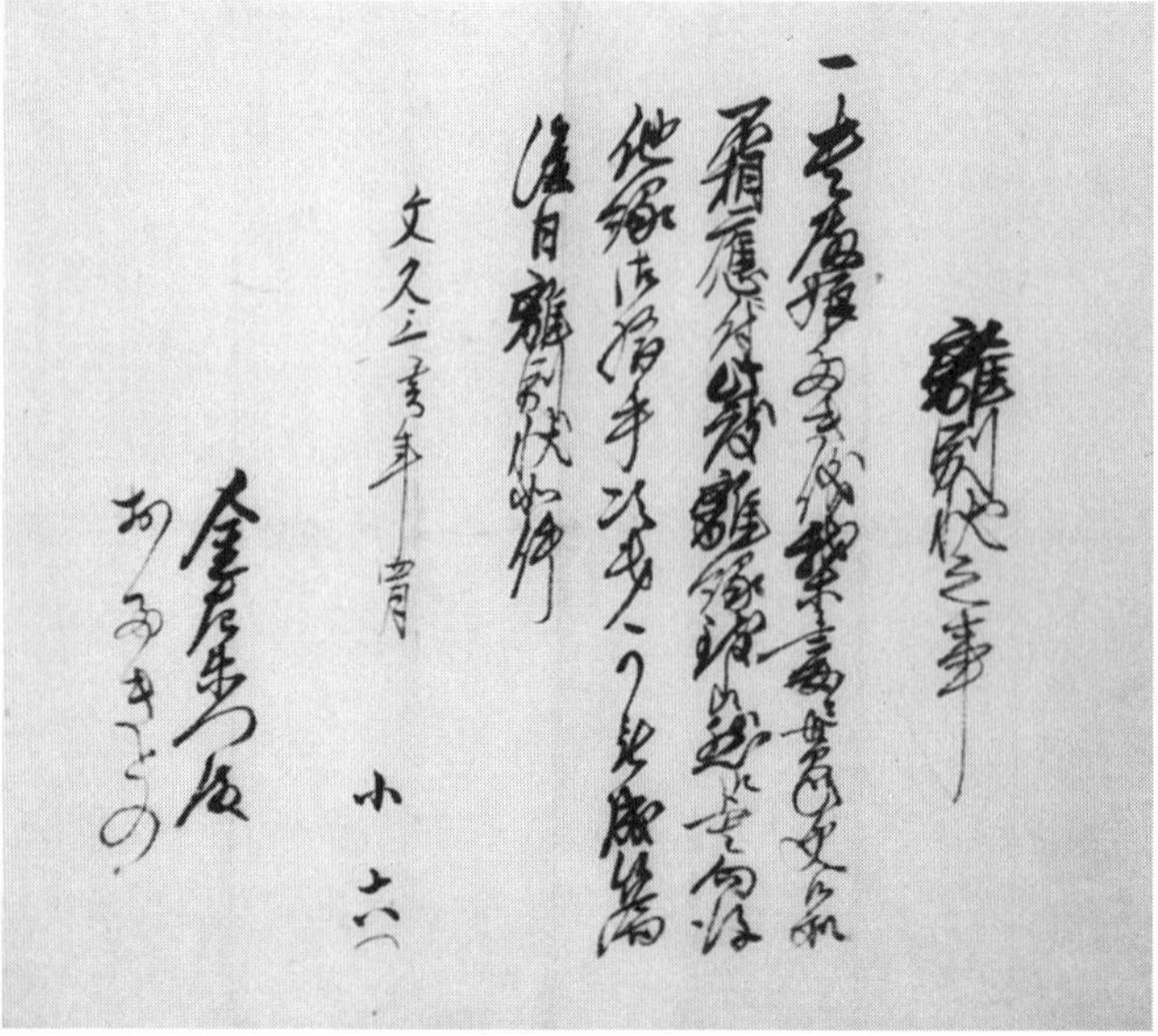

（二四・五×二八・八）

離別状《りべつじょう》之事《のこと》

一貴殿《きでん》娘《むすめ》たき儀《ぎ》、我等《われら》妻《つま》ニ貰《もら》ひ受《うけ》候《そうろう》処《ところ》、
不相応《ふそうおう》ニ付《つき》、此度《このたび》離縁《りえん》致《いた》し候、然《しか》ル上者《うえは》向後《こうご》
他縁《たえん》御《ご》勝手《かって》次第《しだいに》可被成《なるべく》候、為後日《ごじつのため》
離別状《りべつじょう》如件《くだんのごとし》

文久三亥年四月　　小　六（爪印）

金左衛門殿

おたきとの

（八千代町歴史民俗資料館収蔵・古沢金吾家文書）

貴殿娘たき儀、われら妻にもらいうけ候ところ、不相応につき、このたび離縁いたし候。しかるうえは、向後他縁ご勝手しだいになるべく候。後日のため離別状、くだんのごとし。

三くだり半のそれから

本書では紙幅の関係でふれなかったものに未婚の男女関係を解消するための縁切り証文、私のいう「執心切れ一札」*がある。

またやり残した問題も多々ある。「三くだり半のそれから」といえるが、これには二つの意味がある。

一つは授受された離縁状のそれから、つまり離婚後の夫婦のその後を明らかにすることである。さらに離縁状を妻が奪い取ることもあったかもしれないが、それでもそれを書くのは夫だけであったことの評価を検討することである。

二つは離縁状研究のその後の意味で、さらなる離縁状の収集である。とくに離縁状未発見の地域からの離縁状収集である。

たとえば、離縁状慣行の存在が『全国民事慣例類集』に報告されていながら、実例の出てこない肥後国《ひごのくに》（熊本県）で、旧熊本藩主細川家史料『犯姦』につぎのような事件がある。熊本城下出京《できよう》町理三郎妻たのは町内の松次郎との密通が露見し、松次郎の故郷苦竹《にがたけ》村（菊池郡大津町）に駆け落ちすることになったが、たのが夫から「離別状」を取って来るということで待ち合わせをした。どう行き違ったかたのが理三郎方へ帰ったのを裏切ったものと思い、松次郎は脇差でたのとその幼い娘を切

＊拙著『増補 三くだり半』四〇一頁、『三くだり半と縁切寺』一二四頁。

りつけ、疵《きず》を負わせた。一八〇四（文化元）年一一月の判決で、松次郎は「刺墨（入墨）・笞《ち》七十（七〇の笞刑）・徒《ず》一年半」、心得違いで幼年の子に疵をおわせたたのは「六十笞」が申し渡されている。笞とはムチウチのことで、藁を束ねたもので打った。徒刑《とけい》は今日の懲役刑である。

　ここで注目されるのは、駆け落ちにあたって「離別状」を夫から貰ってくるという記述である。期せずして『全国民事慣例類集』の報告の正確さが検証されたわけであるが、熊本県で離縁状の発見が大いに期待される。

　このような未発見地域での離縁状の収集とともに、二〇〇〇通の離縁状収集を目標に今後も努力したい。

主な参考文献

拙著『増補 三くだり半』（平凡社ライブラリー、一九九九年）・『三くだり半と縁切寺』（講談社現代新書、一九九二年）二冊のほかの主な参考文献をほぼ参照・引用順に掲げる。したがって、重複して参照・引用する場合があっても初出にとどめた。

高木 侃「家族の絆―離縁状と親子契約文書にみる―」（『日本の歴史・別冊 歴史の読み方6 文献資料を読む・近世』朝日新聞社 一九八九年）

網野善彦『東と西の語る日本の歴史』（そしえて、一九八二年）

東奥日報社事業局出版部『特集 三内丸山遺跡』（東奥日報社、一九九五年増補改訂版）

滝川政次郎『非理法権天』（青蛙房、一九六四年）

成瀬高明「近世・明治初期家族法関連史料(一)―旧京都大学法学部日本法制史々料―」（『椙山女学園大学研究論集』第二十四号、一九九三年）

穂積重遠『離縁状と縁切寺』（日本評論社、一九四二年）

石井良助『江戸の離婚―三行り半と縁切寺―』（日経新書、一九六五年）、後に『第七江戸時代漫筆 江戸の離婚』として復刊（明石書店、一九九一年）

石井良助『日本婚姻法制史』（創文社、一九七七年）

鎌田 浩「江戸時代離婚法の再検討―いわゆる夫専権離婚制への疑問―」（『牧健二博士米寿記念日本法制史論集』思文閣、

一九八〇年）
高木　侃『縁切寺満徳寺の研究』（成文堂、一九九〇年）
高木　侃『縁切寺東慶寺史料』（平凡社、一九九七年）
駒田信二他訳『今古奇観（下）』（中国古典文学大系38、平凡社、一九七三年）
白木直也『和刻本忠義水滸伝の研究』（私家版、一九七〇年）
春原源太郎「近世の書式集と法律行為の定型化」（『法制史研究　6』一九五六年）
吉海直人「『三行半』始末記」（『同志社女子大学日本語日本文学会　会報』第二三号、一九九八年）
沼　正也「法学における仮説と験証—明治初年における離縁状慣行を素材としつつ—」（『法社会学』第一一号、一九六一年）
中田　薫「徳川時代の婚姻法」（『法制史論集　第一巻』岩波書店、一九三九年）
高柳真三「明治民法以前の離婚法」（『明治前期家族法の新装』有斐閣、一九八六年）
神坂次郎『元禄御畳奉行の日記—尾張藩士の見た浮世—』（中公新書、一九八四年）
氏家幹人『小石川御家人物語』（朝日新聞社、一九九三年）
太田素子『江戸の親子』（中公新書、一九九四年）
大竹秀男「江戸時代の妾」（『高柳真三先生頌寿記念　幕藩国家の法と支配』有斐閣、一九八四年）
井上禅定『駈込寺　東慶寺史』（春秋社、一九八〇年）
井上禅定『東慶寺と駆込女』（有隣堂新書、一九九五年）
高木　侃「〈資料紹介〉漱石と縁切寺東慶寺（続）」（『関東短期大学　国語国文』第四号、一九九四年）
玉村町誌刊行委員会編『玉村町誌　別巻Ⅳ　三右衛門日記㈠』（一九九四年）

玉村町誌刊行委員会編『玉村町誌　別巻V　三右衛門日記㈡』（一九九七年）
高橋　敏「江戸の顔役」（『伝承と文学下　ものがたり日本列島に生きた人たち7』岩波書店、二〇〇一年）
高木　侃「〈資料〉『三右衛門日記』の離縁状関連史料」（『関東短期大学紀要』第四五集、二〇〇一年）
『犯姦』（永青文庫所蔵・熊本大学附属図書館寄託）
長田かな子『相模野の女性たち―古文書にみる江戸時代の農村』（有隣堂新書、二〇〇一年）
山中　至「わが国『破綻主義』離婚法の系譜」（『熊本法学』第六八号、一九九一年）
利谷信義『家族の法』（有斐閣、一九九六年）
神坂次郎「けったいな夫婦―契約夫婦と牛女房―」（『本郷』三号、吉川弘文館、一九九五年）
鬼頭　宏『日本二〇〇〇年の人口史』（ＰＨＰ新書、一九八三年）、後に『人口から読む日本の歴史』として改訂復刊（講談社学術文庫、二〇〇〇年）

あとがき

三くだり半のワンダーランドはいかがでしたか。

さて、昨今のわが国の離婚と離婚率は、毎年過去最高を記録し、確実に増え続けている（離婚率は二パーセントをこえた）。しかも離婚の申し立ては圧倒的に妻からである。離婚すると戸籍を抹消される夫婦の一方の名前に大きく×（バツ）印をつけることから、「バツイチ」というが、そのうちにまた再婚、離婚をくりかえす状況が現出する「多婚時代」が到来するかもしれない。

これはなによりも離婚に対する意識の変化による。総理府の「男女共同参画社会に関する世論調査」（一九九七年）では、「相手に満足できなければ離婚すればよい」という考え方に、「賛成」または「どちらかといえば賛成」と回答した者が、男性五二・九パーセント、女性五五・二パーセントであった。すなわち、離婚を是認する考え方が男女ともに五〇パーセントを超えたこと、以前に比して男女間に意識の差が見られなくなったことが大きく変わってきている。フルタイムにせよ、パートタイムにせよ女性の社会参加の機会が増えた結果であろう。

このような、女性の労働力が高く評価され、離婚がタブー視されず、マイナス・イメージをともなわないために、嫌いな夫に忍従せず、自分の方から離婚を求める妻たち、といった状況はわが国でははじめて経験することではない。

離婚率でいえば、江戸時代の名残りであるとされる明治前期の方がずっと高かった。統計を取り始めた一八八三（明治一六）年の三・三九パーセントを最高として、一八九八（明治三一）年までは平均して二・七四パーセントで、離婚が多くなったといわれる今日よりも高いのである。

それが、明治三一年に明治民法が施行されると離婚率は半減する。原因はいくつか考えられるが、最も大きいものは明治民法が戸籍の移動に戸主の意思を関与させたからにほかならない。嫁入り婚で夫が一方的に妻と離婚しようとするとき、戸主は夫かその父もしくは関係者であるから、障害にならない。ところが、妻が離婚請求して、夫がこれに応じないときは離婚できなくなる。このようにして抑制されたのは、妻の離婚意思の方だけなのである。離婚請求意思が男女半々だとすれば、離婚率は半減することになる。離婚のみならず、明治民法のわが国の家族に及ぼした影響の大きさは測りしれない。したがって、明治民法以前の日本人の心性の根源的なもの、さらには「いま」の状況を理解するためには、まず、前代の江戸時代を正確に把握しておかなければならない。

また民法施行後の、離婚率半減の事実は、それ以前には妻の方から請求した離婚、つまり「妻の飛び出し離婚」がかなりあったことの証左である。実際に、明治一七年に七三歳で、七八度目の結婚をした新潟県のカメ、離婚原因はすべて姦通の発覚で離縁状十数通を六曲屏風に貼り付けて愉しんだ岡山県のツガの例などがある。当時は初婚で終わることはまれで、女子で三〇歳前に夫に離死別した場合八割以上が再婚し、六婚、七婚の事例も少なくないとの報告もある。江戸は「多婚」だったのである。

当時の女性の多くは農業に従事したが、それだけでなく、家事・育児をこなし、よく働いた。たとえば、上野国（群馬県）では、農間に蚕女奉公人として、また賃挽き製糸で一両ほど稼いだ。渋川宿（渋川市）からはるばる出羽秋田に奉公期間三か月、給金一人につき一〇両、旅費雇用者負担で出稼ぎにいった女六八人がいた。一八六〇（万延元）年六月のことであるが、彼女らは上州座繰《ざぐり》を駆使する製糸技術者として迎えられたものであろう。

このような女性の働きは上州にかぎったことではない。現金収入の担い手としての女性は、家庭内にあっては男性と対等かそれに近い地位にあって、決して忍従を余儀なくされた存在ではなかった。三くだり半の小さな世界から、従来の江戸期の女性のイメージを払拭して、たくましい女性のあり方が理解できると思う。

私は、本書でもくりかえし「夫専権離婚」説を批判した。そのうちとくに強調してとりあげたのは、離縁状とその返り一札である。夫が後難を回避するために妻（方）から受取書を受領した事実こそ、先渡し離縁状とならんで、夫が妻を一方的に追い出せたわけではないことを証すからである。むしろ妻方の了解なしには離婚が成立しなかったことの意味は大きい。

ただし、社会的な役割、たとえば村役人に就くとか、村の寄り合いに正式な構成員として参加するということはできなかった。タテマエとしての「男尊女卑」の壁は、やはり厚かったのである。

なお、三くだり半から見えてくるものは女性の地位をめぐる問題のみではない。日本をどうとらえるかという議論にも一石を投じうる。すなわち、日本が東と、西と、その接点の中部地域と、さらに四国・九州のほぼ全域の、四つに分割される地域性、そして東北地方における情報文化伝達の先進性、また、下野国（栃木県）の縁切状や美濃国（岐阜県）の縁切り習俗にみられる特異性など、である。

本書ではじめて取り上げた新知見がいくつかあるが、とりわけ江戸期の「内縁」の概念と代筆の離縁状は特筆されよう。今日では実質的には夫婦関係にありながら、婚姻届を欠く男女関係を内縁というが、江戸期関西での内縁は、婚姻関係から私通関係、たんに妻方の姻戚関係までも含んだ極めて広い概念だった。また、これまで離縁状の代筆はきらわれてなされなかったという記述があったが、代筆の可能性は当然考えられた。あるべきものをようやく見つけたといった安堵の気持ちである。

古文書の学習が盛んな昨今、本書はあらゆる三くだり半が詰まっているので、参考にしていただきたい。私は古文書を独学で勉強したが、あえて生涯学習の観点から一言。古文書が読めたら、その先はそれぞれテーマをもって学習していただきたい。「解読から学習（研究）へ」進むと、より一層楽しくなるはずだからである。

本書を読んで興味をもたれたら、やや学問的で詳細な平凡社ライブラリー版に読み進んでいただければ、著者として望外の喜びである。

二〇〇一年三月吉日

高木侃

索　　引

(　)のあるものは書式・用文章の頁
写真と釈文が別頁のものは，釈文の頁

◆年号索引

◆事書索引

〔離縁に関する語を含まないもの〕

〔離縁に関する語を含むもの〕

【付・返り一札】 下線を付したものは離縁状もあることを意味する

◆離婚理由索引

◆行数索引

◆国別索引

【参考・1000通の国別数】

東北　39
岩代　11
磐城　9
陸中　7
羽前　6
陸前　3
陸奥　2
不明　1
関東　645
上野　282
下野　131
相模　24
武蔵　146
上総　12
下総　20
常陸　14
江戸　16
中部　138
甲斐　48
信濃　41
美濃　18
越後　8
駿河　5
尾張　4
越前　4
三河　3
遠江　2
飛驒　2
加賀　1
能登　1
佐渡　1
近畿　81
近江　15
山城　13
摂津　11
河内　7
伊勢　3
大和　2
和泉　2
伊賀　1
丹波　1
紀伊　1
不明　25
中国　6
備後　3
周防　2
隠岐　1
四国　2
阿波　1
土佐　1
九州　5
肥前　5
出拠不明　109
＊二国にまたがるものが25通あ

り、各々該当国名にカウントしたので、総計は1025になる。

◆差出人→名宛人索引

著者紹介

高木 侃（たかぎ ただし）

1942年生まれ。

専修大学法学部教授・

縁切寺満徳寺資料館館長・博士（法学）。

◇主要編著書

縁切寺満徳寺史料集（編著、1976年 成文堂）

縁切寺満徳寺の研究（1990年 成文堂）

三くだり半と縁切寺（1992年 講談社現代新書）

縁切寺東慶寺史料（編著、1997年 平凡社）

三くだり半（1987年 平凡社選書、1999年 増補ライブラリー版）ほか。

泣《な》いて笑《わら》って三《み》くだり半《はん》——女《おんな》と男《おとこ》の縁切《えんき》り作法《さほう》

2001年 4 月14日　初版第 1 刷発行
2003年 3 月 1 日　初版第 2 刷発行

著　者　高木 侃©

発行者　小林 一光

発行所　〒101-0051 東京都千代田区神田神保町 2-10
教育出版株式会社
電話 03(3238)6965　FAX 03(3238)6999
URL http://www.kyoiku-shuppan.co.jp/

装　幀　渡辺 千尋

ISBN4-316-35850-2
Printed in Japan

明和印刷／上島製本